FERVOR DAS VANGUARDAS

A marca FSC® é a garantia de que a madeira utilizada na fabricação do papel deste livro provém de florestas que foram gerenciadas de maneira ambientalmente correta, socialmente justa e economicamente viável, além de outras fontes de origem controlada.

JORGE SCHWARTZ

Fervor das vanguardas

Arte e literatura na América Latina

Companhia Das Letras

Copyright © 2013 by Jorge Schwartz

Grafia atualizada segundo o Acordo Ortográfico da Língua Portuguesa de 1990, que entrou em vigor no Brasil em 2009.

Capa e cadernos de imagens
warrakloureiro

Foto de capa
Obelisco, Horacio Coppola, 1936. Cortesia da Galería Jorge Mara-La Ruche e da Família Coppola

Assistência editorial
Gênese Andrade

Preparação
Cacilda Guerra

Índice onomástico
Luciano Marchiori

Revisão
Adriana Cristina Bairrada
Ana Maria Barbosa

Dados Internacionais de Catalogação na Publicação (CIP)
(Câmara Brasileira do Livro, SP, Brasil)

Schwartz, Jorge
  Fervor das vanguardas : arte e literatura na América Latina / Jorge Schwartz — 1ª ed. — São Paulo : Companhia das Letras, 2013.

  ISBN 978-85-359-2228-8

  1. Arte 2. Ensaios 3. Modernismo (Arte) 4. Vanguarda (Estética) I. Título.

13-00864   CDD-700

Índice para catálogo sistemático:
1. Arte : Ensaios latino-americanos   700

[2013]
Todos os direitos desta edição reservados à
EDITORA SCHWARCZ S.A.
Rua Bandeira Paulista, 702, cj. 32
04532-002 — São Paulo — SP
Telefone (11) 3707-3500
Fax (11) 3707-3501
www.companhiadasletras.com.br
www.blogdacompanhia.com.br

Sumário

Sobre o autor: por Walnice Nogueira Galvão 7
Introdução 9

1. Tarsila e Oswald na sábia preguiça solar. 15
2. Rego Monteiro, antropófago? 34
3. Surrealismo no Brasil? Décadas de 1920 e 1930 47
4. Segall: *Casal na rede* 65
5. Lasar Segall: um ponto de confluência de um itinerário
afro-latino-americano nos anos 1920. 69
6. Segall, uma ausência argentina (Notas para a primeira
retrospectiva em Buenos Aires) 96
7. Ver/ler: o júbilo do olhar em Oliverio Girondo 109
8. Quem o *Espantapájaros* espanta? 131
9. "Sílabas as Estrelas componham":
Xul Solar e o *neocriollo* 148
10. Xul/Brasil. Imaginários em diálogo 178
11. Fundação de Buenos Aires: o olhar de
Horacio Coppola 192

12. Horacio Coppola: metrópole em preto e branco 209
13. Coppola, entre Bandeira e o Aleijadinho 218
14. Um *flâneur* em Montevidéu: *La ciudad sin nombre*, de Joaquín Torres García 224

Notas 239
Créditos das imagens 291
Índice onomástico 295

Sobre o autor

Quem teve o prazer de acompanhar os trabalhos do crítico literário Jorge Schwartz, diretor do Museu Lasar Segall, sente-se merecedor deste presente: suas reflexões sobre artes visuais, agora reunidas.

De suas muitas descobertas, devemos-lhe a revelação de pelo menos dois mestres, ambos argentinos, cujas mostras tiveram curadoria sua em São Paulo. Um, o pintor Xul Solar, amigo de Jorge Luis Borges e membro da ilustre geração da revista *Sur*. Outro, o fotógrafo Horacio Coppola, de quem pudemos admirar os registros urbanos dos anos 1930 e 1940, bem como as imagens das obras do Aleijadinho, que apreendeu como nenhum outro.

Entre seus feitos, pode-se mencionar a exposição Da Antropofagia a Brasília, abrangente e ambiciosa, que organizou primeiro na Espanha e depois aqui, incluindo até o *Abaporu* de Tarsila, que conseguiu retirar do exílio na Argentina. Ou ainda Do Amazonas a Paris, com os trabalhos de inspiração indígena de Vicente do Rego Monteiro.

Passaria anos editando a monumental obra completa de

Oswald de Andrade em vinte volumes e 24 títulos, pela editora Globo. Entre suas realizações, conta-se a transcrição tipográfica de *O perfeito cozinheiro das almas deste mundo...*, do mesmo autor, para uma edição fac-similar, proeza editorial sem paralelo. Seus livros anteriores incluem *Vanguarda e cosmopolitismo*, tese de doutoramento em que efetua um cotejo entre Oswald e Oliverio Girondo.

Organizaria outros livros da maior relevância, como *Borges no Brasil*, sendo igualmente responsável pela tradução de suas obras completas, pela Globo. E também *Vanguardas latino-americanas*, coletânea de manifestos e textos críticos. Ou ainda *Caixa modernista*, desdobramento da mostra Da Antropofagia a Brasília, de que foi curador. Homenagearia a famosa fotógrafa Madalena Schwartz, sua mãe, organizando *Personae*, em 1997, e *Crisálidas*, belo álbum que veio à luz em 2012.

Tantas e tão variadas são as contribuições deste especialista: especialista nas vanguardas em geral, em particular as latino-americanas, e dentro destas as brasileiras. Expandindo o âmbito dos trabalhos anteriores, o leitor encontrará neste volume seus ensaios sobre Lasar Segall. Tudo pelas mãos e pelo olhar deste infatigável pesquisador cosmopolita, tudo realizado com minuciosa erudição e sensibilidade.

Walnice Nogueira Galvão

Introdução

É de Ortega y Gasset, filósofo espanhol pouco lembrado hoje, a célebre frase: "Yo soy yo y mi circunstancia y si no la salvo a ella no me salvo yo" (*Meditaciones del Quijote*). Utilizo essa reflexão, não no contexto orteguiano, mas como forma de definir minha própria trajetória e para afirmar que as circunstâncias, mais do que um "eu" vocacional, forjaram tudo aquilo que hoje culmina nos ensaios que compõem *Fervor das vanguardas*.

Uma viagem para experimentar a vida em um *kibutz*, à qual se seguiu a Guerra dos Seis Dias, me levou de forma inesperada à Universidade Hebraica de Jerusalém, onde dei início aos estudos literários (1967-70). A letra levou-me, ao longo do tempo, à vertigem da imagem. Os catorze ensaios que compõem este livro são, em última instância, ramificações desta trajetória, especialmente do doutorado *Vanguarda e cosmopolitismo*, cuja pesquisa foi realizada nos anos 1970, em Yale, a convite de Emir Rodríguez Monegal e sob a orientação de Antonio Candido.

O mergulho na América Latina da década de 1920 me levou a enxergar, ao lado da literatura, a produção artística. Não há como "fatigar" (expressão de Jorge Luis Borges) as vanguardas históricas sem passar pela prova dos nove das artes plásticas. Nesse período, e mais do que nunca, elas sempre funcionaram como vasos comunicantes. Oswald de Andrade e Oliverio Girondo, além de grandes poetas — visuais por excelência —, exerceram a crítica de arte, o colecionismo e ainda se aventuraram no desenho e na pintura. Vários momentos da poesia de ambos vêm ilustrados pelas mãos dos próprios autores. O ensaio mais antigo, de 1984, é justamente a análise de um belo caligrama de Girondo, o poema *Espantapájaros*; publicado curiosamente em *Xul*, revista de poesia bonaerense dos anos 1980 e cujo título já ancora no consagrado pintor, é incluído aqui pela primeira vez em português.

O vaivém é também geográfico, percorrendo espaços entre São Paulo, Buenos Aires e Montevidéu. Nesse sentido, e como no famoso mapa de Joaquín Torres García, meu sul se converteu em meu norte. E se o privilégio das análises recai quase sem exceção em experiências urbanas, as lendas amazônicas de Vicente do Rego Monteiro são também um dos temas tratados no livro. O pintor pernambucano deixa ainda obra poética e, nos anos 1950, produz belos caligramas de perfil concretista.

Nestas décadas de produção, muitas foram as bibliotecas que tive o privilégio de "fatigar", especialmente nos Estados Unidos. Não cabe aqui enumerá-las, mas foi inesquecível a experiência na biblioteca de Xul Solar, em Buenos Aires, na casa-museu do artista. Xul não apenas utiliza intensamente o "letrismo" em suas aquarelas, mas ainda inventa o *neocriollo*, projeto de linguagem artificial que aglutina o espanhol e o português como utopia de confraternização latino-americana. Essa iniciativa de extraordinária originalidade faz parte do imaginário de um artista notável, cujas origens remontam ao expressionismo alemão — Xul morou na Europa, de 1912 a 1924.

Nossas modernidades periféricas, utilizando o conceito de Beatriz Sarlo, sempre preferiram olhar para Paris — capital da cultura na primeira metade do século XX — a olhar umas para as outras. Nos salões paulistas de Freitas Valle e de d. Olívia Penteado, acreditamos que o francês era a *língua franca* (foi também a primeira língua de Victoria Ocampo). Além de Xul Solar, as outras duas exceções que não se deixaram seduzir pela medusa parisiense foram Borges, que morou na Suíça e na Espanha de 1914 a 1918, e Mário de Andrade, que praticamente nunca saiu do país. O autor de *Macunaíma* não foi menos excepcional ao olhar para a cultura argentina nos anos 1920, em uma série de artigos em que Borges, assim como Girondo, é mencionado pela primeira vez ao público brasileiro. Dessas culturas que tradicionalmente se deram as costas, outra aproximação que não deixa de surpreender é a de Horacio Coppola, quando decide vir ao Brasil em 1945 para fotografar a obra do Aleijadinho. Iniciativa excepcional, se considerarmos que ele fez o registro fotográfico em mais de trezentas chapas de vidro.

Joaquín Torres García também utiliza o "letrismo" em sua obra pictórica. Um dos ensaios é sobre um livro pouco conhecido e menos ainda estudado, *La ciudad sin nombre* (1941), no qual a sintaxe é construída simultaneamente de palavras e de imagens. *Ut pictura poiesis*. Torres García narra uma história que transcorre em Montevidéu, prevendo com muita antecipação os efeitos nefastos que o capitalismo traria à cidade moderna.

No fim de 1996, fui convidado a dar um curso de literatura na Universidade de Valência, na Espanha. Do ônibus, vi banners desfraldados no Instituto Valenciano de Arte Moderno (IVAM), anunciando El Buenos Aires de Horacio Coppola. Demorei para entender a presença naquele museu, no sul da Espanha, de um fotógrafo que publicara, em 1930, fotos de Buenos Aires no livro de Borges, *Evaristo Carriego*. Essa exposição foi uma surpresa, que a médio prazo significou um "desvio" em minha carreira. A aproximação ao IVAM permitiu o desenvolvimento, ao longo de quatro anos, e graças ao convite de Juan Manuel Bonet, da exposição Da Antropofagia a Brasília (2000), consolidando não apenas minhas pesquisas sobre o modernismo, mas também o estabelecimento de um sistema de equivalências entre a palavra e a imagem; entenda-se por imagem não apenas as artes plásticas, mas ainda o cinema e a arquitetura, que tiveram espaço importante naquela exposição, novamente realizada dois anos mais tarde, em São Paulo, no Museu de Arte Brasileira da FAAP. A experiência no IVAM foi um ritual de passagem, direcionando a partir daí minhas atividades mais para o campo curatorial das artes plásticas. Nada me fazia prever que, anos depois, eu estaria à frente de uma instituição talhada pela vanguarda expressionista, o Museu Lasar Segall. Meus trabalhos sobre o pintor russo nascido em Vilna (Lituânia) aqui incluídos são quase todos eles anteriores a meu ingresso no museu, no bairro da Vila Mariana, em São Paulo. Lá continuo desenvolvendo atividades voltadas para as artes plásticas, sem excluir a literatura, nas diversas exposições ocorridas a partir de 2008.

Gostaria de concluir esta breve apresentação fazendo minhas as palavras de Luis Pérez-Oramas, curador da Trigésima Bienal de São Paulo (2012): "Toda palavra tem por iminência uma imagem, à qual serve como fundação; toda imagem tem por iminência uma palavra, que lhe serve como ressonância". Espero que este binômio de iminências continue pautando minhas futuras atividades.

Um livro elaborado ao longo de tantos anos envolve muitos agradecimentos. Eles estão devidamente incluídos em cada um dos ensaios. Em todo caso, gostaria de estendê-los a alguém que não se encontra em nenhum deles, mas que de alguma forma acabou se tornando a "madrinha" deste livro: Walnice Nogueira

Galvão. Também, na etapa final, a Gênese Andrade, a Heloisa Jahn e a Flávio Moura, pela paciência na leitura dos textos. Finalmente, a Raul Loureiro.

Este livro é dedicado à memória de Madalena Schwartz, a quem devo a educação pelo olhar.

São Paulo, dezembro de 2012

1. Tarsila e Oswald na sábia preguiça solar

> *Tarsila do Amaral fundou a grande pintura brasileira, pondo-nos ao lado da França e da Espanha de nossos dias. Ela está realizando a maior obra de artista que o Brasil deu depois do Aleijadinho.*
>
> Oswald de Andrade[1]

> *Outro movimento, o antropofágico, resultou de um quadro que, a 11 de janeiro de 1928, pintei para presentear Oswald de Andrade, que, diante daquela figura monstruosa de pés colossais, pesadamente apoiados na terra, chamou Raul Bopp para com ele repartir o seu espanto. Perante esse quadro, a que deram o nome de* Abaporu — antropófago —, *resolveram criar um movimento artístico e literário radicado na terra brasileira.*
>
> Tarsila do Amaral[2]

Oswald de Andrade e Tarsila do Amaral, ou "Tarsiwald", na feliz expressão de Mário de Andrade, constituem hoje verdadeiros emblemas da Semana de Arte Moderna, ou Semana de 22.[3] A junção dos dois nomes representa a fusão de corpos e mentes unidos pela fecundidade e pelo impulso da ideologia Pau Brasil e da Antropofagia. Eles se conheceram em São Paulo, no antológico ano de 1922, quando Tarsila voltou ao Brasil após uma temporada de dois anos de estudos em Paris. Por intermédio da pintora expressionista Anita Malfatti, Tarsila incorpora-se ao "Grupo dos Cinco" (Oswald e Mário de Andrade, Tarsila, Anita Malfatti e Menotti Del Picchia). É com esse "casal frenético de vida"[4] que começa a ser escrita a história do modernismo no Brasil. No ano seguinte, o par Tarsila e Oswald encontra-se em Paris, vinculando-se às tendências artísticas mais importantes da época. Além dos estágios nos ateliês de André Lhote, Albert Gleizes e Fernand Léger, a amizade com Blaise Cendrars abriu-lhe mais ainda as portas para a vanguarda internacional que naquela época residia na capital francesa: entre outros, Brancusi, Picasso, Cocteau e Marie Laurencin. Também se aproximaram daqueles escritores que sempre mostraram interesse especial pela América Latina: Jules Supervielle, Valery Larbaud e Ramón Gómez de la Serna[5] (figura 1).

Há uma espécie de deslumbramento mútuo do casal que, naquele momento de efervescência cultural, olha para si mesmo, olha um para o outro, para a Europa e para o Brasil. Esse entrecruzamento de olhares, ou seja, essa influência recíproca, resultará na parte mais importante da produção de ambos, especialmente aquela que vai dos anos de 1923 a 1925. A própria Tarsila reconheceria, anos mais tarde, a importância fundamental dessa etapa: "[...] voltei a Paris e o ano de 1923 foi o mais importante na minha carreira artística",[6] afirma em 1950. Na poesia de Oswald, percebemos a marca visual de Tarsila, assim como, na pintura de Tarsila, notamos a inconfundível presença poética oswaldiana. Uma espécie de revolução a quatro mãos, de uma rara intensidade.

Os inúmeros retratos que naquela época Tarsila fez de Oswald de Andrade se concentram principalmente em seu rosto, com exceção de um esboço a lápis em que o corpo do modelo aparece por inteiro e nu (*Oswald nu*). A maior parte dessa produção pertence aos anos de 1922 e 1923, quando o poeta e a pintora eram ainda verdadeiros aprendizes do modernismo e quando germina entre eles a etapa fundacional da denominada fase Pau Brasil (figuras 3 e 4).

Se, no Brasil, a caricatura foi um gênero em franca expansão na década de 1920 — especialmente com a produção de Belmonte e Voltolino —, o inconfundível físico de Oswald, assim como os traços arredondados do rosto e do cabelo partido ao meio, faz de seu corpo e de seu rosto um alvo quase que ideal para a caricatura. Além dos vários desenhos de Oswald realizados por Tarsila, gostaríamos de destacar três quadros pintados com seu rosto. Dois deles pertencem ao *annus mirabilis* de 1922.

Os retratos ocupam a maior parte da superfície do papel e das telas, e nos apresentam uma visão frontal — no quadro a lápis e pastel — e com o rosto levemente inclinado, nas versões a óleo. Nas três obras, contamos com um elemento seriado, que é a representação de Oswald de paletó e gravata, retratado no centro do quadro, a cabeça ocupando sua metade superior. Em todos eles prevalece o sentido vertical do busto na tela.

Embora a produção de Tarsila nesse ano seja vasta e quase toda ela dedicada a figuras humanas, percebemos ainda uma Tarsila impressionista, voltada para um figurativismo do qual ela somente começaria a se distanciar no ano seguinte. Ainda em 1922, ela pinta o retrato de outro dos avatares do modernismo brasileiro: Mário de Andrade (figura 2).

O desenho a lápis de cor e pastel sobre papel apresenta um Oswald frontal, cabelo partido ao meio e a indefinição dos traços indicando certo expressionismo, inspirado talvez, naquele momento, na pintura de sua companheira Anita Malfatti. Os traços do rosto vincados, altamente contrastados, e um olhar profundo que surge das manchas escuras que preenchem o espaço dos olhos. A luz que emana do rosto e do fundo contrasta com a metade escura do quadro, ocupada pelo paletó e pela gravata. A modernidade já se perfila nas manchas e nos traços a lápis superpostos ao motivo principal, que dão a aparência do inacabado, do provisório, do esboço. Se o forte contraste de cores aponta para o expressionismo, também se observa que o croqui forma uma espécie de trapézio atrás da cabeça; o recorte do cabelo, o corte da lapela e da gravata anunciam movimentos cubistas. Tarsila opta por imprimir ao rosto um contorno esguio, mais alongado do que na realidade e do que nos outros retratos por ela desenhados e pintados. Também o retrato de Mário de Andrade, de 1922, apresenta provavelmente uma versão mais esguia do que o rosto original, embora o alongamento tenha pouca ou nenhuma semelhança com o Modigliani que ela provavelmente conhecera em Paris.

No primeiro retrato a óleo de 1922, renasce um Oswald com cores mais vibrantes, pinceladas grossas e contrastadas. O rosto ganha expressão através de um olhar claro. O verde do paletó e o azul do fundo ocupam boa parte da superfície do quadro, contrastando com um rosto agora iluminado. O mesmo azul que invade um olhar penetrante, um cabelo partido ao meio também em firmes tons de azul que contrastam com o avermelhado da face. São os mesmos tons que Tarsila usaria para o rosto de um Mário de Andrade de expressão e porte intelectualizados, um Mário de Andrade quase branco, muito diferente da versão amulatada do conhecido óleo de Portinari, de 1935.[7]

O retrato a óleo de 1923, a meu ver o mais bem realizado, desloca o olhar de Oswald para a direita (esquerda do quadro) e puxa os cabelos para trás, deixando a testa limpa. Há uma nítida evolução estilística em relação aos anteriores, e o recorte cubista o aproxima do *Retrato azul* de Sérgio Milliet, outro dos avatares do modernismo, feito no mesmo período. Nesse ano extraordinário para a produção tarsiliana (será o ano de *A negra*), ela também pinta o famoso *Autorretrato* (*Manteau rouge*). Há um acentuado recorte cubista nos três quadros (Oswald, Tarsila e Sérgio Milliet) e uma aplicação de cores diáfanas que eliminam a dureza do risco cubista no retrato. Outro elemento que ameniza a dureza cubista é o fato de Tarsila não utilizar o simultaneísmo, uma vez que as figuras aparecem em sua totalidade, eliminando assim as quebras e justaposições dramáticas, próprias ao movimento nessa época. "[…] disse uma sentença muitas vezes por outros repetida: 'O cubismo é o serviço militar do artista. Todo artista para ser forte deve passar por ele'", rememora.[8] Aracy Amaral pondera: "Mas, em que medida serviu a Tarsila o cubismo? Hoje estamos muito mais propensos a crer que mais como instrumento de liberação do que como um método de trabalho".[9]

Assim como, a partir de 1922 e especialmente em 1923, Tarsila registra na tela o olhar apaixonado, Oswald reage com reciprocidade em um poema emblemático que revela o modo como ele a via. O poema "Atelier" foi escrito e reescrito inúmeras vezes,[10] incorporado a "Postes da Light", uma das seções do livro *Pau Brasil*, publicado em Paris pela editora Au Sans Pareil, em 1925. A capa "Bauhaus" com a bandeira brasileira e as ilustrações internas levam a assinatura da pintora. Nenhuma das obras de Oswald dialoga com Tarsila com a intensidade deste poema extraordinário:

Atelier

Caipirinha vestida por Poiret
A preguiça paulista reside nos teus olhos
Que não viram Paris nem Picadilly
Nem as exclamações dos homens

Em Sevilha
À tua passagem entre brincos

Locomotivas e bichos nacionais
Geometrizam as atemosferas nítidas
Congonhas descora sob o pálio
Das procissões de Minas

A verdura no azul klaxon
Cortada
Sobre a poeira vermelha

Arranha-céus
Fordes
Viadutos
Um cheiro de café
No silêncio emoldurado[11]

Trata-se de um dos poemas mais representativos no que diz respeito às oscilações entre o nacional e o cosmopolita, o rural e o urbano, a Europa e o Brasil. Ele traduz o estilo Pau Brasil não apenas pelas tensões ideológicas tematizadas na solução dada aos problemas de uma cultura dependente — como a importação das vanguardas europeias, por intermédio da poesia de Apollinaire e Cendrars, por exemplo —, mas também pelo recorte sintético, ingênuo e geometrizante.

O primeiro verso ("Caipirinha vestida por Poiret") aponta simultaneamente em duas direções, reproduzindo a dialética oswaldiana do "cá e lá" (também título do poema incluído em "História do Brasil").[12] A periferia e o centro, eixo da dialética do nacional e do cosmopolita presente em *Pau Brasil*, adquire concretude nesse verso de abertura. Ele aponta de imediato para o interior paulista, lugar de nascimento e de infância de Tarsila, e concomitantemente para a Cidade Luz, representada por Paul Poiret, um dos melhores costureiros da época em Paris. Além de haver assinado o vestido de noiva usado no casamento com Oswald, Poiret também era responsável por objetos utilitários de grife para casa. A magnífica imagem desse primeiro verso tem efeito de síntese, sugerido pelo vestuário, pelo código da moda, em que o emblema do interior paulista se funde e se condensa na metonímia parisiense.

Em momento algum o nome de Tarsila é mencionado no poema. Pelo contrário, sua imagem é construída perifrasticamente em torno de atributos e geografias. O próprio título serve de ponto de interseção entre São Paulo e Paris, já que Tarsila estabelecera ateliês em ambas as cidades.[13] Como local de trabalho, o ateliê emoldura o poema no âmbito da pintura e das cores, definindo Tarsila logo no título pelo viés profissional e artístico. Esse sentido de acabamento do poema pelo recorte da moldura se revela no último verso, na sinestesia do "silêncio emoldurado".

O Brasil Colônia, subdesenvolvido, representado pelo interior paulista dos anos 1920 e concretizado no carinhoso apelativo "caipirinha", se contrapõe no poema às cidades europeias frequentadas pelo casal: Paris, Londres (Picadilly) e Sevilha. Ao escolher a "preguiça" como atributo do olhar, além de lembrar de imediato os belos olhos de Tarsila, Oswald reivindica a temática do ócio, que já em 1918 servira a Mário de Andrade como reflexão em "A divina preguiça"[14] — desembocando no conhecido refrão "Ai, que preguiça!", de *Macunaíma* —, e muito mais tarde ao próprio Oswald na elaboração da ideologia antropofágica. "A sábia preguiça solar", presente no "Manifesto da poesia Pau Brasil", de 1924, ressurge com força no olhar paulista de Tarsila, que por sua vez a retoma nos sóis em forma de fatia de laranja na fase já antropofágica de *Abaporu* (1928) e *Antropofagia* (1929), e com intensa expressão solarizada nos círculos que reverberam em *Sol poente* (1929). Apenas a primeira estrofe remete e exalta a figura de Tarsila. Oswald define-a primeiro pela profissão, caracterizando o lado cosmopolita e de refinada elegância na roupa de Poiret. Detém-se depois nos preguiçosos olhos paulistas:

Que não viram Paris nem Picadilly
Nem as exclamações dos homens
Em Sevilha
À tua passagem entre brincos

O verso está repleto de ambiguidades: uma primeira leitura revela o olhar de Tarsila como o sujeito que não viu Paris, nem Picadilly, nem os homens sevilhanos; uma leitura invertida permite vislumbrar uma Tarsila que passa a ser o objeto-sujeito cuja brasilidade não é percebida por Paris, nem por Picadilly, nem pelos homens de Sevilha que a elogiam ao vê-la passar.

A cidade de Sevilha é mencionada mais de uma vez em "Secretário dos amantes", o único poema de Oswald escrito em espanhol, na seção anterior a "Postes da Light":

Mi pensamiento hacia Medina del Campo
Ahora Sevilla envuelta en oro pulverizado
Los naranjos salpicados de frutos
Como una dádiva a mis ojos enamorados
Sin embargo qué tarde la mía[15]

A longa sintaxe estabelecida pelo verso livre da primeira estrofe de "Atelier" dinamiza o movimento que culmina com o verso final, em que se enfatiza uma espécie de gloriosa passagem de Tarsila, feita vitoriosa sevilhana por entre as salvas masculinas. A "passagem entre brincos" que encerra a estrofe em efeito de close-up remete de imediato ao óleo *Autorretrato I* (1924), em que os longos pingentes de Tarsila enfeitam e sustentam sua cabeça no ar.

A segunda estrofe:

Locomotivas e bichos nacionais
Geometrizam as atemosferas nítidas
Congonhas descora sob o pálio
Das procissões de Minas

desvia o foco da mulher para a paisagem brasileira. A locomotiva (assim como o bonde posteriormente), um dos grandes emblemas da modernidade internacional, associa-se ao elemento autóctone, representado pelos "bichos nacionais", e à tradição barroca e cristã de Minas Gerais.[16] A modernidade explicita-se não apenas com a presença da máquina e com a geometrização, mas também na própria composição do poema, carente de sinais de pontuação, na "concisão lapidar" aludida por Paulo Prado no prefácio do livro *Pau Brasil*. "Geometrizou a realidade", afirma João Ribeiro em 1927.[17] Esse olhar prismático do interior paulista abre a seção "São Martinho" (nome da fazenda mineira) de *Pau Brasil*, no poema "Noturno":

Lá fora o luar continua
E o trem divide o Brasil
Como um meridiano[18]

A paisagem geometrizada chega aqui a um momento de síntese máxima, em que o desenho do círculo e da reta[19] se iconiza no verso intermediário; um verso meridiano que "divide o Brasil" e o próprio poema em dois. O título ironiza a tradição romântica e se anuncia como possibilidade de ser também um trem noturno.

A mesma solução formal ocorre na terceira estrofe de "Atelier":

A verdura no azul klaxon
Cortada
Sobre a poeira vermelha

Mestre da síntese, Oswald chega nessa estrofe de "Atelier" a uma solução mais radical do que no poema "Noturno", pois aqui o verbo, totalmente isolado, acaba se convertendo no próprio verso e literalmente "corta", feito meridiano, a estrofe ao meio. A temática nacionalista do Pau Brasil, introduzida na estrofe anterior pela geografia, pela arquitetura e pela tradição mineira, se complementa com o colorido altamente contrastado: o verde, o azul e o vermelho. Nesse cromo, reconhecemos as cores que Tarsila também introduz como parte da retórica da afirmação do nacional, as cores da árvore pau-brasil, primeiro produto de exportação da época colonial, que por definição remetem a propriedades corantes. A terra roxa do último verso, presente em muitos de seus quadros, é consequência da poeira levantada pelo carro ao chegar à fazenda.[20] Ainda nessa estrofe, são intensas as reminiscências paulistas do modernismo pelos títulos de duas importantes revistas: a sinestesia "azul klaxon" lembra a mais vanguardista das revistas do modernismo, *Klaxon*, e a "poeira vermelha" do último verso remete ao título do periódico *Terra Roxa... e Outras Terras*, de 1926.[21]

Geometria, "bichos nacionais", cortes meridianos e outros elementos pertencentes à tradição brasileira são encontrados em profusão nessa etapa da obra tarsiliana. A flora e a fauna brasileiras surgem no bestiário naïf de sua pintura: cachorro e galinha em *Morro da Favela* (1924), papagaio em *Vendedor de frutas* (1925), gato e cachorro em *A família* (1925), o urutu em *O ovo* (1928), um sapo em *O sapo* (1928), ariranhas em *Sol poente* (1929), macacos espreguiçados sobre galhos de árvore em *Cartão-postal* (1929). Diversamente do primitivismo de *douanier* Rousseau, em que os animais representam a vertigem onírica do surrealismo, em Tarsila, os animais, embora representados de forma naïf, têm claras funções de afirmação da paubrasilidade. Sobre *A cuca* (1924), a pintora afirma: "Estou fazendo uns quadros bem brasileiros que têm sido muito apreciados. Agora fiz um que se intitula *A cuca*. É um bicho esquisito, no mato com um sapo, um tatu e outro bicho inventado".[22] Muitos anos mais tarde, ela remembra a origem desse "sentimento de brasilidade" e os vínculos com a ideologia Pau Brasil:

> O contato com a terra cheia de tradição, as pinturas das igrejas e das moradias daquelas pequenas cidades essencialmente brasileiras — Ouro Preto, Sabará, São João del Rei, Tiradentes, Mariana e outras — despertaram em mim o sentimento de brasilidade. Datam dessa época as minhas telas *Morro da Favela*, *Religião brasileira* e muitas outras que se enquadram no movimento Pau Brasil criado por Oswald de Andrade.[23]

O sentido naïf, reforçado pelo recurso a um estilo propositalmente despojado, está plasmado na unidimensionalidade de um quadro como *EFCB* (Estrada de Ferro Central do Brasil), em que os ferros entramados da ponte e dos sinalizadores de ferrocarril (ecos metálicos da Tour Eiffel) não enfeitam a cidade moderna, mas decoram o interior brasileiro: palmeiras, igrejas, postes e os famosos "casebres de açafrão e de ocre" mencionados por Oswald no "Manifesto da poesia Pau Brasil".

A última estrofe tropicaliza e "paulistaniza" o cenário urbano dos anos 1920:

Arranha-céus
Fordes
Viadutos
Um cheiro de café
No silêncio emoldurado

A síntese enumerativa enquadra-se nos limites impostos pelo silêncio: o espectador olha a cidade de São Paulo como se fosse um *ready-made* silencioso e aromatizado, um cartão-postal oferecido ao *camera-eye* do turista.[24] A cidade futurista paulista é uma antecipação de Niemeyer, cujo "gênio arquitetônico" seria exaltado por Oswald de Andrade décadas mais tarde, quinze anos antes da inauguração de Brasília.[25]

A menção ao café ultrapassa o mero decorativismo ou a introdução da "cor local" como afirmação do nacional. Pelo contrário, São Paulo define nos anos 1920 o apogeu do baronato do café, regiamente instalado nas mansões da avenida Paulista. Como afirma Oswald:

> É preciso compreender o modernismo com suas causas materiais e fecundantes, hauridas no parque industrial de São Paulo, com seus compromissos de classe no período áureo-burguês do primeiro café valorizado, enfim, com o seu lancinante divisor das águas que foi a Antropofagia nos prenúncios do abalo mundial de Wall Street. O modernismo é um diagrama da alta do café, da quebra e da revolução brasileira.[26]

As imagens da última estrofe do poema, em que os frios volumes geométricos de metal e cimento se contrapõem à cálida esfera solar, aparecem anunciadas também no "Manifesto da poesia Pau Brasil": "Obuses de elevadores, cubos de arranha-céu e a sábia preguiça solar". A possibilidade de um frio construtivismo fica abolida pelo atributo do ócio tropical que caracteriza a megalópole paulista.

Do título à última estrofe do poema, estende-se uma linha que emerge do ateliê como espaço interior destinado à produção da artista, passa pela paisagem rural do interior do Brasil — com uma intensa horizontalidade sugerida pelas "locomotivas" e pelas "procissões de Minas" — e culmina na abertura vertical dos arranha-céus, cortados por viadutos da urbe geometrizada.[27] O poema retrata assim esta espécie de ritual de passagem que tem início nos ateliês de Léger, Lhote e Gleizes, para chegar ao espaço aberto e brasileiro do cromo tarsiliano.

Do ponto de vista da temática pictórica, *Carnaval em Madureira* (1924) é talvez o quadro de Tarsila que melhor traduz a oposição entre o rural e o urbano, o interior paulista e Paris, a periferia e o centro. A "Torre Eiffel noturna e sideral" do poema "Morro Azul" ressurge majestaticamente no centro da favela do Rio de Janeiro. As mulheres negras, as crianças, o cachorro, as casinhas, os morros, a palmeira, tudo adquire um ar festivo. O cromo da favela cercado pelas bandeirolas que se agitam no topo da torre e em torno do quadro confirma o aforismo oswaldiano de que "a alegria é a prova dos nove", apresentado no "Manifesto antropófago". A utopia tecnológica coroada pelo Matriarcado de Pindorama, anunciada anos mais tarde pela revolução antropofágica, adquire nessa tela de Tarsila um valor emblemático e premonitório em forma de síntese visual.

Tampouco podemos deixar de mencionar o belíssimo quadro pintado em Paris em 1923, que, anterior à composição e à publicação do poema de Oswald, coincidentemente ou não, leva o nome de *A caipirinha*. Nas palavras de Carlos Drummond de Andrade, no poema "Brasil/Tarsila" (figura 5):

Quero ser em arte
a caipirinha de São Bernardo

A mais elegante das caipirinhas
a mais sensível das parisienses
jogada de brincadeira na festa antropofágica[28]

De acentuado recorte cubista, a tensão entre o nacional e o cosmopolita presente no poema se traduz no quadro pelo motivo rural transfigurado pela estética importada de Paris. *A caipirinha* de Tarsila não vem vestida por Poiret, mas por Léger. As formas cilíndricas do corpo feminino, combinadas com o recorte anguloso das casas, as colunas das árvores, as listras das mãos e da fachada da casa à esquerda, assim como os volumes verdes ovalados da folha e dos possíveis abacates, lembram a mecânica do design legeriano. Em uma de suas crônicas jornalísticas publicadas em 1936, Tarsila recorda:

> Dois anos depois, o tão discutido artista abria uma academia em Paris, na Rue Notre-Dame des Champs, e eu me senti feliz entre seus alunos. O salão de trabalho era vasto e o modelo nu posava na evidência de um estrado alto junto ao fogo — o aspecto tradicional de todas as academias. Nós todos ali éramos sub-Léger. Admirávamos o mestre: tínhamos forçosamente que ceder à sua influência. Daquele grande grupo de trabalhadores, os verdadeiros artistas encontrariam um dia a sua personalidade, os outros que continuassem copiando.[29]

Quando cotejada com a obra poética de Oswald de Andrade, menciona-se o agudo sentido de crítica social presente na obra do poeta paulista e que só apareceria na obra de Tarsila na década de 1930. Também se pode falar do estilo direto da pintura tarsiliana, de uma tendência para o decorativismo carente do humor ou da agressividade que caracterizam a obra de Oswald. Mas existe uma instância de estreita colaboração entre os dois em que isso não ocorre. Pelo contrário. Falo do livro *Pau Brasil*, em que as ilustrações de Tarsila têm um valor equivalente ao dos poemas. Há um verdadeiro diálogo ilustração-poema que enriquece sobremaneira o livro, já a partir da capa com a bandeira brasileira, em que o lema positivista "Ordem e Progresso" é substituído pela expressão que marcaria não apenas o título de um livro, mas um programa estético-ideológico que pautaria a produção de ambos até a fase da Antropofagia. Augusto de Campos define essa interação da seguinte forma (figura 6):

> O livro de poemas quando continha a intervenção de um artista plástico era mais no sentido de uma ilustração dos poemas. A partir de *Pau Brasil*, o livro de poemas de Oswald, e especialmente do *Primeiro caderno do aluno de poesia Oswald de Andrade*, o desenho e a poesia se interpenetram. Há um diálogo muito mais preciso e muito mais intenso entre esses dois universos. É a própria concepção do livro que se modifica. Nós já estamos nos defrontando com exemplares daquilo que vai constituir o livro-objeto.[30]

As dez ilustrações que Tarsila realizou, uma para cada seção do livro, têm o traço simples, sintético, infantil e carregado de humor. Nelas se faz presente a ideia do croqui inerente ao esboço do turista. A modernidade dessas imagens, que já tinham feito sua estreia em *Feuilles de route* (1924), de Blaise Cendrars, anula qualquer sentido de grandiloquência que se pudesse atribuir à história do Brasil. Há um humor inerente nas pequenas ilustrações que contêm uma crítica "ingênua", esboçada no traço rápido da ilustração, de extraordinária eficácia. Na sequência dos desenhos, encontramos uma versão antiépica da história nacional, na contramão da narrativa da historiografia oficial e oficiosa, para dar lugar a um discurso fundacional do Brasil em que prevalecem o fragmentário, o provisório, o inacabado e o humor. Assim como Oswald parodia as crônicas do descobrimento, os desenhos de

Tarsila podem ser vistos como uma crítica à pintura do Brasil oficial, exemplificada pelas telas grandiloquentes de um Pedro Américo ou de um Victor Meirelles (figura 55).

A última e mais importante das etapas desse trabalho conjunto é a criação da Antropofagia, que não pode ser dissociada de sua gênese Pau Brasil. Assim como os dois manifestos de Oswald — "Pau Brasil" (1924) e "Antropófago" (1928) — devem ser analisados juntos e diacronicamente, os três quadros mais importantes de Tarsila — *A negra* (1923), *Abaporu* (1928) e *Antropofagia* (1929) — devem ser vistos como um tríptico ou conjunto único. *A negra*, produzida em Paris, é explosiva, monumental, bruta em sua extraordinária beleza e antecipa em pelo menos cinco anos a temática da Antropofagia. Os manuscritos de "Atelier" mostram o quanto Oswald estava vinculado a essa pintura fundacional. Encontramos cinco variantes manuscritas para o seguinte trecho, que deixou de ser incorporado na versão definitiva do poema (figuras 7 a 9):

A emoção
desta negra
polida
lustrosa
como uma bola de bilhar no deserto[31]

Embora tenha sido apontada a analogia com *La Négresse*, de Constantin Brancusi — também de 1923 (ironicamente esculpida em mármore branco, é provável que Tarsila a tenha visto no ateliê do escultor romeno) —, assim como a influência da temática negrista, que naquele momento invadia a vanguarda parisiense, *A negra* de Tarsila explode com rara intensidade das profundezas da afro-brasilidade. "Bárbaro e nosso", diríamos com Oswald de Andrade. A solidez da negritude é amplificada por meio de volumes monumentalizados e acilindrados do colo, dos braços, das pernas e da desproporção de um único e gigantesco seio que pende sobre o primeiro plano da tela. A cabeça "polida" e "lustrosa", em evidente desproporção com o resto do corpo, já sugere uma assimetria que recorda as esculturas de Henry Moore e que se intensificará no *Abaporu* e em *Antropofagia*. Os beiços inchados, inclinados e exagerados contrastam com a pequenez de um olhar oblíquo que oscila entre a sensualidade e a mirada impenetrável. A força bruta da imagem reside também na grandeza da superfície do quadro que ela ocupa por inteiro, quase transbordando dele.[32]

Em contraste com as formas arredondadas e a cor marrom do corpo, o fundo traça um recorte cubista, de faixas brancas, azuis e pretas que atravessam horizontalmente a tela. Esse contraste de alguma maneira impõe certa perspectiva, aliviando o quadro de sua própria grandiosidade. O "deserto" mencionado no verso de Oswald ("como uma bola de bilhar no deserto") servirá na etapa seguinte como paisagem de um trópico solar, em que o cacto acompanha a figura do *Abaporu*.[33] Oferecido a Oswald por ocasião de seu aniversário de 38 anos, em 1928, o quadro *Abaporu*, ou seja, "comedor de carne humana", na definição do padre Antonio Ruiz de Montoya, batiza o movimento, via Raul Bopp. A desproporção agiganta-se na figura sentada e de perfil, cuja perna e pé ocupam a maior parte do primeiro plano. A cabeça miniaturizada quase se perde no alto da tela. Dessa vez, temos uma versão solar e desértica. A brutalidade de *A negra* adquire nessa nova versão um céu azul e um sol intenso instalado bem no meio e no alto do quadro, separando o cacto da representação primitiva do ser tanto brasileiro quanto indígena. A deformação como traço estilístico revela um aspecto onírico próximo já do surrealismo. Nesse sentido, Aracy Amaral radicaliza essa tendência, ao considerar que "Tarsila, pela densidade de sua produção máxima — anos

1920 —, [é] uma artista surrealista a despeito de si própria, ou sem a preocupação em declarar-se engajada nesse movimento".[34]

O ideário do movimento lançado por Oswald de Andrade com o "Manifesto antropófago" (publicado na *Revista de Antropofagia*, em maio de 1928) nasceria inspirado nesse quadro. E, no ano seguinte, Tarsila pinta *Antropofagia*, terceiro quadro da trilogia, uma surpreendente síntese-montagem dos dois anteriores. Duas figuras: a da frente, cujo seio exposto no meio do quadro remete diretamente à tela *A negra*, e, justaposta, a figura de perfil do *Abaporu*, só que invertida. Juntas, indicam a síntese Pau Brasil/Antropofagia presente nas obras anteriores. O signo brasileiro é acentuado pela paisagem do fundo, na qual uma fatia de laranja solar, suspensa no ar, ilumina a floresta tropical, ou o Matriarcado de Pindorama, ressaltada pela folha de bananeira que se ergue por trás da figura em primeiro plano.

No prodigioso ano de 1922 (*Ulysses, The Waste Land, Trilce, Veinte poemas para ser leídos en el tranvía* e a Semana de Arte Moderna) em que Oswald e Tarsila se conhecem, nenhum dos dois era propriamente modernista. Oswald, que vinha de uma herança simbolista afrancesada, durante os eventos da Semana de 22, em fevereiro, lera fragmentos de seu romance de estreia, *Os condenados*.[35] Tarsila, em Paris, era ainda aprendiz da Académie Julien e volta a São Paulo em junho. "A direção a tomar ela só a teria depois do batismo do modernismo no Brasil em 1922", registra Aracy Amaral.[36] O encontro dos dois desperta a paixão dos olhares que levam Tarsila a produzir os inúmeros traços do rosto e o nu de Oswald, da mesma forma que Oswald produziria as incansáveis versões de "Atelier". A descoberta das vanguardas em Paris leva-os a uma redescoberta do Brasil: a história, a cultura, a flora, a fauna, a geografia, a antropologia, a etnia, a religião, a culinária, a sexualidade. Um novo homem, uma nova cor, uma nova paisagem e uma nova linguagem ancorados nas raízes de um passado colonial. Dessa explosiva releitura germina a ideologia Pau Brasil, que culminaria no final da década com a Antropofagia, a revolução estético-ideológica mais original das vanguardas latino-americanas daquela época.

O período que vai de 1922 a 1929 corresponde à etapa experimental mais intensa da cultura brasileira. Marcado no início pela Semana de 22 e no fim pelo crack da Bolsa e a consequente crise do café, esses mesmos anos emolduram o encontro e a separação do magnífico casal.

[Texto original em português. Uma versão preliminar deste ensaio foi apresentada em espanhol no colóquio "De la convergencia de literatura y artes a la práctica artística de la vida. Las vanguardias a principios de siglo en el mundo ibérico", Berlim, Universidade de Jehna e Universidade Livre de Berlim, 6-7 jun. 1996. Publicado em espanhol em *Tarsila do Amaral*. Madri: Fundación Juan March, 2009, pp. 93-103 (catálogo de exposição com curadoria de Juan Manuel Bonet).]

2. Rego Monteiro, antropófago?

> *Essas formas arredondadas vêm dos corpos de figuras de cerâmica de Marajó. Estudei-as com cuidado, não só no Brasil como em Paris, onde existem várias peças dos nossos selvagens. E procuro transpor para minha pintura esse aspecto escultórico de suas obras plásticas, tão curiosas.*
>
> Vicente do Rego Monteiro[1]

Légendes croyances et talismans des indiens de l'Amazone (1923) e *Quelques Visages de Paris* (1925), livros de artista do pernambucano Vicente do Rego Monteiro, publicados em Paris e em francês, representam alguns dos mais belos exemplos bibliográficos produzidos pelas vanguardas latino-americanas. Além da extraordinária beleza plástica, os dois títulos, reeditados pela Edusp em 2006, em formato fac-similar, revelam questões inerentes às correntes artísticas e literárias dos modernismos europeus e das vanguardas periféricas. *Légendes...*, regiamente ilustrado, narra mitos e crenças amazônicos; *Quelques Visages...* é uma espécie de diário de viagem imaginária de um chefe indígena a Paris, que, na melhor tradição dos viajantes, ilustra, com dez magníficos desenhos, pontos arquitetônicos e turísticos clássicos, numa mistura estilística de um art déco geométrico, aliado a um traço de inspiração marajoara. A descrição, em letras góticas, da paisagem e dos monumentos ilustra o ponto de vista do amazonense que visita o Velho Mundo[2] (figuras 11, 12 e 14).

Por que o "primitivo", ou as "artes primeiras" (denominação francesa mais recente, considerada politicamente correta), transforma-se no canto da sereia da modernidade? Por que Paris se converte no centro de produção da estética ameríndia de Rego Monteiro, da afro-brasileira de Tarsila do Amaral ou de boa parte da pintura afro-uruguaia de Pedro Figari e mesmo da estética ortogonal de origem incaica de Joaquín Torres García ou asteca de Diego Rivera?[3] Já sabemos que aquilo que os europeus procuraram com ávido olhar na África, na Oceania ou na Polinésia os nossos artistas extraíram do próprio passado, das geografias e dos imaginários de origem. "Bárbaro e nosso", como diria Oswald de Andrade, ao propor uma poética de exportação, e não de importação, como criativa resposta de *là bas* ao movimento centrífugo e etnocêntrico das vanguardas europeias. Seja como resistência à onda modernólatra decorrente da cultura pós-industrial, seja como rechaço formal ao figurativismo, a essencialidade do primitivismo responde de maneira formidável às novas exigências da arte. Por um lado, a assimetria da estatuária africana, devorada por artistas como Picasso, Braque, Brancusi, Giacometti e Klee; por outro, o desenho abstrato e geométrico das culturas ameríndias que vai ao encontro das necessidades estético-ideológicas de artistas como Vicente do Rego Monteiro e Joaquín Torres García, em particular. Os tecidos, a cerâmica, as urnas funerárias, a cestaria e a pintura no corpo refletem aquilo que Wilhelm Worringer denominou, em seu clássico *Abstração e natureza* (1908), de *afã da abstração*.[4] De Frank Lloyd Wright até a Bauhaus (penso na pureza da pintura quadrangular de Josef Albers e nos tecidos de sua companheira Anni), exemplos que se alimentaram das formas da arquitetura asteca, para fazer do ângulo reto, da bidimensionalidade e da planimetria princípios quase sagrados da produção artística do período.

Chama muito a atenção que, nos estudos canônicos sobre primitivismo e abstração na América Latina, o Brasil tenha sido sistematicamente excluído das visões panorâmicas ou continentais, ignorando a tradição indígena da ilha de Marajó, para a qual se voltou Vicente do Rego Monteiro.[5] Ele foi o único artista brasileiro capaz de produzir uma linguagem indianista de vanguarda. Mário de Andrade tinha consciência dessa espécie de ocultamento, quando afirma que o modernismo produz a "procura das tradições que obumbra Marajó e favorece o Aleijadinho, ignora o indianismo e revitaliza o ameríndio, desdenha o 'porque me ufano' e busca fixar a ressonância histórica de nossa tristeza".[6] Rego Monteiro encarna o momento vanguardista resultante de uma arraigada tradição indianista brasileira do século XIX, na poesia de Gonçalves de Magalhães e de Gonçalves Dias, na narrativa de José de Alencar e mesmo nos *Contos amazônicos* de Inglês de Souza, na música de Carlos Gomes, na pintura de Victor Meirelles e Rodolfo Amoedo. Não consta, nas cronologias consultadas, que o pintor pernambucano tivesse visitado os locais de origem na ilha de Marajó: suas descobertas derivam principalmente de pesquisas realizadas na coleção marajoara do Museu Histórico da Quinta da Boa Vista no Rio de Janeiro e também no Museu de Etnografia de Paris, o Trocadéro. É a versão tupiniquim dos roteiros museográficos à procura do "primitivo" que a vanguarda europeia trilhou ao visitar os museus etnográficos de Hamburgo, Dresden, Berlim e Paris. A precocidade de Rego Monteiro surpreende: em 1913, ou seja, aos treze anos de idade, ele expõe pela primeira vez no Salon des Indépendants, em Paris.[7] Sua produção indianista inicia-se no final dessa mesma década, quando começa a desenhar as imagens figurativas que compõem o livro *Légendes...* As aquarelas originais, das quais ainda se conserva um bom número (especialmente no Museu de Arte Contemporânea da Universidade de São Paulo), percorreram o Brasil no início da década. Afirma Walter Zanini:

> A exposição seguinte, de caráter itinerante e nas mesmas técnicas, percorreu São Paulo, Rio e Recife em 1920, trazendo, junto ao seu repertório "chic", a novidade da temática das lendas e costumes dos índios da Amazônia. Os primeiros sinais em desenho dessa inclinação devem remontar a 1919 [...]. Em 1921, Vicente utilizou o hall do Teatro Trianon, do Rio de Janeiro, para a terceira das exposições, na qual seus últimos desenhos e aquarelas acusavam intensa repercussão da figuração geometrizada da arte marajoara.[8]

Tudo indica que, embora impresso em Paris, Rego Monteiro semeou as pesquisas e buscou os materiais textuais e iconográficos no Brasil. Mais ainda, no ano seguinte, em 1922, ele teve dez obras na exposição da lendária Semana de Arte Moderna, em São Paulo. Duas delas têm como título *Lenda brasileira*.[9]

Embora as duas únicas fontes explícitas das lendas reproduzidas em *Légendes...* sejam as referências a J. Capistrano de Abreu e à relação do padre Yves d'Evreux sobre os ídolos da ilha de Marajó, a esmerada tradução e pesquisa de Regina Salgado Campos revela transcrições diretas de textos de *O selvagem*, de Couto de Magalhães, ou do *Vocabulário de crendices amazônicas*, de Osvaldo Orico, que foram aqui revertidas para a versão original. Acreditamos que boa parte das lendas provenha também da obra clássica de Couto de Magalhães.[10] Além do amplo universo do imaginário indígena, da iconografia ornamental e ritualística, da flora e da fauna amazonense, Rego Monteiro revela conhecimento da língua tupi, provavelmente inspirado também no vocabulário recolhido por Ollendorf e anexado ao volume *O selvagem*.

Surpreende, na introdução a *Légendes...*, o conhecimento histórico que Rego Monteiro tinha do olhar europeu voltado para os trópicos, assim como dos indígenas na Europa. Desde os clássicos viajantes ("Henrique II proibiu os navios de Dieppe, Brest, Quimper ou Morlaix de navegarem em direção ao Brasil") até fatos históricos marcantes como foi a memorável festa de Ruão, em outubro de 1550. Não apenas ela é mencionada na introdução, como rememorada em sua última entrevista:

> Estavam lá [na exposição de 1920 em São Paulo] as lendas indígenas, o folclore brasileiro. E se não me engano, nessa exposição eu incluí um quadro de muito maior formato que representava a índia Paraguaçu na corte de Catarina, ela então fazendo uma espécie de striptease, despindo a roupa de índia e causando escândalo àquelas princesas do século XVI, todas vestidas de saias com corpetes.[11]

Os registros dessa festa são extraordinários: cinquenta índios e mais 250 marinheiros bretões nus, com os corpos pintados, encenam para os reis Henrique II e Catarina de Médici uma luta entre as tribos tabajara e tupinambá, em meio a uma "floresta amazônica" reconstituída cenograficamente com árvores pintadas e com animais também trazidos da América (macacos, papagaios, cotias, saguis etc.). O manuscrito do século XVI, descoberto, reproduzido e comentado no século XIX por Ferdinand Denis (1798-1890), termina com a seguinte afirmação:

> Como prova de que a coisa parecera ser verdadeira e não simulada, várias pessoas deste reino de França, em número suficiente, e que tinham longamente frequentado o país do Brasil e dos canibais,

atestaram de boa-fé que o efeito da figuração procedente era o simulacro certo da verdade.[12]

Acreditamos que, além da bibliografia mencionada explicitamente, dificilmente Rego Monteiro desconhecia os textos franceses em que se faz referência a índios brasileiros. Penso no clássico "Des Cannibales", de Michel de Montaigne, ou nos conhecidos relatos de André Thevet, Jean de Léry, Claude d'Abbeville, Villegaignon e M. Auguste de Saint-Hilaire, entre outros. Contemporâneos de Rego Monteiro, e mencionados no prefácio, Paul Claudel e Darius Milhaud, que estiveram no Rio de Janeiro, são magníficos exemplos de artistas europeus que tropicalizam seus modernos repertórios.[13]

O formato complementar escolhido para a edição fac-similar de *Légendes...* e de *Quelques Visages de Paris* sugere um movimento unidirecional: do Brasil para a França, do primitivo para o civilizado, da floresta amazônica para a Cidade Luz, do imaginário mitológico para a *ratio* cartesiana, ou, nas palavras de Lévi-Strauss, do cru para o cozido. Em *Légendes...*, Rego opera como tradutor de uma cultura, levando para a França verdadeiras joias da mitologia amazonense. Em *Quelques Visages...*, ele opta pela máscara do personagem indígena que registra, por escrito e pelo desenho, uma espécie de exótico bem-comportado. Nesse livro, o design art déco/marajoara do cacique parodia a Kodak do globe-trotter vanguardista. Não é o primeiro caso do que se poderia denominar, em um olhar invertido, de "A Europa dos viajantes", contada por índios. O mais famoso deles, nesse tipo de literatura, é os *Comentários reais* (1609), de Inca Garcilaso de la Vega, ou a *Relação da viagem do capitão de Gonneville às novas terras das Índias, 1503-1505*. Essomericq, índio que sobreviveu à desastrada viagem pioneira do capitão Binot Paulmier de Gonneville ao Brasil, tornando-se depois seu afilhado, nunca mais voltou à terra de origem, convertendo-se no "primeiro brasileiro e provavelmente o primeiro americano em solo francês", afirma Leyla Perrone-Moisés.[14] Outros clássicos franceses servem-se do artifício da alteridade para criticar a própria sociedade. É o caso das fictícias *Cartas persas*, de Montesquieu, que serviram para realçar os costumes franceses considerados exóticos, quando não bárbaros, por intermédio do olhar dos viajantes persas.[15] Ou "O Ingênuo", de Voltaire, em que um índio huroniano de origem canadense satiriza os costumes franceses do século XVII.[16] Também Rego Monteiro inventa uma viagem indígena fictícia:

> Um dia, um chefe indígena deixou a floresta e veio incógnito a Paris. Depois de alguns dias, cansado de tantas grandezas retornou a sua oca. Numa de minhas últimas viagens ao interior da Amazônia, tive a felicidade de conhecê-lo. Confiou-me suas impressões sobre Paris, e ao mesmo tempo deu-me alguns croquis feitos in loco que reuni com o título *Quelques Visages de Paris*.

Embora use o recurso do discurso indireto para tornar a narrativa verossímil à maneira dos exemplos mencionados, a finalidade de Rego Monteiro está desprovida do agudo senso crítico de Montesquieu ou de Voltaire, que usam o alter ego para fazer uma crítica feroz da própria cultura. O indígena de Rego Monteiro se compraz no olhar e na descrição plástica de Paris. Os momentos humorísticos do discurso indígena sugerem um tom paródico dos diários de viagem. Aliás, surpreende nos textos a utilização da letra gótica, em contraposição aos modernos caracteres dos títulos. Provavelmente, trata-se de uma contaminação do estilo gótico de Notre Dame ou do Louvre. Índio "exogótico", conforme qualificação de Haroldo de Campos.[17] Artista gráfico e tipógrafo por excelência,[18] é provável que a opção de Rego Monteiro pela letra gótica do texto indígena tenha por finalidade acentuar o encontro de culturas por intermédio do olhar do "selvagem", que reproduz graficamente a paisagem "civilizada". Reverbera aqui o conhecido verso de Mário de Andrade de 1922, "sou um tupi tangendo um alaúde" (*Pauliceia desvairada*).

REGO MONTEIRO, ANTROPÓFAGO?

Rego Monteiro tem o mérito de haver antecipado e introduzido a temática indianista no âmbito do modernismo. Mais do que isso, ele reivindica ter sido o precursor da Antropofagia modernista. Em carta do fim dos anos 1960 a Pietro Maria Bardi, afirma:

> Trouxe vários quadros de pequeno formato e formato médio, período pré-Antropofagista, que abriram caminho à famosa "Antropofagia" do Oswald de Andrade "Tupi or not tupi". Vide conferência do Oswald de Andrade na Sorbonne, a 11 de maio de 1923:[19] "A reação produzida no Brasil pelos processos enérgicos de Anita Malfatti e pela fantasia de Di Cavalcanti enriqueceu-se *em Paris, com as pesquisas de Rego Monteiro*, que se lançou de maneira particular na estilização de nossos motivos indígenas, procurando criar, ao lado de uma arte pessoal, a arte decorativa do Brasil".[20] Essas pinturas, desconhecidas no Brasil, Oswald de Andrade as conheceu no meu atelier, Rue Gros, em Paris, em 1923, antes da citada conferência.[21] [grifos do autor]

Mas a visão "antropófaga" de Rego Monteiro, inspirada provavelmente nas descrições de canibalismo do ensaio de Montaigne, nos relatos e iconografias de Hans Staden e de Theodore de Bry, é uma interpretação literal da antropofagia, diferindo totalmente das várias outras vertentes do período. (Aliás, também Montaigne fez do canibalismo um meio para criticar as práticas de tortura dos tribunais da Inquisição.) Tarsila do Amaral, nos magníficos *Abaporu* (1928) e *Antropofagia* (1929), mergulha numa espécie de inconsciente surrealista de temática indígena. Oswald de Andrade, por sua parte, faz desse discurso ponta de lança de uma política de descolonização, tanto na *Revista de Antropofagia* quanto nos textos de tese, especialmente no famoso manifesto. No final da década, foi Raul Bopp quem batizou o quadro *Abaporu* (o homem que come) e foi diretor da *Revista de Antropofagia*, além de publicar o poema épico amazônico *Cobra Norato* (1931). Rego Monteiro, assim como a maior parte de sua crítica (Zanini, Boghici, Atik), nunca desistiu de se considerar precursor do movimento, embora, a nosso ver, ele esteja totalmente dissociado ideologicamente da proposta oswaldiana de uma "América descolombizada". Em 1921, faz uma série de desenhos de esculturais corpos indígenas, um deles denominado justamente *Antropófago*, um índio deitado e saboreando um fêmur.[22] "Meu primeiro tema realmente antropófago", afirma Rego Monteiro em sua última entrevista, "é *A caçada* ou *A caça* [*La Chasse*, Nice, 1923], uma luta entre os índios robôs com um animal fabuloso de inspiração marajoara. Esse trabalho se encontra no Museu de Arte Moderna de Paris [atual Centre Pompidou]".[23] O fato de Rego Monteiro ser pioneiro na introdução do indianismo de vanguarda, de fazer em 1921 um desenho denominado *Antropófago* ou de introduzir em *La Chasse* a extraordinária imagem do bárbaro tecnizado de Keyserling — este mencionado por Oswald no "Manifesto antropófago", em 1928 — não é suficiente para fazer do pintor um pioneiro da Antropofagia, nos moldes formulados pelo poeta paulista no final da década. O movimento oswaldiano não pode ser dissociado de uma proposta revolucionária e utópica. O indianismo de Rego Monteiro não ultrapassa os limites estéticos e até decorativos que imprime a sua extraordinária obra. Sem dúvida, Oswald e Tarsila frequentaram o ateliê de Rego Monteiro em Paris, e é bem provável que tenham visto seu admirável quadro. E se 1922 foi um divisor de águas no Brasil para o modernismo brasileiro, 1923 foi um *annus mirabilis* para os brasileiros em Paris: é o ano de *A negra*, de Tarsila, de *La Chasse*, da publicação de *Légendes...* e é também quando Rego Monteiro "desenha os costumes e máscaras de *Légendes indiennes de l'Amazone* para o recital de dança do bailarino tcheco Malkowsky, no teatro Fémina".[24] Antecipar a temática indianista ou incorporar a estética marajoara são méritos reconhecidos de Rego Monteiro no panteão do cânone modernista, mas tudo isso não é suficiente para torná-lo um precursor ou incorporá-lo ao projeto da "razão antropofágica", como a denominaria Haroldo de Campos (figuras 10 e 13).

LÉGENDES... & MACUNAÍMA

Macunaíma foi publicado em 1928, ou seja, cinco anos após *Légendes...* O exemplar escolhido para a edição fac-similar pertence justamente à biblioteca de Mário de Andrade. Não consta no livro original nenhuma dedicatória nem data de incorporação ao acervo. É provável que alguém o tenha presenteado a Mário, ou que ele mesmo tenha encomendado da França um dos seiscentos exemplares impressos na ocasião. A ausência de qualquer dedicatória reduz a possibilidade de ter sido presente do próprio Rego Monteiro. Os numerosos estudos teóricos sobre *Macunaíma* mencionam várias fontes para as lendas amazônicas utilizadas no romance, especialmente os vários volumes de *Vom Roraima zum Orinoco* (1917, 1923-4), de Theodor Koch-Grünberg, pertencentes à biblioteca e anotados por Mário de Andrade, mas em nenhuma das bibliografias críticas sobre o romance aparece mencionado o livro de Rego Monteiro.[25] Surpreende assim encontrar, cinco anos antes da publicação do grande clássico modernista, a descrição das lendas do Muiraquitã, do deus Macunaíma, do deus Tupã, de Rudá, da origem da mandioca (Mani-oca, ou seja, a casa de Mani), da deusa Ci, de Perudá, exemplos da flora e da fauna em língua tupi (o boto, o curupira, o matitaperê, a sururina etc.), sem uma única menção sequer ao que também poderia ter sido simples leitura ou uma das fontes de inspiração de Mário.

A questão autoral de *Légendes...* despertou minha curiosidade. Embora os créditos mencionem "Adaptações de P. L. Duchartre. Ilustrações de V. de Rego Monteiro", algumas considerações se fazem necessárias. Nada, absolutamente nada na bibliografia do crítico francês Duchartre indica interesse, ou aproximação sequer, pelo primitivismo, seja do universo brasileiro, seja do ameríndio. Pelo contrário, sua bibliografia remete à cultura europeia em geral e à francesa em particular, das quais ficam excluídas as vanguardas.[26] No extenso depoimento de 27 de outubro de 1969, dado a Walmir Ayala e a Ricardo Cravo Albim, poucos meses antes de seu falecimento em junho de 1970, afirma Rego Monteiro: "[...] em Paris encontrei um escritor chamado P. L. Duchartre [1894-1983] que se interessou pelo meu trabalho e me conseguiu um editor. Naturalmente ele fez a introdução e eu figurei apenas como ilustrador, apesar de ter sido praticamente o organizador do livro que foi publicado em 1923".[27] Em carta manuscrita a Pietro Maria Bardi, no final dos anos 1960, Rego Monteiro deixa claro seu desejo de ver reeditada essa obra no Brasil e em português, eliminando dessa vez a participação de Duchartre:

> Da minha exposição (1921) no Rio de Janeiro, no saguão do Trianon, avenida Rio Branco, trouxe 39 quadros, pequeno formato, que deram lugar à edição em Paris em 1923, do livro *Légendes croyances et talismans des indiens de l'Amazone*. Tenho um exemplar do livro, edição Tolmer, esgotada.

Livro a ser reeditado com as minhas ilustrações e lendas em português com o título *Lendas indo-brasileiras escolhidas e ilustradas por V. do R. Monteiro*.[28]

É para nós inexplicável a coautoria dada por Rego Monteiro ao amigo francês, que teve, sim, o mérito de apresentá-lo ao editor Tolmer, de Paris, permitindo assim a feitura do magnífico livro de artista.[29] Poderíamos até pensar que Duchartre traduziu os textos, mas sabemos que Rego Monteiro não era apenas bilíngue, como também produziu poesia da melhor qualidade em língua francesa. "Monteiro é um poeta francês, assim como um pintor da Escola de Paris. Sua desenvoltura no manejo dessa língua é espantosa", é a afirmação peremptória de Leyla Perrone-Moisés.[30] O conhecimento da arte e da religião marajoaras, das ricas e detalhadas "crenças, lendas e talismãs" que compõem as séries narrativas ilustradas do livro, da língua tupi, dos nomes da flora e da fauna amazônica, e a admiração pela política indigenista no Brasil (as várias menções ao marechal Rondon e suas descobertas e observações pontuais) revelam uma familiaridade e cultura extraordinárias por parte do pintor e poeta brasileiro. Mais ainda, nas quatro últimas páginas da introdução, há uma lista de 42 "Caracteres simbólicos comparados" em que Rego Monteiro, em pesquisa realizada no Museu Nacional do Rio de Janeiro, e provavelmente no Musée de l'Homme, reproduz e coteja a iconografia marajoara com a mexicana, a chinesa e a egípcia, revelando conhecimentos que extrapolam em muito os limites da ilha de Marajó.

O projeto visual de *Légendes...* é estilisticamente bifurcado. Como dissemos, as imagens dos índios que ilustram as lendas são figurativas e, como foi bem observado por Gilberto Freyre, há um orientalismo próprio ao art nouveau, com influência de Foujita.[31] A força e a beleza da arte marajoara surgem na capa e na contracapa do livro e nas inúmeras vinhetas que ilustram a quase totalidade de suas páginas. É ali que encontramos as formas pré-colombianas, na abstração unidimensional e geométrica que relembra, em alguns momentos, traços de pintura rupestre e, em outros, o desenho construtivista de Joaquín Torres García.[32] O pintor uruguaio também elabora uma espécie de dicionário de símbolos pré-hispânicos, que reencontramos depois em boa parte de sua pintura e nos textos e manifestos, entremeados desses símbolos. Diversamente de Rego Monteiro, Torres García faz desse repertório uma ideologia de consciente resistência aos valores europeus, indo ao encontro das raízes americanas, por intermédio da linguagem pictórica de origem pré-hispânica.

A Editora da Universidade de São Paulo e a Imprensa Oficial têm o mérito de ter produzido a primorosa edição fac-similar dos dois livros mencionados, dando prosseguimento a uma tradição de resgate de obras raras, como foi o caso, por exemplo, dos conteúdos da *Caixa modernista*, em 2003. Além dos livros, foi possível reproduzir, para efeitos de exposição, algumas das aquarelas originais da série indianista do início dos anos 1920, e as equivalências gráficas das mesmas imagens, reproduzidas poucos anos mais tarde nos livros. Em alguns casos, descobrimos que o trabalho gráfico supera a qualidade da aquarela (por exemplo, "Curupira"). Da bibliografia publicada por Rego Monteiro em Paris e em francês durante os anos 1920, são estes os únicos dois títulos que tratam diretamente de temática indígena brasileira, mais especificamente a amazonense, hoje à disposição do grande público.

[Texto original em francês. Conferência realizada na Maison de l'Amérique Latine, Paris, jan. 2006. Publicado, em português, em Plinio Martins Filho e Waldecy Tenório (Org.), *João Alexandre Barbosa: O leitor insone*. São Paulo: Edusp, 2007, pp. 277-92.]

3. Surrealismo no Brasil? Décadas de 1920 e 1930

UM SURREALISTA NOS TRÓPICOS: BENJAMIN PÉRET

O fenômeno mais surpreendente do "surrealismo no Brasil" (vejo-me obrigado a utilizar aspas) é a estadia de Benjamin Péret (1899-1959) no Rio de Janeiro e em São Paulo, em 1929-31, em pleno período heroico desse movimento na França. Do grande número de surrealistas que se exilaram na América entre 1939 e 1942, com exceção de Antonin Artaud, que foi ao México em 1936, Péret tem o mérito de ter sido o primeiro surrealista a atravessar o Atlântico com quase uma década de antecedência.[1] Diferentemente do efeito que as várias viagens de Blaise Cendrars ao Brasil tiveram sobre o ambiente cultural e a literatura do período,[2] essa etapa pouco conhecida de Péret fica marcada pela militância bifronte que sempre o caracterizou: a do poeta surrealista e a da ação política vinculada ao trotskismo, que valeria sua expulsão do Brasil em 1931 e, por incrível que pareça, sua prisão em 1956, quando volta pela segunda vez para assistir ao casamento de seu filho Geyser. As razões da viagem de Péret ao Brasil talvez se devam em primeiro lugar ao fato de ele ter casado em 1926, em Paris, com a brasileira Elsie Houston, cantora vinculada a Heitor Villa-Lobos, que foi uma das testemunhas de seu casamento; a outra seria nada menos do que o próprio André Breton. Outra hipótese sobre as razões de sua viagem seriam motivações intelectuais: repetir o périplo surrealista europeu ao procurar na América e na *terra brasilis* uma espécie de matriz primitiva para traduzir o moderno. Dedicou-se durante esses anos a pesquisar, com Elsie Houston, as tradições indígenas e as afro-brasileiras.[3] Mas, ao contrário da experiência de Breton no México, a presença de Péret em São Paulo e no Rio de Janeiro não fez escola. Ao chegar, ele se vinculou de imediato ao grupo da Antropofagia, sob a aguerrida liderança de Oswald de Andrade. A ruptura vanguardista, iniciada oficialmente em São Paulo, em 1922, culmina no final da década com o movimento da Antropofagia, que não hesita em incorporar Péret a suas fileiras. Para um movimento que se volta para o primitivo (já havia notícias da revista *Cannibale* de Picabia), que se apoia em Freud e em Marx e que, assim como o surrealismo, procura a liberação artística em uma revolução política, nada mais natural que a *Revista de Antropofagia* anunciasse Péret como um de seus membros mais ilustres:

> Está em São Paulo Benjamin Péret, grande nome do surrealismo parisiense. Não nos esqueçamos de que o surrealismo é um dos melhores movimentos pré-antropofágicos. A liberação do homem como tal, através do ditado do inconsciente e de turbulentas manifestações pessoais, foi sem dúvida um dos mais empolgantes espetáculos para qualquer coração de antropófago que nestes últimos anos tenha acompanhado o desespero do civilizado [...]. Depois do surrealismo, só a Antropofagia.[4]

Em um momento em que o surrealismo era praticamente desconhecido no Brasil, com circulação e divulgação muito limitada, o movimento antropófago proclama-se não somente pós-surrealista, mas o último dos "ismos".[5] Oswald de Andrade vangloria-se no manifesto de que o Brasil já possuía uma língua surrealista, o tupi (!).

Apesar de ter tido uma presença ativa, vários fatores podem explicar as razões pelas quais Péret não fez escola no Brasil. Quando ele chegou, as vanguardas europeias estavam se esgotando. Em segundo lugar, as discussões sobre o futurismo, a força do expressionismo (de Anita Malfatti, Lasar Segall e Di Cavalcanti) e do cubismo (uma certa Tarsila do Amaral, um certo Ismael Nery ou a literatura de Oswald de Andrade) de alguma maneira marcam a década; finalmente, atribui-se ao temperamento difícil de Péret várias das polêmicas e dificuldades pessoais de se relacionar com a elite paulista e carioca do período.[6]

A ausência de um movimento surrealista no Brasil dos anos 1920, com estrutura semelhante ao conhecido grupo do modernismo de 22, ou seja, com um caráter coletivo e programático (manifestos e revistas), e tendências estéticas definidas — embora contasse com a presença de um líder (ou de um cacique sem índios) como seria a excepcional presença de Péret —, me leva a uma pergunta inevitável: que tipo de surrealismo houve no Brasil durante a década *mirabilis*? A discussão é ampla e está longe de ser concluída. Se adotarmos o modelo grupal, semelhante ao fenômeno da matriz francesa sob a liderança de André Breton, podemos afirmar com tranquilidade que, durante o período das vanguardas históricas, os contornos do surrealismo não se definiram no Brasil como quaisquer dos outros "ismos", em especial o modernismo paulista. Isso não significa que entre nossos grandes pintores e poetas não houvesse momentos surrealistas. Mais do que uma produção coerente, o que vemos são instâncias surrealizantes, estilemas surrealistas em algumas etapas de produção de boa parte dos artistas do período.

IMPULSOS SURREALIZANTES

Neste texto, limitar-nos-emos a assinalar esses momentos em alguns pintores como Ismael Nery, Cícero Dias, Vicente do Rego Monteiro, Tarsila do Amaral, Flávio de Carvalho e nas fotomontagens de Jorge de Lima, deixando sempre claro que nenhum deles foi exclusivamente surrealista, em absoluto. A maior parte dos artistas passou pela experiência parisiense dos anos 1920, e a produção pictórica está marcada por várias fases, nas quais o surrealismo nunca é exclusivo.

No caso de Ismael Nery (1900-34), como aponta um de seus contemporâneos e maiores críticos, Antônio Bento, existem em sua obra três épocas de produção: a expressionista, a cubista e a surrealista. O mesmo crítico não hesita em afirmar que, "do ponto de vista histórico, Ismael foi o pintor da pintura surrealista no Brasil".[7] Pintor, poeta, arquiteto, cenógrafo, filósofo, místico, bailarino com todas as características físicas do dândi, Nery foi um dos artistas mais precoces, excêntricos e intensos dos anos 1920. Nascido em Belém do Pará, viveu no Rio de Janeiro, onde expôs apenas duas vezes: em 1928 e em 1929. Profundamente católico e visionário, vaticina muito cedo sua própria morte aos 33 anos, representando-a em várias de suas pinturas. Falece realmente com a idade de Cristo, e seu corpo é velado com hábitos franciscanos. De longe, Nery é o mais surrealista dos anos 1920 e início dos anos 1930, mas de forma muito particular, acompanhado de matizes religiosos e filosóficos. Estabelece vínculos entranháveis de amizade com Murilo Mendes, o que culmina com a conversão do poeta ao catolicismo.[8] Ao contrário de grande parte dos pintores e escritores modernistas, Nery se afasta de qualquer proposta de afirmação do nacional. Ele passa um ano em Paris com sua família em 1920, mas é durante uma segunda viagem em 1927 que toma contato com escritores e pintores surrealistas, especialmente com Marc Chagall, a quem ele é associado em vários momentos por suas pinturas e aquarelas. O surrealismo de Nery está impregnado por uma vertente metafísica e visionária, aproximando-o muito, nesse sentido, do argentino Xul Solar, que tampouco podemos rotular de pintor surrealista.[9] Existe em Nery uma permanente tensão entre a dualidade do masculino e do feminino. Não sabemos se se trata do feminino como expressão de uma alteridade — sublime exaltação dos surrealistas franceses —, ou de componentes de eventual bissexualismo. A última fase de sua pintura, a mais marcadamente surrealista, surge impregnada pela visão de entranhas nos corpos humanos que se desdobram, se enxertam, se interpenetram e se dilaceram. Metonímias fragmentadas que retomam, com dramática intensidade, despedaçados manequins surrealistas. Formações fetais, intestinos, artérias, uma visão simultânea dos órgãos externos e internos dos corpos, que somente a imagem surrealista permite a Nery retratar com plena liberdade de imaginação e uma audácia incomum em seus contemporâneos (figura 56).

De caráter muito mais lírico é o surrealismo de Cícero Dias (1907-2003). Nascido em Jundiá, um engenho de açúcar no interior de Pernambuco, Dias muda-se para o Rio de Janeiro, onde realiza sua primeira exposição em 1928, aos 21 anos de idade. Foi uma mostra paralela ao I Congresso de Psicanálise da América do Sul, no hall da Policlínica do Rio de Janeiro. O jornal *A Noite*, de 18 de junho de 1928, publica uma nota com o título "Pintura surrealista", em que lemos:

> É a primeira manifestação da pintura surrealista no Brasil. O surrealismo é uma libertação ainda mais intensa do que o expressionismo.

> Depois da rigidez matemática do cubismo, o surrealismo surgiu para exprimir liricamente a realidade transcendente, que não é a dos cinco sentidos, que é a do sonho e da imaginação, indiferente às leis da geometria e da mecânica. Esta é a arte atual de Max Ernst, Tanguy, Miró, Man Ray, Arp, que procederam de Chirico, Braque e Picasso. A eles se junta o pintor Cícero Dias, que, com extraordinárias qualidades pictóricas, exprime em seus trabalhos a poesia deliciosa do seu estranho e maravilhoso inconsciente.[10]

O imaginário onírico de suas aquarelas leva a crítica a chamá-lo de "surrealista" quando de sua primeira exposição individual. No Rio de Janeiro, aproxima-se da geração modernista: de Emiliano Di Cavalcanti (que o descobre), de Ismael Nery, de Murilo Mendes e dos paulistas Mário e Oswald de Andrade. Sem ser propriamente "antropófago", chega a participar com ilustrações da *Revista de Antropofagia*. A etapa figurativa de Cícero Dias ocorre principalmente entre os anos 1920 e 1930.[11] Sobre esse período, não há crítico que não mencione as semelhanças ou a influência de Marc Chagall, que ele sempre afirmou desconhecer antes de sua primeira viagem a Paris em 1937,[12] onde estabelece residência definitiva. Ali se torna amigo de Paul Éluard e de Pablo Picasso, que acabaria sendo padrinho de sua única filha.

Diferentemente de Nery, com seus temas e tons sombrios, Dias imprime em suas aquarelas a marca intensa do Brasil, questão programática de quase todos os modernistas de sua geração. A presença dos engenhos de açúcar, dos canaviais, das palmeiras, do universo da casa-grande e dos planos marítimos funde a paisagem onírica com o passado local pernambucano. Conjugados por um cromatismo vívido, os seres voam soltos pelos espaços do sonho e da memória. Há uma sensualidade permanente em suas mulheres-odaliscas, nuas, sempre deitadas, monumentalizadas, *majas* que trazem reminiscências do "divino ócio" do universo do Nordeste brasileiro.[13]

Vicente do Rego Monteiro (1899-1970) é também originário de Pernambuco. De toda a geração modernista que fez de Paris parada obrigatória, foi o artista mais autenticamente francês. Levado à capital francesa em 1911 com seus irmãos, também pintores, Fédora e Joaquim, expõe no Salon des Indépendants em 1913, ou seja, precocemente aos treze anos de idade. Participa desse salão até 1931. Rego Monteiro adotou a França como sua segunda pátria e oscilou a vida inteira entre Paris e Recife. Embora não estivesse no Brasil durante o emblemático ano de 1922, dez obras de sua autoria foram incluídas na exposição da Semana de Arte Moderna. Oito anos mais tarde, e em conjunto com o amigo e colecionador Géo-Charles, traz a "Escola de Paris" em forma de exposição itinerante (Recife, Rio de Janeiro, São Paulo), com um repertório excepcional representado por cerca de cinquenta artistas. Entre eles, Picasso, Léger, Braque, Gris, Severini, Masson, Lhote, Foujita, Matisse.[14] É a primeira vez que o público brasileiro tem oportunidade de entrar em contato direto com um grupo de artistas internacionais dessa magnitude.

Suas primeiras aquarelas figurativas do início dos anos 1920 estão dedicadas ao tema indianista. Monteiro sofre influência de certo orientalismo art nouveau, mas suas obras se destacam e são reconhecidas de imediato pelo uso geométrico inspirado na cerâmica marajoara. É o único artista de toda a geração de 1922 que se volta para motivos indígenas, com uma linguagem vanguardista em que prevalecem o primitivo e a geometria ortogonal. Em 1922, inspirado no design ameríndio e marajoara, produz os primeiros óleos de abstração geométrica no Brasil.[15] De alguma maneira, Rego Monteiro dialoga com o artista uruguaio Joaquín Torres García, no mútuo interesse pelo pré-colombiano, embora Monteiro não desenvolva um sistema lógico e coerente como a filosofia do universalismo construtivo, formulado por Torres García a partir dos anos 1940. Na realidade, ele pinta em 1929 quatro óleos de grande qualidade, de traços inconfundivelmente surrealistas.[16] "O encontro fortuito de realidades diversas se resolve de forma mais sedutora e produz efeito convincente", afirma seu melhor crítico, Walter Zanini. Esse final de década coincide em Monteiro com o abandono da temática indígena. Nos quadros surrealistas mencionados, prevalecem imagens fragmentadas com um desenho de nitidez daliniana; surgem o tema da máscara, luvas ou mãos decepadas, o jogo de baralhos e, em *Moderna degolação de são João Batista*, uma navalha que, além de remeter ao tema religioso — muito frequente em Monteiro —, coincide com o famoso instrumento em *Um cão andaluz* (Luis Buñuel e Salvador Dalí), do mesmo ano. Bicultural e bilíngue, desempenha uma intensa ação literária, no campo da poesia. Cria sua própria editora, La Presse à Bras, pela qual edita poetas franceses, brasileiros e sua própria poesia, que conta com dezessete títulos.[17] Poderíamos considerar seus *Poemas de bolso*, de 1941, como obra precursora da poesia concreta. Finalmente, esclarecemos que Monteiro, embora tivesse exposto na Semana de 22, nunca se considerou parte integrante do grupo. Pouco tempo depois, receberia, em Paris, Tarsila e Oswald. No final da década, quando surge a Antropofagia, Rego Monteiro recusa o convite de Oswald para se incorporar ao grupo, reivindicando o papel de precursor do movimento. No campo da pintura, a profunda pesquisa da cultura marajoara e de outras culturas pré-hispânicas foi totalmente inédita. Mas aquilo que ele entendia como Antropofagia pouco ou nada tinha a ver com a política de descolonização propugnada pelas utopias antropofágicas de Oswald de Andrade[18] (figura 15).

O papel de Tarsila do Amaral (1886-1973) em face do surrealismo, de forma semelhante a seus companheiros de geração, significa uma etapa fundamental, mas fugaz, em sua carreira, justamente aquela identificada com a Antropofagia no final da década de 1920. Impressionista formada na Académie Julien de Paris, a partir de sua segunda viagem à Cidade Luz, em 1923, Tarsila se aproxima de Blaise Cendrars, que abre as portas para o melhor da vanguarda parisiense, para ela e para seu companheiro Oswald. O testemunho pessoal do importante crítico Sérgio Milliet, que conheceu Tarsila em Paris, em 1923, é mais do que eloquente sobre a forma como viviam alguns de nossos latino-americanos na Cidade Luz nesses anos, e é revelador de possíveis contatos de Tarsila com os surrealistas, inclusive Breton:

> [...] sua casa se tornara centro de reuniões a que compareciam Jules Romains, Supervielle, Cendrars, Picasso, Chirico, Laurencin, Brancusi, Stravinski, Satie, Manuel de Falla, Gómez de la Serna, John dos Passos, Cocteau, Max Jacob, André Breton, o diretor dos Ballets Suédois, o príncipe negro Tovalu, o marchand Ambroise Vollard, além de alguns brasileiros como Oswald de Andrade, Paulo Prado, Di Cavalcanti, Souza Lima, Villa-Lobos etc.[19]

É o mesmo Milliet que não hesita em considerar Tarsila, em vários momentos de sua crítica, como "precursora em nosso meio do cubismo, do expressionismo (com Segall e Anita Malfatti) e do surrealismo".[20] Segundo o testemunho pessoal de Tarsila, foram seus mestres cubistas daquele período André Lhote, Fernand Léger e Albert Gleizes.[21] "O cubismo é exercício militar. Todo o artista, para ser forte, deve passar por ele", declara Tarsila em entrevista a um jornal carioca.[22] Decidido a redescobrir o Brasil e acompanhado por Cendrars, o grupo paulista empreende em 1924 a "caravana modernista", para visitar, em diversas cidades do interior de Minas Gerais, a tradição barroca (São João del Rei, Tiradentes, Mariana, Congonhas do Campo, Sabará, Ouro Preto). É o início de seu período Pau Brasil, que também batizaria o manifesto publicado por Oswald de Andrade e que, um ano mais tarde, serviria de título ao livro de poesia publicado em Paris pela editora de vanguarda Au Sans Pareil. O "Manifesto da poesia Pau Brasil" já traz o germe do movimento antropófago, ou seja, impor às vanguardas periféricas, inspiradas nos moldes europeus, os traços locais e nacionais de uma identidade brasileira. A Antropofagia seria uma forma indireta de se emancipar da metrópole, a utopia latino-americana mais original do período. Em Paris, Tarsila e Oswald (o casal Tarsiwald, como os chamara carinhosamente Mário de Andrade) advertem que aquilo que os cubistas procuravam na África, na Polinésia e nos museus etnográficos europeus, como suporte estético-exótico da arte moderna, faz parte da cotidianidade nos trópicos: o índio e o negro. Tarsila concretiza a ideia de uma periferia triunfante na metrópole com sua primeira exposição individual em Paris, em 1926, na Galerie Percier. Ela adiciona aos ingredientes afro-brasileiros os traços e cores inconfundíveis da paleta caipira do interior paulista onde nasceu. "Bárbaro e nosso", afirma Oswald de Andrade, no "Manifesto da poesia Pau Brasil". Em 1928, o movimento se radicaliza com a publicação do "Manifesto antropófago" e a primeira "dentição" da *Revista de Antropofagia*. O título que inspira o movimento teria origem no quadro *Abaporu* ("homem que come", em língua tupi), batizado pelos dois líderes do movimento, Oswald de Andrade e Raul Bopp. "A chefa do movimento foi Tarsila. Oswald ia na vanguarda, irreverente, naquele solecismo social de São Paulo", rememora Raul Bopp.[23] A partir de 1927, Tarsila abandona o cubismo e começa a produzir obras que desafiam as interpretações. Em uma exposição nos anos 1990, em que são postas lado a lado Tarsila e Frida Kahlo, Aracy Amaral nega vínculos com a escola do surrealismo, preferindo utilizar um vocabulário vinculado aos sonhos e à magia: "Os dois últimos anos da década de 1920 na pintura de Tarsila marcariam um exagero desses elementos mágicos, oníricos, quase uma obsessão sonolenta e suprarreal sem ter pertencido a qualquer movimento surrealista".[24] Da mesma forma que em pleno século XX é impossível desvincular Freud do universo dos sonhos (ao contrário!) e na medida em que Breton e a Antropofagia incorporam o pai da psicanálise a seus consagrados repertórios ("Freud acabou com o enigma mulher", "A transformação permanente de tabu em totem", "Já tínhamos a língua surrealista" e "A magia e a vida"),[25] é difícil deixar de pensar em uma Tarsila surrealista, embora seja verdade que, diferentemente dos exemplos anteriores (Nery, Cícero Dias e Rego Monteiro), ela havia tido contato com protagonistas da primeira hora do surrealismo francês. A própria Tarsila, uma década após o término do banquete antropófago, e em pleno *retour à l'ordre*, reconhece em importante texto retrospectivo sua dívida com o universo do "subconsciente". A pintora paulista afirma que uma amiga "dizia que as minhas telas antropofágicas se pareciam aos seus sonhos. Só então compreendi que eu mesma havia realizado imagens subconscientes, sugeridas por histórias que ouvira em criança".[26] Embora Tarsila assumisse oficialmente sua filiação cubista durante o período Pau Brasil, não faria o mesmo com o surrealismo durante o período antropofágico. Pelo contrário. Em um de seus artigos dedicados aos "ismos", ela deixa clara sua distância crítica, para não dizer sua aversão ao movimento bretoniano:

> Os surrealistas rebelaram-se contra toda a intervenção consciente na obra de arte, não admitem nenhum controle estético ou moral, têm asco ao naturalismo e só consideram arte a concretização da vida dos sonhos, com as suas figuras por vezes monstruosas e eróticas. Seus chefes, André Breton e Aragon, são dogmáticos, intransigentes, agressivos e destruidores. Consta, porém, que ultimamente Breton fez marcha a ré em direção ao realismo.[27]

No artigo "Chirico, o grande pintor ocidental", Tarsila aproveita para recriminá-lo: "Foi desse Chirico que surgiu o movimento surrealista — que hoje o condena — num surto apaixonado de intransigência, fora da humanidade, irreverente com a tradição",[28] revelando plena consciência do movimento e de suas polêmicas.

O final da década coincide e consagra o período mais criativo, fecundo e surrealizante de Tarsila. Obras como o clássico *Abaporu, O sono, Urutu (O ovo), A lua* (1928), *Cidade, Selva, Sol poente, Antropofagia* (1929) e *Composição* (1930)[29] podem sem dúvida estar vinculadas, como em tantas obras surrealistas, ao subconsciente e ao campo onírico, mas não há como deixar de considerá-las em sua expressão como obras surrealistas. Ao se referir a elas, Aracy Amaral confirma que se trata de "uma artista surrealista a despeito de si própria, ou sem a preocupação em declarar-se engajada nesse movimento"[30] (figura 17).

FLÁVIO DE CARVALHO: UM ANTROPÓFAGO *AVANT LA LETTRE*

Arquiteto, pintor, desenhista, dramaturgo, ensaísta, sociólogo, antropólogo e promotor cultural, Flávio de Carvalho (1899-1973) é na realidade um vanguardista em caráter permanente, quase um personagem de si mesmo. A maior parte dos pintores dessa geração deu o melhor de si durante os anos 1920 e início dos 1930. Flávio de Carvalho surge no fim da década e, diferentemente da geração modernista, foi um artista em um processo constante de reinvenção durante toda a sua trajetória. Sua presença nunca deixou de estar marcada pela polêmica. Seu pensamento utópico e estrutural expressa um desejo constante de mudança e de liberdade de expressão. Se existe um herdeiro do temperamento inquieto, irreverente e contestatário de Oswald de Andrade, cuja reflexão aponta sempre em direção às utopias, não tenho dúvidas de que se trata de Flávio de Carvalho. Sua concepção da arte como princípio liberador do homem, seu permanente interesse pelas culturas primitivas e pelo comportamento coletivo e individual da psique humana são algumas das razões que explicam sua aliança com os princípios da Antropofagia e seu breve trânsito pela pintura surrealista. Flávio de Carvalho é o representante antropófago do IV Congresso Panamericano de Arquitetos, no Rio de Janeiro, em 1930, durante o qual apresenta a tese "A cidade do homem nu", em que propõe uma utopia urbana que guarda semelhanças com o "Matriarcado de Pindorama" de Oswald de Andrade: "O homem antropofágico, quando despido de seus tabus, assemelha-se ao homem nu [...]. A cidade antropofágica satisfaz o homem nu porque ela suprime os tabus do matrimônio e da propriedade". Sua utopia de descolonização latino-americanista aposta, sem ser futurista, no progresso do homem e da tecnologia, e termina com a seguinte afirmação: "Convido os representantes da América a retirarem as suas máscaras de civilizados e pôr à mostra as suas tendências antropófagas, que foram reprimidas pela conquista colonial".[31]

Além de uma série de diagramas, 23 desenhos muito surrealizantes com matizes expressionistas aparecem publicados em seu livro *Experiência nº 2*.[32] É o extraordinário registro escrito e visual de uma experiência com psicologia de massas, ao enfrentar uma procissão de Corpus Christi andando na contramão e sem tirar uma boina que estava usando propositalmente, com a finalidade de estudar a reação coletiva (figura 57):

> [...] fazer uma experiência, desvendar a alma dos crentes por meio de um reagente qualquer que permitisse estudar a reação nas fisionomias, nos gestos, no passo, no olhar, sentir enfim o pulso do ambiente, palpar psiquicamente a emoção tempestuosa da alma coletiva, registrar o escoamento dessa emoção, provocar a revolta para ver alguma coisa do inconsciente.[33]

Diante dessa provocação, a multidão enfurecida tenta linchá-lo. O artista-experimentador empreende uma fuga enlouquecida e, após várias peripécias, se salva refugiando-se numa igreja.

Três óleos vinculam Flávio de Carvalho diretamente ao surrealismo: *A inferioridade de Deus* (1931), *Ascensão definitiva de Cristo* e *Retrato ancestral* (1932). Os elementos cristãos presentes nos títulos nada têm de religiosos. Pelo contrário, podem ser entendidos como paródia ou crítica, para alguém que pouco tempo antes, e muito de acordo com Marx, afirmaria que o catolicismo e "as outras religiões são narcóticos idênticos".[34] Diferentemente de sua obra com forte marca expressionista e constituída em sua maior parte por retratos, esses quadros contam com grande definição gráfica em suas linhas fragmentárias e desagregadas. Os rostos humanos — se assim podemos defini-los — aproximam-se de um bestiário onírico. *A inferioridade de Deus* é mais geométrico, com ilusão perspectivista, um pouco mais figurativo, mas não menos multifacetado do que as outras obras mencionadas (figura 16).

Os vínculos com o surrealismo amadurecem e se estreitam durante a viagem a Londres e a Paris, de outubro de 1934 a fevereiro de 1935. Entre suas atividades, ele entrevista vários monstros sagrados do dadaísmo e do surrealismo. "Os surrealistas agrupados em Paris fascinavam-no", comenta seu biógrafo, J. Toledo.[35] Entre eles, Tristan Tzara, Man Ray e o próprio André Breton. Essas entrevistas seriam posteriormente publicadas no *Diário de S. Paulo*. Nelas vemos que, em meados dos anos 1930, Flávio de Carvalho empregava ainda o termo "super-realismo". O encontro com Roger Caillois deve tê-lo aproximado da revista *Minotaure* (1933-9), da qual ele se torna representante comercial ao voltar ao Brasil. Esses contatos internacionais, sem dúvida, o ajudarão a amadurecer sua visão sobre os movimentos contemporâneos, concretizados na organização dos três importantes Salões de Maio, especialmente o último, de 1939. O catálogo com capa de alumínio (*RASM — Revista Anual do Salão de Maio*) abre com o "Manifesto do III Salão de Maio — 1939", no qual Flávio de Carvalho divide a arte em duas tendências universais:

> A revolução estética nada mais é senão um fenômeno de turbulência, com consequente polarização de forças anímicas básicas, fenômeno que se manifesta para marcar o momento histórico da luta. Deparamos hoje com duas equações importantes na arte:
> 1) Abstracionismo = Valores Mentais
> 2) Surrealismo = Ebulição do Inconsciente
> [...] A luta entre abstracionismo e surrealismo são manifestações de um único organismo — porque são forças antitéticas que caracterizam duas coisas que vão sempre juntas no homem: ebulição do inconsciente e a antítese [dos] valores mentais. Uma não pode ser separada da outra, sem decepar e matar o organismo arte. Cada uma dessas equações define o Aspecto Humano: o surrealismo mergulha na imundície inconsciente, se contorce dentro do "intocável" ancestral. A arte abstrata, safando-se do inconsciente ancestral, libertando-se do narcisismo da representação figurada, da sujeira e da selvageria do homem, introduz no mundo plástico um aspecto higiênico: a linha livre e a cor pura, quantidades pertencentes ao mundo de raciocínio puro, a um mundo não subjetivo e que tende ao neutro.[36]

É interessante como Flávio de Carvalho conceitua o abstracionismo e o surrealismo, movimentos aparentemente tão antagônicos, como sendo os dois lados necessariamente complementares e interdependentes de uma mesma matriz. Com opiniões muito peremptórias sobre cada um deles, Flávio não toma partido por nenhuma das duas tendências. Dos três Salões de Maio, o segundo (1938) e o terceiro (1939) têm sólida representação internacional: entre outros artistas, expuseram os abstracionistas ingleses Erik Smith, Roland Penrose e John Banting (1938), assim como Alexander Calder e Josef Albers (1939). A *RASM* acentua o moderno, dando lugar tanto ao figurativo quanto ao abstrato. Sem dúvida, o caminho iniciado pelo revolucionário processo de modernização de 1922 dá um grande salto de qualidade nos Salões de Maio, pavimentando o caminho em direção à internacionalização definitiva, consagrada pela I Bienal Internacional de São Paulo, de 1951, e da qual Flávio de Carvalho também participaria.

A FOTOMONTAGEM SURREALISTA: JORGE DE LIMA

O elenco de artistas que selecionamos cobre os "impulsos surrealizantes" durante as vanguardas históricas no Brasil. Isso não significa que não tenha havido posteriormente outros momentos significativos. Nesse sentido, e para concluir, gostaria de me deter na fotomontagem, que conta no Brasil com um insólito precursor, Valério Vieira, que, em 1904, quando a fotomontagem ainda está longe de se tornar um gênero, obtém um prêmio internacional por sua obra *Os trinta Valérios*, em que se autorretrata em trinta poses diferentes. A fotomontagem surrealista no Brasil surge em um momento muito particular, no final dos anos 1930, quando a experimentação vanguardista se esgota e as mudanças econômico-sociais desembocam numa virada realista na arte e na literatura. Os maiores representantes da fotomontagem do período são Jorge de Lima, Alberto da Veiga Guignard e Athos Bulcão. O primeiro deles desenvolve um trabalho conjunto com Murilo Mendes. Juntos publicam, em 1935, o livro *Tempo e eternidade*. Três anos mais tarde, o livro de poemas de Murilo Mendes, *A poesia em pânico*, é publicado com uma capa que é uma fotomontagem, realizada a quatro mãos com o poeta e médico alagoano Jorge de Lima (1893-1953), no inconfundível estilo que caracterizaria suas obras seguintes. Estabelece-se uma espécie de diálogo especular, uma vez que, em 1943, Jorge de Lima publica o livro *A pintura em pânico*, com uma série de 41 fotomontagens. "O pânico é muitas vezes necessário para se chegar à organização", registra Murilo Mendes na introdução ao livro do amigo. Um trabalho absolutamente excepcional na trajetória do escritor, com marcas profundamente surrealistas. A série em questão tem como centro de sua atenção, na maior parte das fotomontagens, o "enigma mulher". A dívida com Max Ernst (*La Femme 100 têtes*) e com Salvador Dalí (*Bacanal*) está explicitada na introdução de Murilo Mendes, na qual afirma que "esta aliança da pintura e da fotografia permite e facilita o encontro do mito com o quotidiano, do universal com o particular", e adiciona que "a fotomontagem implica uma desforra, uma vingança contra a restrição de uma ordem do conhecimento".[37] Além de Ernst e Dalí, a marca de De Chirico é inconfundível em várias das fotomontagens. Ao contrário da maior parte dos pintores e artistas surrealistas europeus da história da fotomontagem, Jorge de Lima vem da poesia, e não da pintura. Em 1949, Murilo Mendes publica um livro de poemas, *Janela do caos*, impresso em Paris com seis litografias de Francis Picabia, o que revela seus vínculos fortes com as artes visuais e com um artista central para a história das vanguardas, como foi Picabia (figura 58).

CONCLUSÃO

Quanto à pergunta inicial, se houve surrealismo no Brasil, e de que tipo, o que podemos afirmar com convicção é que a primeira e única artista brasileira do início dos anos 1940 assumida e exclusivamente surrealista foi a escultora Maria Martins (1900-73), mas que escapa ao período aqui tratado. Em contato com os artistas exilados em Nova York, André Breton prefacia o catálogo da exposição dela em 1947. Maria, como assinava suas obras, teve uma relação intensa e prolongada com Marcel Duchamp, a quem inspirou seu último trabalho, *Etant donnés: Maria, la chute d'eau et le gaz d'éclairage*. Esposa de um diplomata (Carlos Martins), ela realiza sua carreira artística fora do Brasil, onde produz a maior parte de suas esculturas.[38] É a única brasileira presente com duas grandes obras na grande retrospectiva Surrealism: Desire Unbound[39] (figura 18).

A visão daquilo que denominamos "impulsos surrealizantes" circunscreve-se aos anos das vanguardas históricas. Os exemplos aqui apresentados mostram que o Brasil foi periférico não apenas na assimilação do último dos "ismos" dos anos 1920, mas também na escassa produção (embora de grande qualidade) por parte dos vários artistas mencionados. Como hipótese, pode ser que a temática surrealista, naquilo que ela possa significar como imersão no universo do desejo, do inconsciente, do onírico, da magia e do maravilhoso, fosse incompatível e estivesse até na contramão de qualquer tipo de expressão do nacional, como forma de superação da dependência da metrópole vanguardista — embora essas mesmas razões não tenham sido impedimento para a existência de uma sólida tradição surrealista em um país não menos colonizado e com uma tradição cultural muito mais arraigada do que a brasileira, como foi o caso do México. Por ocasião da exposição de 1989, O Surrealismo no Brasil, o curador José Roberto Teixeira Leite registra: "Convençamo-nos: não tivemos pintores surrealistas, no sentido exato do termo, mas sim pinturas surrealistas ou, ainda mais corretamente, pinturas com ingredientes surrealistas".[40]

[Texto original em espanhol. Apresentado no congresso internacional "Surrealismo siglo 21. Centenario Óscar Domínguez 1906-2006", Tenerife, jun. 2006. Publicado, em espanhol, em Domingo-Luis Hernández (Org.), *Surrealismo siglo 21*. Las Palmas de Gran Canaria: Universidad de La Laguna, 2006, pp. 268-77; e, em português, em Jacó Guinsburg e Sheila Leirner (Org.), *O surrealismo*. São Paulo: Perspectiva, 2008, pp. 847-64.]

4. Segall: *Casal na rede*

Há artistas que emergem da memória visual como ícones: Tarsila do Amaral lembra o design e o cromatismo modernista de intensa brasilidade; José Pancetti, as marinhas; Alberto da Veiga Guignard, a paisagem onírica das montanhas de Minas Gerais; Alfredo Volpi, as bandeirinhas. No caso de Lasar Segall, as imagens que vêm à tona em um primeiro momento são aquelas produzidas nos anos 1910, coerentes com a dramaticidade dos fundadores do expressionismo alemão: figuras humanas com intensas angulações, os temas da pobreza, da prostituição e da morte, a herança judaica de sua cidade de nascimento, Vilna (na época sob o império russo), em que prevalecem cores marrons, ocres e tons sombrios. Nessa vasta iconografia em que ressoam ecos da Primeira Guerra Mundial, que imprimiram sua marca em toda uma geração, sobra pouco espaço para o prazer e para cores mais vibrantes. O mesmo aconteceria com as grandes obras produzidas no Brasil durante a Segunda Guerra Mundial. O horror do Holocausto faz com que o fantasma da fome, da guerra e da imigração retorne a suas obras cerca de duas décadas após sua chegada ao Brasil; entre elas, óleos consagradores como *Navio de emigrantes*, *Pogrom* e *Guerra*.

Mas é justamente o encontro com a *terra brasilis* que o faz descobrir rapidamente uma nova luz e uma nova paleta de cores. O recém-imigrado obtém na paisagem brasileira um hábitat ideal para a recriação de antigos temas, agora tropicalizados, como é o caso do Mangue no Rio de Janeiro, reduto tradicional da prostituição feminina. No Brasil dos anos 1920, Segall encontra a vibração dos modernistas, descobre as cores tropicais que marcam sua etapa solar (entre outros, *Menino com lagartixas* e *Bananal*) e avança em direção a uma pintura mais apaziguada com os espectros da guerra, cedendo lugar a um hedonismo ausente na fase expressionista.

A combinação de sensualidade com brasilidade não poderia encontrar melhor expressão do que em mulheres ou casais alongados em redes. De herança indígena, e atravessando o período colonial, a rede passou a fazer parte do cotidiano de grandes parcelas da população do Norte e Nordeste, e foi também adaptada para as varandas nas fazendas e casas de campo paulistas, para efeitos de puro lazer, relaxamento e todas as conotações que Mário de Andrade, em *Macunaíma* (1928), imprimiu à preguiça. Aliás, numa clássica ponta-seca, Segall retratou Mário de Andrade, de forma pensativa, fazendo anotações, sentado — não deitado — numa rede na fazenda Santo Antônio, de d. Olivia Guedes Penteado, em Araras (figura 20).

A maior parte das obras que envolvem redes foi realizada no início da década de 1940 e tem como protagonista Lucy Citti Ferreira, pintora, discípula e, de longe, a modelo mais retratada por Segall. E, da iconografia de Segall de indivíduos deitados repousando em redes, o óleo da coleção do Instituto Moreira Salles, *Casal na rede*, de 1947, destaca-se sobremaneira. Ao contrário das outras imagens, totalmente estáticas, a relação amorosa do casal nesse óleo sugere movimento; os cabelos esvoaçantes da figura feminina revelam o caráter cinético da postura, assim como seu braço direito, que singra o ar. O embalo do casal na rede é liberador da força amorosa e de um discreto erotismo no instante do retrato. O vaivém, os cabelos e o braço que prende a figura feminina pela cintura formam uma unidade. O masculino e o feminino, fundidos pelo abraço e pelo balanço, e com os rostos quase colados, estão propositalmente contrastados, pelos tons escuros da rede e do corpo masculino, com o brilho e a brancura da mulher, que ocupa o lugar central do quadro (figura 19).

Casal na rede, quase um instantâneo, sugere também, a partir da mobilidade da rede, a fugacidade do amor. Pintada dez anos antes de sua morte repentina em 1957, Segall tem 56 anos de idade no momento da execução desse óleo.

Em um estudo sobre as formas nas pinturas de Segall dos primeiros anos da década de 1940, Roger Bastide destaca nelas a prevalência das formas ovais, arredondadas e elípticas (*Pogrom*, *Navio de emigrantes*, por exemplo). Nessa chamada de atenção para as curvas (contrárias ao caráter retilíneo que apareceria nas florestas dos anos 1950), acredito que a rede, como tema que surge em algumas de suas pinturas e desenhos, se encaixa perfeitamente nesse olhar estrutural do sociólogo francês:

> [...] é curioso notar que [Segall] volta nas suas grandes telas a esse envolvimento do assunto por uma curva, numa elipse, como se ela fosse a figura que melhor exprimisse a ideia de acabamento, de perfeição, de conclusão de um estado. Mas o ovo do mundo é também considerado o lugar do novo nascimento pois, certamente, a conclusão de um estado é bem o começo de um outro.[1]

Nesse sentido, a forma e a profundidade ovaladas da rede funcionam como uma espécie de casulo, de aconchego amoroso, de novelo, na contramão da errância de seus personagens das primeiras décadas do século (*Eternos caminhantes*, *Rua de erradias*, *Navio de emigrantes*). O Brasil oferece ao pintor nascido em Vilna, hoje capital da Lituânia, não apenas uma revolução de cores e de novos temas, mas também a segurança e a harmonia de um lirismo amoroso que se identifica, por meio do índice da rede, com sua nova pátria (Segall se naturalizaria brasileiro em 1927, poucos anos após sua chegada). A rede passa a ocupar assim um espaço pictórico de valor simbólico significativo na produção segalliana do período.

[Texto original em português. Publicado em <blogdoims.uol.com.br/imsnamorados-na-rede/>.]

5. Lasar Segall: um ponto de confluência de um itinerário afro-latino-americano nos anos 1920

A Gilda de Mello e Souza

A REPRESENTAÇÃO DO NEGRO NA POESIA LATINO-AMERICANA

O elemento negro na iconografia de Lasar Segall (Vilna, 1891-São Paulo, 1957) é um típico gesto de adaptação da voga primitivista europeia e, por extensão, uma visão de alteridade exótica do pintor russo que passa grande parte de sua vida no Brasil? Ou se trata de um traço de identidade de um artista que se identificou com a paisagem e o elemento humano dos trópicos e os assimilou como discurso visual do elemento brasileiro? Muito se escreveu sobre o "primitivismo europeu" em Segall e suas consequências na etapa brasileira de sua pintura.[1] Mas eu gostaria de contextualizar aqui o espaço literário e artístico latino-americano em que se produz sua obra para indagar sobre sua discutida brasilidade, especialmente na produção de temática negrista.

A vanguarda parisiense deu ao negro status de modernidade, a partir do forte impacto que representou para as artes *Les Demoiselles d'Avignon* (1907), de Picasso, em que pelo menos três das cinco prostitutas no famoso quadro têm como rosto máscaras africanas. Mas por que o *primitivo* se converteu em sinônimo do *moderno*? Esse aparente paradoxo permite postular certas hipóteses. Ele tem lugar, historicamente, quando a Europa afirma uma política colonialista diante dos países africanos. A voga negrista, da segunda metade do século XIX, assim como os estudos de etnografia e antropologia, descobre a alteridade por intermédio da imagem do negro (Frobenius, Frazer, Lévy-Bruhl, Freud). Esses estudos geraram os primeiros discursos científicos sobre a negritude; eles não puderam evitar o recurso ao exotismo para interpretá-la e a reativação de conhecidos preconceitos — como o de raça inferior ou de sensualidade luxuriosa, herdeiros de um afã romântico de definir ou redefinir a própria identidade nacional e racial. A voga do primitivismo europeu representa uma impugnação à cultura da máquina e uma resistência ao culto ao progresso, ideias que começam a se impor a partir da Revolução Industrial e como resposta a uma saturação dos valores estabelecidos da burguesia do Velho Continente. Do ponto de vista plástico, a vanguarda europeia encontra no primitivismo uma força bruta e original contra o decadente estilo acadêmico, e ainda descobre na arte africana a assimetria como princípio de composição — tão cara ao cubismo e ao expressionismo. Não nos surpreende hoje a declaração de Pierre Daix de que "Picasso, tal como Matisse e Derain, viam objetos primitivos e chegavam à conclusão de que esses artistas desconhecidos desde as origens da humanidade propunham, com resultados surpreendentes, os mesmos problemas plásticos que eles".[2] A fundamental obra de Petrine Archer-Straw é correta em sua leitura e na reivindicação de que a negritude (ou *negrofilia*, como prefere chamar o movimento) na Europa dos anos 1920 não é um movimento espontâneo que emane da própria raça: "Quanto mais se analisa isso, torna-se mais claro que os debates sobre negritude eram realmente sobre brancura e sobre como prover os europeus de um novo direcionamento", e que "era a 'ideia' da cultura negra, e não a cultura negra em si o que caracterizava essa modernidade".[3]

Dentro dessa linha de pensamento, poderíamos propor as seguintes perguntas: a poesia ou a pintura de temática negrista, escrita ou pintada por um artista negro, é mais representativa da negritude do que aquela escrita ou pintada por um branco? Ou será a obra dos escritores brancos, como Palés Matos e Emilio Ballagas, menos negra ou menos mestiça que a consagrada "poesia mulata" de Nicolás Guillén? Os resultados mostram que a qualidade da poesia não depende necessariamente da cor da pele do escritor ou do pintor. Mas uma visão diferente da nossa é apresentada por Emanoel Araújo, no esplêndido catálogo *Negro de corpo e alma / Black in Body and Soul*, quando afirma:

Se Mário de Andrade chega mais perto de entender o preço a que fora conquistada a expressão de um sentimento profundo da alma do pai mulato, a sociedade nacional, que se deleita no elogio da mestiçagem, está longe de demonstrar essa mesma compreensão. A tensão que desde o início marcou a incorporação do negro à sociedade brasileira revela aqui mais uma de suas facetas, encontrando uma nova forma de expressão. De fato, ao longo das primeiras décadas deste século, aos poucos as heranças culturais de origem africana haviam conquistado terreno no cenário cultural brasileiro — ainda que muitas vezes sob a designação nitidamente pejorativa de "folclore" — levando à progressiva *institucionalização* de manifestações como o samba ou a capoeira. Isso, no entanto, não impediria que, no mesmo período, prosseguisse a perseguição policial aos terreiros de candomblé, aos batuques e aos xangôs, nos quais o negro manifestava suas crenças religiosas como a mais poderosa expressão de sua alma. Essa ambiguidade constitutiva com que a expressão de um sentimento negro se integra à alma brasileira se revela, porém, em toda a sua clareza, nas expressões plásticas do período: enquanto manifestações culturais de origem afro-brasileira são transformadas em símbolo de identidade nacional, pouco falta para que a *representação plástica do negro*, nas obras de uma Tarsila do Amaral, de um Portinari e mesmo de um Lasar Segall, recaia nos estereótipos que sempre fixaram essa imagem através de um olhar exotizador sobre o corpo negro, longe da força que revelaria a verdadeira expressão de sua alma.[4] [grifos do autor]

Nossos países, periféricos em relação às vanguardas berlinenses e parisienses, não demoraram para perceber que o primitivo podia estar muito mais relacionado a uma tradição americana do que à europeia. É por isso que Oswald de Andrade, em sua conferência, em 1923, na Sorbonne, registra ironicamente que, no Brasil, "o negro é um elemento realista".[5] Esse enfoque interiorizante, a partir do nacional, revela uma arte que permite importar certas fórmulas plásticas e, ao mesmo tempo, voltar-se para suas próprias tradições. Isso é o que acontece na poesia e na pintura da época, com as soluções mais diversas. O México e o Peru buscam, no indianismo de Rivera ou nos ensaios de José Carlos Mariátegui, uma reivindicação do elemento indígena.[6] O Cone Sul (ou inclusive o Sul de Borges) busca-se no *gaucho* — imagem tardia que ressurge no fim dos anos 1920, no romance *Don Segundo Sombra*, de Ricardo Güiraldes, ou no agauchado título *Martín Fierro*, da revista mais importante da vanguarda portenha —, um símbolo da nação ou uma forma do primitivismo argentino. Esse mesmo Güiraldes trabalhou um poema dramático, "Caaporá", para um balé de inspiração guarani, baseado na lenda do "Urutaú".[7] E nos surpreende descobrir Oliverio Girondo, o mais radical e cosmopolita dos poetas vanguardistas argentinos, e que possuía uma conhecida coleção de *guacos* peruanos, realizando uma expedição de caráter arqueológico à cidade de Quilmes.[8]

O negrismo na literatura, e mais especificamente na poesia

dos anos 1920 e 1930, surgiu, como seria previsível, em países onde havia uma tradição ou pelo menos uma reminiscência da população negra. Geograficamente, esta se concentra no Caribe, no Brasil e no Uruguai. Poderíamos também mencionar como influências o Harlem Renaissance, especificamente a poesia de Langston Hughes (*The Weary Blues*, 1926), ou o aluvião de literatura negrista produzida e exportada de Paris: entre outros, Gertrude Stein, *Melanchta*, 1909; Blaise Cendrars, *Anthologie nègre*, 1921; André Gide, *Voyage au Congo*, 1927; Paul Morand, *Magie noire* e *Paris Tombouctou*, ambos de 1928, ou Philippe Soupault, *La Nègre*, 1929.

Da poesia negrista latino-americana, o nome mais importante é o do porto-riquenho Luis Palés Matos (1898-1959). Não somente por ser o pioneiro da poesia afro-antilhana, com o poema "Danzarina africana", de 1917, mas também pela qualidade poética de seu trabalho.[9] Se seu livro de ressonâncias negristas mais difundido é *Tuntún de pasa y grifería: Poemas afroantillanos* (1937), seu poema mais conhecido é muito anterior: "Danza negra", de 1926. Nele, os temas e a sonoridade típica da poesia negrista da época (cacofonias, onomatopeias, aliterações etc.) são cruciais:

> *Calabó y bambú.*
> *Bambú y calabó.*
> *El Gran Cocoroco dice: tu-cu-tú.*
> *La Gran Cocoroca dice: to-co-tó.*
> *Es el sol de hierro que arde en Tombuctú.*
> *Es la danza negra de Fernando Póo.*
> *El cerdo en el fango gruñe: pru-pru-prú.*
> *El sapo en la charca sueña: cro-cro-cró.*
> *Calabó y bambú.*
> *Bambú y calabó.*
> [...]

Pasan tierras rojas, islas de betún:
Haití, Martinica, Congo, Camerún;
las papiamentosas antillas del ron
y las patualesas islas del volcán,
que en el grave son
del canto se dan.
[...]

Nicolás Guillén (1902-89) é talvez o nome mais conhecido da poesia cubana de vanguarda. *Motivos del son* (1930) reproduz a fala do negro e, a partir de seu segundo livro, *Sóngoro cosongo* (1931), Guillén passa a utilizar uma linguagem mais castiça. No prefácio, o poeta cubano batiza a poesia como "versos mulatos" e afirma que "o espírito de Cuba é mestiço". Outro nome que merece ser destacado no horizonte hispano-americano é o do uruguaio Ildefonso Pereda Valdés (1899-1996),[10] pioneiro da literatura negrista na América do Sul. Além da obra poética dedicada a temas afro-americanos (destacam-se *La guitarra de los negros*, de 1926, e *Raza negra*, de 1929), também foi pioneiro nas pesquisas antropológicas ao estudar as tradições negras no Uruguai e em outros países.[11] As leituras dos brasileiros Nina Rodrigues, Arthur Ramos, Gilberto Freyre e Mário de Andrade foram influências decisivas em seus ensaios sobre o universo afro-uruguaio.

Já na área dos estudos sociológicos e antropológicos no âmbito hispano-americano, merece ser destacado o trabalho de Vicente Rossi (1871-1945), *Cosas de negros*, de 1926. Trata-se de uma pesquisa pioneira sobre a raça negra no rio da Prata; detém-se no estudo da fala dos negros, assim como nas origens africanas do tango e do *candombe*. Rossi, jornalista e escritor uruguaio radicado em Córdoba, na Argentina, faz da língua rio-platense uma afirmação da nacionalidade americana, em oposição às rígidas normas castiças da Real Academia de la Lengua. Poderia ser incorporada aos projetos linguísticos independentistas das vanguardas dos anos 1920, de raízes românticas e do século XIX.[12] É contemporânea do "*neocriollo*" de Xul Solar, da linguagem argentinizante de Borges e da "gramatiquinha" de Mário de Andrade. A peculiar escritura de Rossi aproxima-o do projeto linguístico de Simón Rodríguez, na Venezuela. Da mesma forma que Oswald de Andrade defenderia, no "Manifesto da poesia Pau Brasil" (1924), "a contribuição milionária de todos os erros", Vicente Rossi, dois anos depois, na advertência a *Cosas de negros*, afirmaria: "Erro é o servilismo idiomático nesta maravilhosa América".[13] Entre as pesquisas sociológicas e antropológicas afro-brasileiras e afro-cubanas, encontram-se os monumentais estudos de Gilberto Freyre (1900-87), *Casa-grande & senzala* (1933), e de Fernando Ortiz (1881-1969), *Contrapunteo cubano del tabaco y del azúcar* (1940).

Pode parecer irônico, mas podemos afirmar que o Brasil, com uma altíssima densidade demográfica negra, é relativamente pobre na produção lírica afro-brasileira.[14] Suas melhores representações poéticas estão em Raul Bopp (1898-1984), escritor e diplomata gaúcho, e em Jorge de Lima (1893-1953), médico, poeta e pintor alagoano.

Urucungo: Poemas negros (1932), de Raul Bopp, poderia ser considerado o livro mais representativo da geração modernista de temática negrista. A busca de afirmação da brasilidade já se havia feito presente em Bopp no importante *Cobra Norato* (1931), viagem poética pelos mitos amazônicos. Bopp integrou as fileiras da geração "antropófaga", e a concepção e composição de *Urucungo* (nome de um instrumento musical africano) remontam à Semana de 22. A herança modernista predomina ainda em poemas como "Favela (film)", cujas metáforas visuais remetem de imediato à poesia *Pau*

Brasil (1925), de Oswald de Andrade, ou inclusive às metáforas ultraístas do *camera-eye* de Oliverio Girondo,[15] dos anos 1920:

> [...]
> *Bananeira botou as tetas do lado de fora.*
> [...]
>
> *Lá embaixo*
> *passa um trem de subúrbio riscando fumaça.*
>
> *À porta da venda*
> *negro bocejou como um túnel.*[16]

Jorge de Lima publica em 1928 seu poema mais conhecido, "Essa negra Fulô" ("Fulô" é corruptela de "flor", na fala afro-brasileira), em formato *plaquette*.[17] No ano seguinte, reúne seus *Novos poemas* (1929), em que explora a paisagem afro ("Serra da Barriga"), a cozinha afro-brasileira ("Comidas") e as histórias de escravos ("Madorna de Iaiá"). Rememora as narrações de sua infância, tornando presente a herança negra do brasileiro. Sua linguagem, segundo definição de Gilberto Freyre, é o afro-nordestino,[18] afastando-se do perigo do exotismo fácil do poeta branco que opta por escrever poesia de temática negrista:

> [...]
> *Ó Fulô! Ó Fulô!*
> (*Era a fala da Sinhá*)
> *vem me ajudar, ó Fulô,*
> *vem abanar o meu corpo*
> *que eu estou suada, Fulô!*
> *vem coçar minha coceira,*
> *vem me catar cafuné,*

vem balançar minha rede,
vem me contar uma história,
que eu estou com sono, Fulô!

Essa negra Fulô!
[...][19]

De maior importância é o livro *Poemas negros* (1947), que inclui nada menos que treze desenhos à pena, a nanquim, de Segall. As imagens da negritude são realistas e fidedignas aos poemas, já que funcionam como suporte iconográfico aos textos poéticos.[20] Duas das imagens chamam a atenção. Ambas ilustram o poema "A noite desabou sobre o cais". Em uma delas, se reconhece o marinheiro monumentalizado em primeiro plano e, atrás — embora inserida em uma estrutura quadriculada —, a forma ogival que apareceria primeiro na gravura *Favela* (1930) e, posteriormente, com extraordinário impacto visual, na proa do conhecido *Navio de emigrantes* (1939-41). Nessa ilustração para *Poemas negros*, dá-se a conjunção do tema marítimo (por intermédio do tema do porto e da imagem central do marinheiro) com a favela, resolvida com a mesma solução plástica.[21] Na outra ilustração para o mesmo poema, com corpos amontoados na proa do navio, sem dúvida, produz-se uma sobreposição entre a temática do navio negreiro e a do *Navio de emigrantes*, inspirada possivelmente no êxodo judeu da época (figuras 59 a 61):

[...]
Serão caravelas? Serão negreiros?
São caravelas e são negreiros.
Há sujos marujos nas caravelas.
Há estrangeiros que ficaram negros
de trabalharem no carvão.

Homens da estiva trabalham, trabalham,
sobem e descem nos porões.
Para onde vão essas naus?
[...]²²

As imagens de Segall criadas para esse poema constituem-se em uma tradução visual equivalente, tanto para o negro quanto para o judeu.²³

PROJETOS PLÁSTICOS AFRO-AMERICANOS

Mas a negritude em Segall é um descobrimento ou um redescobrimento? E de que forma o pintor judeu-russo representa o negro em sua pintura? O tema da negritude não podia ser desconhecido a ele, embora não haja nenhuma representação específica do negro em sua pintura produzida na Europa, anterior a sua chegada ao Brasil. O expressionismo alemão, assim como o cubismo francês, não só se alimentou, mas também foi produto das referências artísticas e culturais primitivas. Ao mesmo tempo que Picasso pinta *Les Demoiselles d'Avignon*, de forte inspiração africana, Kandinsky também descobre a arte negra.²⁴ Os museus de Dresden e de Berlim — este último com a coleção etnográfica mais importante da Europa na época — eram muito frequentados pelo grupo de pintores expressionistas do Die Brücke. O primitivismo foi a palavra de ordem para as vanguardas, e a negritude, talvez, sua melhor expressão.

Na América Latina, foram poucos os pintores que não fizeram de Paris e Berlim paradas obrigatórias e que não integraram o primitivo a seus repertórios. No Cone Sul, tanto Joaquín Torres García (1874-1949) quanto Xul Solar (1887-1963) e Pedro Figari (1861-1938) queriam restaurar suas próprias tradições americanas, recuperar os elementos autóctones de uma cultura.[25] Torres García, por intermédio do universalismo construtivo, amalgamava a linguagem das vanguardas europeias com as vozes de uma América pré-hispânica. Chegava assim a um primitivismo de base racional, geométrico, codificado por uma linguagem de símbolos e ícones universais. Em 1928, assiste à exposição de arte pré-colombiana Les Arts Anciens de l'Amérique, no Musée des Arts Décoratifs de Paris. Em 1930, em *Dessins*, publicado na mesma cidade e considerado seu primeiro manifesto do construtivismo, repete, em sua particular escritura, os gestos fundadores da vanguarda primitivista: "Uma coisa que sei bem é: que me interessa mais um museu ETNOGRÁFICO que um museu de PINTURA. O homem das catedrais é passado — o homem hoje constrói máquinas. Grandes pontes metálicas. Grandes transatlânticos e USINAS"[26] (figura 63).

Em Xul Solar, há uma trajetória geográfica semelhante. Passa doze anos na Europa, de 1912 a 1924, compartilhando a época florentina (1916-7) com Emilio Pettoruti.[27] Os dois anos em Munique (1921-3) põem-no em contato com a vanguarda expressionista, especialmente com as obras de Klee e de Kandinsky. De suas leituras, sabemos que Xul havia comprado o almanaque expressionista *Der Blaue Reiter*,[28] dirigido por Kandinsky e Franz Marc, e que em sua biblioteca se encontram ainda hoje *Expressionismus* (1916), de Hermann Bahr, e o romance *Der Golem* (1915), de Gustav Meyrink, temática que inspiraria o cinema expressionista alemão.[29] Na pintura de fundo expressionista, especialmente nas aquarelas do início dos anos 1920, Xul Solar utiliza códices pré-colombianos, ícones da religião egípcia e da mitologia asteca. Com o perfil místico que o distinguiria de seus contemporâneos rio-platenses aqui analisados, Xul é capaz de realizar uma síntese de grandes religiões em uma pintura em que o americano ocupa um espaço privilegiado — tanto na iconografia quanto na língua, o *neocriollo*, que às vezes descobrimos nas intervenções verbais em várias de suas aquarelas.

Poderíamos aplicar a Xul e a sua obra as seguintes palavras de Lasar Segall: "[O expressionismo alemão] despertou nas almas o misticismo e com ele elementos da arte primitiva, anterior a toda cultura"[30] (figura 47).

À falta de uma cultura maia ou asteca, Pedro Figari busca a expressão americana na região e se volta para as tradições gauchescas, indígenas e negras do século XIX, como forma de oposição às palavras de ordem de uma vanguarda europeia, urbana, cosmopolita:

> Fora do pré-colombiano, olhamos o *gaucho* como a essência de nossas tradições *criollas*, como a barreira autóctone oposta à conquista ideológica que sucedeu a era das emancipações políticas. As urbes se hibridizaram: há parises, madris, romas, vienas e até berlins por estas comarcas, enquanto a cidade americana, de pura cepa, e mesmo de meia cepa, está por ver-se; e até parece ser de realização utópica.[31]

Nessa pintura de resistência, Figari propõe a recuperação dos costumes dos negros e dos *gauchos* uruguaios, praticamente inexistentes na época em que os pintou. Imagens que representam uma verdadeira reminiscência, uma lenda que foge de qualquer intenção realista. Há momentos em sua obra de exacerbado primitivismo. Óleos anteriores a sua pintura mais típica, como *Luxúria*, *Adulação* e *O caminho*, aproximam-se de monólitos, de massas brutas que emergem da terra.[32] Também há os desenhos de trogloditas, com cenas de seres da Idade da Pedra, a maior parte deles pertencente ao livro *El arquitecto* (1928), próximos à caricatura, em que não falta certo humor (figura 62).[33]

A temática negrista leva-o, em 1923, a participar com algumas obras da exposição L'Art Nègre, no Musée des Arts Décoratifs de Paris. Dois anos mais tarde, instala-se na Cidade Luz, onde reside por quase nove anos, até 1934,[34] e com uma grande produção de temática afro-uruguaia. Figari volta-se diretamente para o passado, um saudosismo destinado a fazer uma afirmação do nacional. Sua modernidade, mais do que adaptar certas regras vigentes do primitivismo europeu, baseia-se em uma pintura *criolla* de corte regional. "Positivista por sua temática, mas não por sua técnica, viu nos trogloditas, nos negros, nos *gauchos*, toda a força primitiva de um suposto ser nacional", afirma Ángel Kalenberg.[35] Diferentemente dos vanguardistas europeus, os uruguaios Figari e Torres García desenvolvem projetos de intervenção no imaginário coletivo de uma nação. Utopias iniciadas quando ambos têm sessenta anos de idade: Figari, quando parte para Buenos Aires e Paris no início dos anos 1920; Torres García, quando regressa a Montevidéu depois de quarenta anos de ausência.

SEGALL: UM PINTOR BRASILEIRO?

Lasar Segall realiza uma trajetória diversa daquela dos pintores rio-platenses aqui mencionados. Torres García e Xul Solar inventam utopias que se nutrem de fontes pré-hispânicas; Figari tem um olhar nostálgico e regionalista, para não sucumbir à medusa das vanguardas internacionais (embora tenha pintado grande parte de sua obra *criollista* e afro-uruguaia em Paris). Segall, pouco depois de instalar-se definitivamente no Brasil, começa a produzir quadros de temática negrista. Porém, seu compromisso não é com um projeto nacional, mas com um conteúdo estético e ideológico que surpreendentemente já havia germinado em seu período expressionista, e que encontra na temática brasileira uma espécie de *locus amoenus* para traduzir as preocupações que o acompanharão em toda a sua produção artística.

Dentro desse contexto de uma ampla produção plástica, crítica e literária do fenômeno afro-americano dos anos 1920 e 1930, como se define a obra de Lasar Segall, imigrante europeu do início dos anos 1920, artista muito reconhecido nas fileiras do expressionismo alemão, e que faz da temática negrista um dos *leitmotiven* de sua obra? O descobrimento, em 1924, pouco depois de desembarcar no Brasil, da zona de prostituição do Rio de Janeiro, conhecida como Mangue, desperta em sua obra a temática afro-brasileira. Nas três décadas seguintes (falece em 1957), Segall será fiel a esse tema. A pergunta que a crítica de arte se faz — e se fez em vários momentos — sobre sua obra é quanto à sutil questão de sua brasilidade. Um óleo como *Encontro*, pintado justamente em 1924, mostra o grau de consciência (ou de problematização) de Segall com relação a essa questão. Nenhum de seus vários autorretratos revela de maneira tão ostensiva seu próprio processo de transculturação. Como se não fosse suficiente a acentuada "pele morena" do pintor eslavo, o contraste com a brancura de sua esposa Margarete Quarck, com quem havia imigrado ao Brasil, é eloquente. O quadro é repleto de ambiguidades: embora de mãos entrelaçadas, pode significar efetivamente a despedida de sua esposa alemã, separação que de fato ocorreu nesse mesmo ano. Uma análise temporal do quadro significaria então um prenúncio do retorno de Margarete a Berlim e uma afirmação da escolha, por parte de Segall, do Brasil como sua terra definitiva. Frederico Morais faz uma sagaz leitura dessa cena, a qual percebe mais como um "desencontro" do que como o "encontro" anunciado pelo próprio título.[36] Mas esse encontro pode ser de ordem geográfica, quer dizer, com o Brasil e não com Margarete, cuja união já estava chegando ao fim. A pintura revela uma mulher de expressão tensa, rígida. Seu olhar gelado contrapõe-se ao rosto cândido e de lábios grossos de Segall. A brancura de Margarete é um claro índice de resistência às novas cores dos trópicos: funciona como um contraponto não só com o marrom da pele e da roupa de Segall (marrons e ocres que o acompanharão em toda a sua obra pictórica), mas também com a mata verde dos trópicos, na reduzida paisagem ao fundo das duas figuras. Nesse processo de "mulatização" de Segall, o elemento europeu mantém-se em seu vestuário: terno, camisa, gravata e chapéu. O espaço também é ambíguo: por um lado, as palmeiras minimizadas; por outro, a geometria das construções (presentes já em quadros produzidos na Alemanha, como *Rua*, de 1922) sobre uma superfície pavimentada, que dialoga com o racionalismo do estatismo de Margarete, representação por excelência do europeu.

Em 1924, ano da "mulatização" de Segall, sua produção de temática negrista é fecunda. É o ano em que também produz, além de outras obras de temática afro-brasileira, *Mulato I*, *Mulata com criança* e *Menino com lagartixas*. Neste último óleo, o sintagma "mulato" + "lagartixa" + "folha de bananeira" funde e horizontaliza em uma única dimensão os conceitos de cultura e natureza (homem + animal + planta).[37] Produz-se nessa tela uma visão edênica, a-histórica, primitiva e iluminadíssima de um Brasil que acaba de ser descoberto pelo olhar judeu-eslavo. Dois anos mais tarde, Segall expõe em Berlim e em Dresden a produção brasileira do período. Não surpreende, no berço do expressionismo, a entusiasmada análise sobre "a cultura solar do sul", publicada em um jornal de Berlim da época, ávido pelo olhar exótico dos trópicos:

> Quão forte é esta obra, a evolução que se efetuou, sob o signo do Brasil, bem o revela. Tudo é o desabrochar de uma nova e fértil era vital. O deslumbramento colorístico do sul oferece quadros que querem ser recordação, recordação sincera. O amarelo ardente do sol, o violeta claro com que [Segall] pinta as casas — como um claro reflexo de plantas fantásticas — o verde intenso dos cactos e das palmeiras, e a gente cor de café — tudo isso se reúne numa única, límpida embriaguez de cores. Ele se entregou à natureza primitiva com a mesma força como fizera antes à hipnotização

demoníaca e espiritual em relação ao *Ghetto* e à sua melancolia musical. As tintas — antes geralmente em verde-sujo místico, cinzento, preto, verde-cinza e um violeta espectral — se esclarecem completamente na milagrosa cultura solar do sul.[38]

Sabemos que esse período de intenso cromatismo em Segall será passageiro e que os anos 1920 também não foram dedicados exclusivamente a temas negristas, mas, sem dúvida, se trata de seu período mais fecundo na pintura, nas gravuras e nos desenhos dedicados ao tema em questão. Merece especial atenção, dentro da temática negrista de sua obra, a série dedicada ao Mangue.[39] Depois das mulatas, as persianas são a matriz semântica mais importante em grande número dessas ilustrações, e significarão uma misteriosa divisão: uma explícita imagem de prisão? Uma fronteira entre o público e o privado-público? Uma compreensão cindida entre a cultura (externa) e a mentalidade primitiva (interna)? Uma barreira entre um universo masculino, desejante, e a contrapartida feminina, misteriosa e oculta pelas persianas? Em toda a série do *Mangue*, a identidade social sobrepõe-se à identidade individual (figura 22).

Em 1943, ano de sua retrospectiva no Museu Nacional de Belas-Artes do Rio de Janeiro, duas décadas depois de ter dado início a esse tema, é editado o álbum *Mangue*, com quatro gravuras originais e 42 reproduções de desenhos, estes produzidos em sua maior parte entre 1925 e 1929, mas também alguns do ano da publicação. Introduzem-no três textos importantes: o primeiro, "Lasar Segall", de Jorge de Lima, cujo livro *Poemas negros* (1947) será ilustrado pelo pintor poucos anos mais tarde; o segundo, um ensaio teórico, "Do desenho", de Mário de Andrade, o crítico mais fervoroso durante os primeiros anos de Segall no Brasil;[40] e, finalmente, "O Mangue", texto em prosa de Manuel Bandeira, que, em seu importante livro *Libertinagem* (1930), incluiria precisamente um poema com o mesmo título. Bandeira, em seu ensaio, menciona alguns versos da "Balada do Mangue", de Vinicius de Moraes, composta no início dos anos 1940.[41] Mas, ao contrário de Vinicius, que descreve "polacas", "loiras mulatas francesas, vestidas de carnaval", Segall vê somente negras e mulatas, e sua paisagem humana está desprovida de qualquer visão carnavalesca. As prostitutas de Segall identificam a condição da negritude, somada à condição social da pobreza. Ao contrário da interpretação do excelente estudo de Stephanie D'Alessandro, em que o Mangue para Segall "representava um reino de sexualidade e exotismo desenfreados, e ele se colocava como explorador artístico, aventurando-se no espaço erotizado do primitivo",[42] acreditamos que o espaço da pobreza, da solidão e a total ausência de identidade individual negam qualquer possibilidade de erotização dessa paisagem humana descarnada. Sem dúvida, Segall tinha todos os elementos para dar-lhe uma interpretação erótica, exótica e cromática, entrando no campo cultural do previsível, por se tratar de um pintor europeu recém-chegado ao Brasil; mas escolheu, ao contrário, o páthos e o tom da tragédia, reconhecível já em sua obra expressionista e na temática judaica. Quem nessa mesma época fará dos bordéis e das prostitutas mulatas um espaço brasileiro dionisíaco, em que prevalecem a sensualidade, a alegria e um cromatismo carnavalesco, é Di Cavalcanti (1897-1976), uma espécie de contraponto segalliano, mas que também foi marcado pelo expressionismo e pelo cubismo.[43] O que percebemos em Segall, mais que uma matriz original brasileira, é a migração de temas que já haviam amadurecido em sua etapa europeia e expressionista. Antonio Candido vê esse movimento de forma muito clara na literatura, ao fazer a seguinte distinção (figuras 21, 22 e 24):

> Pode-se chamar dialético a este processo porque ele tem realmente consistido numa integração progressiva de experiência literária e espiritual, por meio da tensão entre o dado local (que se

apresenta como *substância da expressão*) e os moldes herdados da tradição europeia (que se apresentam como *forma da expressão*).[44] [grifos meus]

Qual é a *forma da expressão* que Segall trouxe ao Brasil? Não vou repetir o que já foi dito em relação aos postulados expressionistas que o precederam,[45] mas sim descrever alguns temas que se converterão nos verdadeiros moldes da Europa Central que o artista preencheria aqui com a *substância brasileira da expressão*. Em primeiro lugar, a prostituição como tema já não era uma novidade em sua obra: aparece nas oito ilustrações que fez em 1921 para *Bubu de Montparnasse*, um romance de Charles Louis Philippe que se desenvolve em um bairro de prostitutas. Também não podemos nos esquecer de que o título (assim como o tema) original do quadro *Les Demoiselles d'Avignon* (1907), fundador da vanguarda primitivista, era *Le Bordel d'Avignon*, e que, embora Picasso tenha resistido muito à mudança do título, viu-se obrigado a fazê-lo para poder expor o óleo brevemente, e pela primeira vez, em 1916, no Salon d'Antin, organizado por André Salmon.[46] O tema do abandono e da miséria, presentes no Mangue, é a substância de grandes obras de sua etapa expressionista, como *Interior de indigentes* (1920) ou *Interior de pobres II* (1921). Também chama a atenção que o tema do Mangue ou da prostituição feminina tivesse sido um dos focos permanentes do interesse de Segall, desde o início até praticamente o final de sua produção artística. É o que vemos em óleos tardios, mas não por isso menos importantes, como *Interior do Mangue* (1949), ou em dois quadros de grande semelhança, *Rua* (1922) e *Rua de erradias* (1956), pintado um ano antes de sua morte, que poderiam ser considerados, respectivamente, um ponto de partida e um ponto de chegada. Esse arco temporal, que também poderia ser estendido para a temática judaica — cujas pinturas mais importantes foram realizadas no Brasil, *Velhice* (1924), *Rolo de Torá*

(1933), *Pogrom* (1937) e *Navio de emigrantes* (1939-41) —, revela matrizes semânticas que superam programas estéticos ou nacionalismos pictóricos.

Isso nos remete à pergunta inicial: quão brasileira é a pintura de Segall? A crítica local já se deteve nessa questão algumas vezes. Houve momentos em que, por razões políticas, e por ocasião da publicação do número especial da *Revista Acadêmica*, em junho de 1944, ele foi considerado de modo enfático um pintor brasileiro por excelência. Mas fora desse momento de tensões e definições ideológicas, em que foi fundamental destacar sua brasilidade, a questão nunca foi um assunto definitivo. Há afirmações, a meu modo de ver peremptórias, como a de Jorge Coli, quando afirma que "para Segall o universo brasileiro é quase indiferente. Por certo existem paisagens de Campos do Jordão, existem as imagens do Mangue, mas se trata de episódios quase acidentais".[47] Entretanto, há percepções antecipatórias, lúcidas e mais moduladas, como a de Manuel Bandeira em seu ensaio introdutório a *Mangue*, quando identifica e sobrepõe os conteúdos judeus aos negros:

> Segall, alma séria e grave, ia ali [ao Mangue] para debruçar-se sobre as almas mais solitárias e amarguradas daquele mundo de perdição, como já se debruçara sobre as almas mais solitárias e amarguradas do mundo judeu, sobre as vítimas dos pogromes, sobre o convés de terceira classe dos transatlânticos de luxo.

Penso que o próprio Segall teve consciência desses sutis procedimentos. E eu gostaria de mostrar dois momentos reveladores. O primeiro, uma carta dirigida a seu amigo Will Grohmann, há pouco menos de dois meses de sua partida da Alemanha, em que, diante de tudo o que seus olhos acabavam de ver, afirma: "Nós não nos modificamos vendo o novo, isto não é possível, mas nos desenvolvemos, e o horizonte se abre. […] as lembranças que temos de nossa infância raramente ou nunca nos abandonam".[48] Sabemos que, por um lado, "o novo" foi um dos totens da geração modernólatra futurista, mas não dos expressionistas. E, para além dos "ismos", pensamos que Segall, quando chega ao Brasil aos 33 anos de idade, assimila o novo, mas com a estrutura herdada do expressionismo. O outro momento revelador é um texto autobiográfico, datado de cerca de 1950, em Campos do Jordão, e publicado postumamente, em que Segall parece ter muito clara essa ideia sobre as origens dos conteúdos brasileiros de sua produção pictórica:

> Se me perguntassem se minha arte renovou-se no Brasil, responderia que não, se esta pergunta supusesse que para criar o "Novo", deve-se renunciar ao "Velho das grandes heranças". E se me perguntassem se emprego as mesmas formas de expressão que na minha fase expressionista, responderia que estas seriam então uma fórmula de arte à qual eu me teria escravizado [...]. *O motivo "Mangue" por exemplo nos destinos humanos universais* [sic], *não era novo para mim quando o vi pela primeira vez no Rio de Janeiro*. São motivos que, como homem, sempre me agitavam internamente e como artista me animavam à criação. Quantas vezes na minha vida, já não os pintei! Chamava-os antes *As erradias*. No Rio, porém, eu deles me aproximei com um sentimento e compreensão humana mais amadurecidos, e acima de tudo com um maduro olhar artístico.[49] [grifos meus]

Mas, se queremos ser rigorosos com Segall sobre sua suposta brasilidade, também não poderíamos deixar de lado a observação de Emanoel Araújo que citamos no início deste ensaio ou certas observações sobre a própria afro-brasilidade de alguém como Tarsila do Amaral, que não escapa à crítica de Gilda de Mello e Souza, quando afirma que "*A negra* não era um arquétipo, emergindo intacto das profundezas da memória coletiva;

mas uma decorrência, embora curiosamente aculturada, do aprendizado parisiense".[50]

EVOCAÇÕES DO MANGUE

O Mangue despertou a imaginação de muitos artistas. Segall foi o primeiro a tematizá-lo, de forma variada e consistente (gravuras, aquarelas, desenhos, xilogravuras, águas-fortes, óleos), a partir de 1924 até os anos 1950, fazendo do famoso bairro um dos temas centrais de sua obra. Mas não foi o único. Como já dissemos, Di Cavalcanti também o repete com frequência em suas pinturas e relata ainda a época de sua juventude boêmia em prostíbulos, especialmente os do bairro carioca da Lapa, na autobiografia *Viagem da minha vida*.[51] Embora um pouco extenso, vale a pena transcrever este texto de Renato Cordeiro Gomes, que nos mostra de forma muito precisa a "ascensão e queda" da prostituição carioca. Nessa cartografia prostibular, o bairro da Lapa foi frequentado por uma elite da vida boêmia carioca e se contrapõe ao Mangue, caracterizado por uma prostituição que ficou registrada por sua pobreza, por sua decadência e por seu público proletário:

> Parte das ruas transversais do Mangue, à margem do centro do Rio, foi sendo destinada, desde fins do século XIX, ao confinamento das prostitutas das classes mais baixas. Iniciava-se o controle da prostituição e sua regulamentação por parte do Estado, na tentativa de restringi-la a áreas designadas à prostituição tolerada. Em 1920, a polícia foi encarregada de "limpar" a cidade para a visita dos reis da Bélgica: as prostitutas foram presas por vadiagem e depois alojadas em bordéis em nove ruas transversais do Mangue. Constituiu-se, então, um sistema não oficial pelo qual a polícia registrava os trabalhos do sexo e intervinha na administração dos bordéis. Fixou-se

assim essa zona de baixo meretrício, em contraste com a prostituição de luxo, localizada no bairro da Lapa, com suas casas noturnas, cabarés e cafés, vindo a constituir a "Montmartre tropical", o local da boemia intelectual da cidade, que teve seu apogeu nos anos 1930. O Mangue continuou como a "zona" mais popular e pobre, cuja decadência, juntamente com a da Lapa, se acentua a partir da política repressiva e moralizante do Estado Novo de Getúlio Vargas (os bordéis da Lapa foram fechados em 1943) e do deslocamento da vida noturna para Copacabana, depois da Segunda Grande Guerra. O Mangue resistiu, mesmo pobre e decadente, até 1979, quando foi demolido para a construção do metrô, restando apenas a chamada Vila Mimosa, afinal desativada nos anos 1990. Na Cidade Nova, construiu-se, após a demolição do Mangue, o Centro Administrativo da Prefeitura da Cidade do Rio de Janeiro. O imaginário da cidade, entretanto, resiste, denominando "Piranhão" o prédio da Secretaria de Administração da Prefeitura e "Cafetão" o da Secretaria de Finanças. O imaginário do Mangue resiste como uma marca da cidade.[52]

Em *Libertinagem* (1930), de Manuel Bandeira, encontramos um dos primeiros registros poéticos do Mangue. Nesse livro, temos alguns dos poemas mais importantes da lírica brasileira da geração modernista, como "Poética", "Vou-me embora pra Pasárgada" ou "Evocação do Recife". Já o próprio título, *Libertinagem*, remete diretamente ao erotismo e à transgressão sexual. O poema "O cacto" revela também o vínculo de Bandeira com o primitivismo. Em um excelente ensaio, Davi Arrigucci Jr. apontou esse nexo, pondo o poema em diálogo com as imagens do cacto em Lasar Segall e vinculando, ao mesmo tempo, essas representações com o primitivismo: "O cacto, que juntamente com as bananeiras e os lagartos indicia a presença marcante da paisagem local, se presta à sua expressão de nossa face da miséria: o rosto sofrido do negro ou das prostitutas pobres do Mangue".[53] E o tema da prostituição (antecipado pelo título do livro) aparece estampado no poema em prosa "Noturno da rua da Lapa", cujas primeiras linhas desenham a paisagem do meretrício carioca: "A janela estava aberta. Para o quê, não sei, mas o que entrava era o vento dos lupanares, [...]".[54] Nesse espetáculo urbano, Bandeira complementa a referência à Lapa com "Mangue", um dos poemas mais importantes de *Libertinagem*. Extenso (53 versos), rico em referências histórico-culturais, escrito em uma métrica muito irregular, mantém muitos dos elementos renovadores da nova linguagem poética introduzida pela geração de 22: uma acentuada utilização do verso livre, uma linguagem altamente coloquial, uso de expressões tupis e afro-brasileiras, e certo humor satírico. Escrito no Rio de Janeiro, lugar de residência de Bandeira, o verso de abertura, "Mangue mais Veneza americana do que o Recife", potencializa a visão da cidade que o viu nascer: o Recife, capital de Pernambuco, chamado popular e carinhosamente a "Veneza americana", por estar cruzado por canais. Bandeira está se referindo não só ao dito popular autoparódico, capaz de identificar o "Canal Grande" do Recife com o de Veneza, mas também remete a outro dos momentos líricos mais altos de *Libertinagem*, "Evocação do Recife":

Recife
Não a Veneza americana
Não a Mauritsstad dos armadores das Índias Ocidentais
Não o Recife dos Mascates
Nem mesmo o Recife que aprendi a amar depois —
Recife das revoluções libertárias
Mas o Recife sem história nem literatura
Recife sem mais nada
Recife da minha infância
[...][55]

Bandeira, da mesma forma que Segall, faz do Mangue um retrato do Brasil. Mas o "Mangue" do poeta pernambucano — embora tenha contribuído com um ensaio para o álbum de desenhos do pintor — distancia-se muitíssimo do projeto segalliano. No poema, o bairro se transforma em uma metonímia capaz de sintetizar diversos brasis, deixando de lado os repertórios previsíveis das regiões de prostituição, como a tragédia e a pobreza. Em uma linguagem poética muito moderna, os versos do "Mangue" representam a história de um Brasil que resiste à modernidade, graças à presença viva de um extraordinário sincretismo linguístico (português, tupi, africano), religioso (católico e africano) e musical ("Sambas de tia Ciata", "choros de cavaquinho, pandeiro e reco-reco"), em que se fundem as sonoridades, os instrumentos musicais e as referências carnavalescas. Afirmar que "O Mangue era simplesinho" é restituir ao bairro um sentido de dignidade e de afeto totalmente ausente dos registros segallianos. Trata-se de um "Brasil menor", revelado pelo reiterado uso de diminutivos ("Casinhas" e "O Mangue era simplesinho").[56] Bandeira permite-se inclusive uma paródia de um verso do Hino Nacional, "Pátria amada idolatrada", e a complementar com uma dimensão antiépica da história, mostrando uma pátria formada pelos "empregadinhos de repartições públicas". Ao antropomorfizar o Mangue, convertendo-o em uma grande figura feminina ("És mulher/ És mulher e nada mais"), erotiza a cidade, mas, ao contrário de Segall, positivamente. A prova está no último verso, em que o Mangue, ao ser comparado com entusiasmo à cidade de Juiz de Fora ("Linda como Juiz de Fora!"), adquire dimensões de mulher e de geografia ancorada nas tradições brasileiras. Evidentemente, Juiz de Fora (no estado de Minas Gerais) faz parte do universo afetivo do poeta.

Em "Balada do Mangue",[57] de Vinicius de Moraes (1913--80), o caráter melancólico, próprio das baladas, põe o poema em imediata sintonia com o "tom" trágico segalliano. A visão baudelairiana de uma cidade contaminada pelo mal, encarnada na descrição animalizada de mulheres-prostitutas, aparece com força extraordinária nos setenta versos octossílabos do poema. Há uma sucessão implacável de imagens, em que o feminino, associado a doenças venéreas, aparece degradado como flores envenenadas, mas também com o poder de envenenar. Vinicius descreve um grupo étnico europeu (polacas e francesas) e afro-brasileiro, ao contrário de Segall, que, como foi mencionado, somente percebe uma única composição humana, de origem negra. A imagem marítima, pela localização do Mangue próxima ao porto (que Segall soube aproveitar tão bem), surge enriquecida pela visão desse bairro como um navio de insensatos: "Para onde vosso navio?", pergunta retoricamente o poeta. O Mangue de Vinicius é uma cidade de perdição, condenada e sem espaço para a redenção.

Oswald de Andrade (1890-1954) foi contemporâneo de Bandeira, de Vinicius de Moraes e de Segall, que ilustrou seu poema "Cântico dos cânticos para flauta e violão" (1944) e a capa do livro *Poesias Reunidas O. Andrade* (1945). A temática do Mangue é outro elemento comum ao pintor e ao poeta paulista. A audácia de seu extenso *O santeiro do Mangue*, escrito e reescrito entre 1936 e 1950, caracterizado por uma linguagem sarcástica, violenta e transgressora, converte-o em seu poema mais censurado, até sua publicação oficial em 1991.[58] Mário da Silva Brito, amigo do fundador da Antropofagia, confessa que *O santeiro do Mangue* é um "canto de uma violência e de uma força como jamais ouvi ou li em nossa literatura".[59]

Oswald de Andrade escolhe o Mangue como um ponto de confluência de relações humanas degradadas, cercado por um espaço urbano, cenário de subversões em que se mesclam o sagrado com o profano, e se radicalizam os vínculos entre o dominador e o dominado. *O santeiro do Mangue*, ao contrário de todos os outros exemplos citados neste ensaio, é um texto altamente ideologizado e um instrumento de crítica virulenta à sociedade burguesa da época: "Mas o que importa a uma sociedade organizada é possuir e manter o seu esgoto sexual. A fim de que permaneça pura a instituição do casamento. Para que não seja necessário o divórcio. E vigorar a monogamia e a herança. A burguesia precisa do Mangue". Ouvimos nessas palavras do poema dramático tanto os princípios postulados até o fim dos anos 1920, com a Antropofagia, quanto suas teorias utópicas — *A crise da filosofia messiânica* (1950) e *A marcha das utopias* (1953). *O santeiro do Mangue* mantém o tom corrosivo da crítica social, mediante a atitude paródica que sempre caracterizou o autor: "E a Deus tememos/ Para que não falte/ O pau/ O pau nosso de cada noite", dizem em coro as mulheres do Mangue (evidente linguagem paródica em que o "pão" nosso de cada dia se converte no fálico "pau" nosso de cada noite!). A ideia de um Mangue tentacular ("Crianças, ides todas para o Mangue/ Tentacular") tem ressonâncias da cidade maldita de Émile Verhaeren, autor de *Villes tentaculaires*. E se no poema de Vinicius de Moraes havia reminiscências de um Mangue retratado como o navio dos insensatos,[60] no poema de Oswald de Andrade, a metáfora naval aproxima-o dos navios negreiros que chegaram ao Brasil: "É o navio humano quente/ Negreiro do Mangue". *O santeiro do Mangue* é a voz dilacerada de um Brasil cuja sexualidade expõe as contradições e o sofrimento de um sistema degradado que explora as relações humanas.

Finalmente, como uma espécie de sintética coda, um poema concreto de Hélio Oiticica (1937-80). O artista carioca, autor dos memoráveis "Parangolés" criados durante os anos 1960, constrói o poema com o cruzamento de duas únicas palavras: BANGU e MANGUE, duas regiões do Rio de Janeiro bastante diferenciadas socialmente. Bangu, tradicional bairro fabril, está totalmente dissociado da imagem de prostituição que caracterizou o Mangue ou a Lapa.

O poema, de 1972, foi escrito poucos anos antes da desaparição do Mangue, para dar lugar à construção do metrô, em 1979. Bairros geograficamente distantes um do outro, Bangu e Mangue unem-se aqui, no espaço utópico da poesia, no qual a paronomásia que une os dois termos recupera ressonâncias afro-brasileiras. Na realidade, Oiticica não chega a reproduzir as duas palavras do título completamente: BANGÚ é o verso que cruza o quadro em diagonal, da direita para a esquerda e de cima para baixo; MAE (mãe) é a segunda palavra, no sentido contrário e cruzando a primeira, em forma de arco. É o título do quadro/poema que nos orienta a leitura e nos antecipa a reconstituição da palavra MANGUE, a partir da fusão de BANGÚ + MAE. Temos, então, duas palavras no título (BANGÚ/ MANGUE); duas no poema (BANGÚ/ MAE) e um terceiro termo (MANGUE) que se constrói ou deriva da leitura das outras duas palavras ou versos, a modo de anagrama. Uma interpretação alegórica de fundo social permitiria ler o cruzamento do proletariado industrial com a mãe-pátria, Brasil, sugerindo uma espécie de conclusão inevitável na miséria e na prostituição, encarnada no Mangue. Um Brasil periférico e precário, onde as imagens das mulheres do Mangue de Segall, de Vinicius de Moraes e de Oswald de Andrade, inclusive, oscilam entre a Mãe-operária de Bangu e a Mãe-puta do Mangue que, encurraladas pela modernidade de projetos urbanos (o metrô), acabam sendo excluídas de seu próprio bairro e exiladas de sua própria existência (figura 23).

[Texto original em espanhol. Publicado em *Lasar Segall: Un expresionista brasileño*. São Paulo: Museu Lasar Segall/Takano, 2002, pp. 241-65 (catálogo de exposição realizada no Museo de Arte Moderno, Conaculta — Inba, México, 6 mar. a 2 jun. 2002, e no Museo de Arte Latinoamericano de Buenos Aires, Malba — Colección Costantini, Buenos Aires, 11 jul. a 15 set. 2002, com curadoria de Vera d'Horta). Publicado em português em *Literatura e Sociedade*, 7, São Paulo, Departamento de Teoria Literária e Literatura Comparada, FFLCH-USP, pp. 196--222, 2004. Tradução de Gênese Andrade.]

6. Segall, uma ausência argentina (Notas para a primeira retrospectiva em Buenos Aires)

O fato de que até o momento não tenha sido realizada uma exposição individual de Lasar Segall na Argentina é um fenômeno que chama muito a atenção. Poucos anos depois de instalar-se definitivamente no Brasil, no final de 1923, Segall entra em contato com artistas argentinos, como o pintor Emilio Pettoruti, a declamadora Berta Singerman[1] e, nos anos 1940, com Norberto Frontini, que era o que hoje chamaríamos um gestor cultural. A intensa atividade da comunidade judaica em Buenos Aires, capital cultural da América Latina nos anos 1920, teria sido razão suficiente para justificar uma exposição naquela cidade. A ideia de expor em Buenos Aires é inclusive anterior à chegada definitiva de Segall ao Brasil, quando seu irmão Oscar, que já vivia em São Paulo, sugere a ele, em correspondência de 1921, que, antes de pensar em fazer uma exposição no Brasil (como realmente ocorreria, com a individual de 1924), seria importante levá-la a cabo primeiro em Buenos Aires.[2] Nesse mesmo ano, Segall, de Dresden, escreve uma carta ao senador Freitas Valle, em São Paulo, comentando a possibilidade sugerida por seu irmão:

Eu mesmo sou um dos membros fundadores da Secessão de Dresden e membro de várias associações famosas de artistas na Alemanha. Tenho as melhores relações com os pintores mais importantes da atualidade e, depois de uma conversa com eles, tive a ideia de organizar uma grande exposição moderna no Brasil e talvez na Argentina. É evidente que eu me responsabilizaria para que somente artistas de primeira ordem fossem convidados e uma exposição extraordinária fosse organizada com essa finalidade.[3]

Todas essas hipóteses iniciais poderiam ser consideradas como algumas das "razões naturais" para que houvesse sido realizada uma grande mostra na cidade portenha, algo que jamais chegou a ocorrer. E, nas duas exposições brasileiras mais importantes ocorridas em Buenos Aires, e registradas pelo excelente estudo de Patricia Artundo, a de 1929 (quando setenta artistas cariocas se apresentaram no XI Salón de Otoño da cidade de Rosário), assim como a de 1945 (20 Artistas Brasileños), "levada por Marques Rebelo e realizada por iniciativa de Emilio Pettoruti à frente do Museo Provincial de Bellas Artes de La Plata", Segall brilha por sua ausência.[4] É justamente Jorge Romero Brest que, ao escrever nesse mesmo ano um livro por ocasião da segunda exposição, critica Marques Rebelo, contrapondo a ausência do pintor russo-brasileiro na exposição à presença de Candido Portinari e Alberto da Veiga Guignard:

> Apesar de meus desejos, ainda não pude viajar ao Brasil para propô--la a mim: nem sequer a recente mostra de pintura brasileira que apresentou o escritor Marques Rebelo me permite tentar o juízo de praxe. Poderia fazê-lo depois de ter visto só umas poucas telas, desenhos e gravuras destes artistas eminentes que se chamam Candido Portinari e Alberto da Veiga Guignard? *Poderia fazê-lo diante da ausência de Lasar Segall, pintor de fama universal?*[5] [grifos meus]

Conhecendo melhor as relações Pettoruti/Segall, pensamos que a crítica de Brest deveria ter sido dirigida ao primeiro, e não a Rebelo, já que não podemos deixar de ficar no mínimo espantados com a ausência de Segall na estratégia cultural de Pettoruti na Argentina relacionada ao Brasil. Sabemos que Pettoruti passou duas temporadas nesse país: uma de três meses em 1928 e outra de quase um ano em 1929,[6] época muito importante para a difusão da obra de Segall em São Paulo e especialmente no Rio de Janeiro. Sobre as razões da viagem de Pettoruti ao Brasil, Artundo afirma:

> É provável que, diante das notícias recebidas do mundo artístico brasileiro por intermédio do caricaturista Francisco A. Palomar, instalado no Rio de Janeiro, a menção de outros nomes — Tarsila do Amaral, Lasar Segall, Victor Brecheret, Anita Malfatti, Di Cavalcanti — e a recordação de seu amigo Alberto da Veiga Guignard estimulassem nele a ideia de optar pelo Brasil como espaço mais rico em possibilidades de intercâmbio de ideias do que o que ele podia encontrar na Argentina.[7]

Os dados exatos do primeiro período de Pettoruti no Rio e em São Paulo, assim como as razões do cancelamento de sua primeira tentativa de exposição, encontram-se também na cronologia do pintor argentino:

> No dia 28 de junho [de 1928, Pettoruti] embarca no vapor *Deseado* rumo ao Rio de Janeiro, para realizar ali sua exposição. *O Imparcial, Folha da Manhã, Correio Paulistano, Diário da Noite, A Pátria, O Jornal* e *A Manhã* abordam a visita do pintor argentino. Em 15 de julho, *O Jornal* reproduz uma entrevista realizada na redação do diário com Pettoruti, Palomar e Lasar Segall. Entre os dias 27 de julho e 4 de agosto, visita São Paulo, e Mário de Andrade escreve sobre ele nas páginas do *Diário Nacional*. Por problemas com a

alfândega, decide não expor e envia suas obras à Argentina. Em 11 de setembro, encontra-se de volta a Buenos Aires.[8]

A correspondência com Mário de Andrade, anterior e preparatória da viagem ao Brasil, revela um Pettoruti muito interessado em divulgar a pintura modernista brasileira na Argentina. Já na primeira carta, de 1º de julho de 1926, pede a Mário de Andrade fotografias e o endereço de Tarsila do Amaral e Anita Malfatti. Na carta seguinte, três meses mais tarde, acrescenta em seu pedido o nome de Lasar Segall. Na terceira, possivelmente sem resposta de Mário, insiste e justifica: "Vez passada, lhe pedi que me fizesse o favor de enviar-me dados, ou recortes de periódicos daí, dos artistas, Tarsila, Segall etc., para poder assim escrever sobre eles e aproveitar as fotografias que o senhor tão gentilmente me enviou. Espero, pois, esses dados".[9] Seis meses antes de ir pela primeira vez ao Rio de Janeiro, Pettoruti agradece a Mário o envio do catálogo de Segall da exposição iniciada em São Paulo em 1927, com escala no Rio de Janeiro no ano seguinte, e a qual o pintor argentino poderá ver pessoalmente; nessa carta, de 22 de janeiro de 1928, reitera:

> Muito, muito obrigado por seu livro [*Clã do jabuti*], que neste momento acaba de chegar; pelo interessante catálogo de Segall (*é um grande artista, Segall*) e por suas amáveis linhas.
> [...]
> Rogo-lhe que peça a Segall, como a outros artistas interessantes daí, que me enviem fotografias de suas obras e dados biográficos e recortes de jornais para publicá-los em jornais daqui.[10] [grifos meus]

Não nos resta a menor dúvida de que os dois pintores se conheceram pessoalmente e que Pettoruti chegou a entrar em contato e conheceu muito bem a obra de Segall. Em primeiro lugar, e nessa série de suposições que estamos fazendo, devemos recordar que Emilio Pettoruti fez, durante todo o mês de maio de 1923, uma exposição individual em Der Sturm, importante galeria berlinense de vanguarda dirigida por Herward Walden. Durante sua permanência em Berlim, poderíamos afirmar que Pettoruti conheceu toda a vanguarda expressionista, na qual seria praticamente impossível ignorar a importante presença de Segall, não só por ter sido um dos fundadores do Dresdner Sezession-Gruppe em 1919 e pelo número de exposições individuais que já havia feito na Alemanha, mas também pelo fato de que, em 1922 e recém-casado, havia se mudado de Dresden para Berlim, onde permaneceu até sua partida para o Brasil em dezembro de 1923.[11] Outra hipótese é o importante catálogo *Sezession Gruppe 1919* (Dresden: Verlag Emil Richter, 1919), no qual são reproduzidas várias obras de Segall; é difícil supor que Pettoruti não o houvesse visto, uma vez que Xul Solar, que esteve próximo de Pettoruti durante a etapa berlinense, possuía um exemplar.[12]

Em julho de 1928, Segall realiza uma exposição individual no Palace Hotel do Rio de Janeiro,[13] a qual coincide com a presença de Pettoruti naquela cidade. Em carta a Mário de Andrade, datada de domingo, 15 de julho de 1928, no Rio de Janeiro, Pettoruti comenta: "Aqui conheci Segall, que é um homem muito simpático. Visitei sua exposição várias vezes e como pintor me interessa muitíssimo".[14] Por coincidência, nesse mesmo domingo, o escritor e jornalista Peregrino Júnior faz uma entrevista conjunta com Pettoruti, Segall e o caricaturista argentino Palomar, na redação de *O Jornal*, do Rio de Janeiro. Inteiramo-nos, pelas declarações aí registradas, de que Pettoruti havia publicado um estudo sobre Segall no jornal *El Argentino*, de La Plata.[15] A data de publicação do artigo "Los artistas modernos. Lazar Segall" (sic) é 20 de outubro de 1928, ou seja, algumas semanas depois do retorno de Pettoruti à Argentina. O entusiasmo inicial deste com o pintor é inegável. No artigo, são reproduzidos quatro óleos, pertencentes ao período brasileiro.[16] Pettoruti dedica-lhe uma detalhada biografia, destacando aspectos do caráter moderno de sua obra. Para concluir, reproduz-se a parte final de um ensaio de Segall, publicado no *Diário Nacional* do Rio de Janeiro, em 29 de maio de 1928, ou seja, pouco antes da chegada de Pettoruti àquela cidade.

Apesar do artigo em *El Argentino*, dos encontros pessoais e da correspondência mantida posteriormente, o nome do pintor russo-brasileiro desaparece da autobiografia de Pettoruti. O mesmo ocorre com seu amigo Guignard, o qual havia conhecido em Munique em 1921 e de quem havia doado três quadros para o museu de La Plata.[17] Também não podemos desprezar a liderança que Pettoruti exerceu no campo das artes plásticas argentinas, em especial a partir de sua famosa retrospectiva em 1924, na Galería Witcomb, de Buenos Aires, e posteriormente, a partir de meados dos anos 1930, quando assume a direção do Museo Provincial de Bellas Artes de La Plata. Nesse período, que se estende de 1935 a 1944, poderia, pelas razões expostas, ter promovido a presença de Segall na Argentina.

No final dos anos 1930 e início dos 1940, registramos duas tentativas muito pontuais de realizar exposições de Segall em Buenos Aires. A primeira é uma iniciativa de Guido Valcarenghi, diretor da Casa Ricordi, que, em carta em italiano ao pintor Paulo Rossi Osir, comenta haver sugerido uma exposição conjunta de Segall, Portinari, Brecheret e do próprio Osir na Asociación Amigos del Arte. Entre as condições mencionadas, afirma: "despesa de embalagem, expedição e envio do quadro (a cargo do expositor)".[18] Seis meses mais tarde, em junho de 1939, a própria diretora da Asociación, Elena Sansisena de Elizalde, escreve a Segall uma carta manuscrita oficial, com uma descrição do espaço na Calle Florida, 659, em que cede a ele as salas da Asociación Amigos del Arte, convidando-o a expor individualmente em outubro desse ano.[19] Pouco menos de duas semanas depois de haver recebido essa carta, Segall, em uma declaração à imprensa local, afirma haver aceitado o convite com grande entusiasmo. Esse momento coincide justamente com o início de um dos trabalhos mais grandiosos de toda a sua carreira, *Navio de emigrantes*, cuja fonte de inspiração também é revelada nessa entrevista:

> Recebi há poucos dias um amável convite da Sociedade Amigos da Arte, de Buenos Aires, para fazer uma exposição de meus trabalhos, na capital da Argentina, em outubro. Aceitei. Não podia deixar de aceitar, tanto mais que será uma ótima oportunidade para mostrar aos portenhos meus últimos trabalhos, inclusive este a que estou me dedicando com maior entusiasmo. Há poucos dias, a inquietude alarmante dos vespertinos anunciava que andava pelos mares, sem norte, um navio repleto de homens pertencentes a uma determinada raça. Os jornais apelidaram o barco lúgubre de "Navio fantasma". Ninguém os quis receber. Eram exilados do mundo...[20]

A exposição não se realizou, não sabemos por quais razões. Segall não teria querido arcar com os gastos solicitados? Queria primeiro terminar o *Navio de emigrantes* — tela que levaria dois anos para finalizar, em 1941 — para poder expô-lo em Buenos Aires? Teria ficado inseguro com as questões referentes à guerra? Em outubro de 1939, quando a exposição teria que haver ocorrido em Buenos Aires, Pettoruti escreve uma carta a Segall, em que comenta:

> Estimado e sempre bem recordado Segall, muito agradecido pela bela monografia referente à sua arte que teve a gentileza de me enviar, lamentando não ter uma minha (as duas estão esgotadas) para enviar-lhe; mas lhe enviei o suplemento de *El Día*, de Montevidéu, com um bom artigo do interessante crítico italiano Alberto Sartoris.

Deu-me muito prazer seu aviso de que logo chegaria aqui, mas ocorre que, dias atrás, conversando com a senhora presidenta de "Amigos del Arte", ela me comunicou que o senhor já não viria e que havia solicitado as salas para 1940. Por que não se animaram neste ano? A guerra, ainda por algum tempo (esperemos que para sempre), não nos alcançará. Quando o senhor vier, conversaremos para ver se é possível realizar aí uma exposição com obras minhas.[21]

O tom da carta mostra a relação de amizade de mais de dez anos, registra a desistência de Segall de expor na Asociación Amigos del Arte em 1939 e sua intenção de adiar o projeto para 1940. Revela-nos um Pettoruti muito interessado em promover sua própria imagem e em expor sua obra em São Paulo.[22] Da experiência brasileira, Pettoruti resolve privilegiar Portinari, de quem organiza a primeira exposição individual na Galería Peuser, de Buenos Aires — mas isso ocorre apenas em 1947.[23]

Nessa época, publica-se, na revista *Sur*, o número "Homenaje a Brasil", organizado por María Rosa Oliver.[24] No artigo "La pintura contemporánea en el Brasil", assinado pelo crítico de arte paraibano Ruben Navarra, o extenso elenco de pintores inicia-se com o nome de Segall: "A presença desse pintor no Brasil marcou o primeiro acontecimento na cronologia da pintura moderna entre nós". Sabemos que essa ideia, repetida à exaustão, não corresponde à realidade: em sua primeira e pioneira exposição de 1913, não havia nenhuma obra expressionista ou de estilo moderno. Esse mal-entendido fez com que durante muito tempo não tivesse sido possível reconhecer a exposição de Anita Malfatti de 1917, em São Paulo, como realmente a primeira exposição de pintura moderna expressionista no Brasil.

A segunda tentativa de fazer uma exposição de Segall em Buenos Aires é iniciativa do advogado e colecionador Norberto Frontini. Ele visita Segall no início de 1943, em sua residência, em

São Paulo, quando vem como representante da editora Fondo de Cultura Económica, do México, para buscar títulos brasileiros para publicação. É nesse mesmo período que conhece Mário de Andrade, com quem manterá um breve, mas intenso, intercâmbio.[25] Em março de 1943, escreve uma carta a Segall, em que comunica a ele com entusiasmo seu esforço para realizar uma mostra de sua pintura em Buenos Aires; o contato foi com o galerista Müller, "o melhor mercador de quadros daqui", segundo Frontini. Durante essa visita a São Paulo, o argentino adquire uma aquarela de Segall, *Criança doente*, que será enviada a ele, em Buenos Aires, meses depois. Consta que se trata da primeira obra de Segall na Argentina. Em uma segunda carta, um mês mais tarde, inteiramo-nos de que a Galería Müller lhe propõe como data para a exposição o mês de outubro (1943) e descreve graficamente o espaço expositivo, que "dispõe de sessenta metros lineares de parede e sua galeria, situada na Calle Florida, é a mais importante daqui". Acompanha a carta um desenho muito detalhado da galeria. Em uma terceira carta, Frontini agradece a ele o catálogo da grande retrospectiva no Rio de Janeiro, com 260 obras, ocorrida no Museu Nacional de Belas-Artes (maio e junho de 1943), o qual inclui o conhecido estudo de Mário de Andrade: "Coisa fina e luxuosa, e além disso exemplar pelo interessantíssimo e tão primoroso estudo de Mário", comenta Frontini, e reitera: "A Galería Müller espera poder convidar o senhor para expor aqui durante o mês de outubro. Assim me repetiu o próprio sr. Müller...". Menos de dois meses antes da exposição, envia um telegrama a Segall, pedindo-lhe confirmação: "Referindo-me carta 28 agosto rogo-lhe telegrafar se pode fazer exposição 25 outubro. Galería Müller". Não sabemos por quais razões, mas essa exposição também não se realizou.

De fato, Segall nunca pisaria em Buenos Aires. Pode ser que, pela proximidade das datas, tivesse concebido a exposição nessa cidade como uma escala final da retrospectiva do Rio de Janeiro. E, embora não haja nenhum documento que dê conta das razões do cancelamento, suspeitamos que isso ocorreu por resistência ou negativa do próprio pintor. Encontramos uma carta de Frontini dirigida a Segall, com data de janeiro de 1944, na qual lhe agradece por haver concordado com a iniciativa de seus amigos de publicar um caderno com reproduções de sua obra e aproveita para solicitar-lhe um prefácio. Nessa mesma carta, Frontini informa haver enviado a ele o exemplar do *Correo Literario*, no qual quinze dias antes havia sido publicada uma página dedicada a sua obra. Essa é a primeira publicação exclusivamente sobre a obra de Segall em Buenos Aires, com várias e amplas ilustrações, todas com as respectivas dimensões e datas; entre elas, *Pogrom*, um detalhe do *Navio de emigrantes*, um perfil de Lucy e *Criança doente*, a aquarela que havia sido adquirida por Frontini em São Paulo.[26] Não sabemos se o promotor de Segall na Argentina teria preparado esse material para a exposição nunca realizada na Galería Müller, ou se, ao fracassarem suas tentativas de levar a obra de Segall a Buenos Aires, limita-se a publicar essa excelente página no *Correo Literario*. Não há nenhum comentário de Frontini, nessa última carta, sobre o cancelamento da exposição na Galería Müller da Calle Florida.[27]

A partir do artigo de Frontini, começam a aparecer publicações de importância sobre Segall em veículos como *La Nación* ou na imprensa israelita local. Em outubro de 1944, o número 13 da revista *Eretz Israel*, com o subtítulo (*Palestina*) — *Revista Ilustrada para la América Latina*, dedica-lhe um artigo, acompanhado da reprodução de seu retrato, além de *Pogrom* e *Navio de emigrantes*, com o título "Lázaro Segall, el gran artista sudamericano". A nota termina com a seguinte afirmação: "Pode-se dizer, sem medo de exagerar, que é um dos mais destacados pintores de nossa era". Um ano mais tarde, em junho de 1945, publica-se, em *La Nación*, o artigo "Lasar Segall y su universo brasileño", de Newton Freitas.

A grande retrospectiva no Rio de Janeiro, no Museu Nacional de Belas-Artes, em 1943, gerou, um ano mais tarde, um número especial da *Revista Acadêmica* (junho de 1944). Embora a exposição tenha sido coroada por um grande sucesso, a fórmula de artista judeu russo, em plena Segunda Guerra Mundial e com três óleos e sete gravuras expostos, em 1937, na famosa Exposição de Arte Degenerada, em Munique, não o livrou de várias críticas antissemitas na imprensa local. O número da *Revista Acadêmica* foi concebido por seu diretor, Murilo Miranda, como um desagravo a Segall. Foram poucos os intelectuais do Brasil dessa época que não se manifestaram, e é impressionante seu reconhecimento unânime pela intelligentsia brasileira.[28] Dois anos mais tarde, em maio de 1946, a revista *Judaica*, de Buenos Aires, dirigida por Salomón Resnik, também publica um número especial: uma espécie de versão reduzida da brasileira. Até o retrato fotográfico na capa é exatamente o mesmo. Da nota editorial, transcrita da brasileira, citamos as razões ideológicas que impulsionaram essa publicação:

> Mas, além do lado puramente artístico, é preciso considerar o político. Aproveitando a oportunidade que lhes parecia excepcional, alguns elementos conhecidos por suas ideias fascistas procuraram criar um ambiente que lhes permitisse continuar no exercício de suas atividades criminosas, depois da declaração de guerra do Brasil às nações do Eixo, movendo feroz campanha contra a "arte degenerada" do pintor patrício. (Segall, aliás, está bem representado no famoso Museu organizado por Hitler.) A reação dos intelectuais e artistas brasileiros, porém, não se fez esperar, desmoralizando de um golpe a tentativa.

Sem dúvida, essa foi a maior homenagem prestada a Segall na Argentina. E, embora pareça mentira, apenas onze anos mais tarde, de 11 a 20 de abril de 1957, quatro meses antes da morte de Segall, ocorrida em São Paulo, a Galería Witcomb organiza a Exposición de Pintores de las Américas, na qual está a primeira obra de Segall que o público argentino poderá ver, em meio a outros 28 pintores latino-americanos.[29] Mais do que curioso, é irônico perceber que a maior homenagem a Lasar Segall por um artista argentino não foi feita por Pettoruti, mas por Antonio Berni: *Os emigrantes*, óleo de 300 × 182 cm, produzido em 1956, é um tributo direto à clássica obra do pintor russo-brasileiro, inclusive maior nas dimensões.[30]

Ficam ainda sem resposta as possíveis razões pelas quais Segall nunca expôs em Buenos Aires. Uma primeira conjectura poderia ser uma suposta desilusão de Pettoruti, que, embora tenha estado firmemente empenhado em expor no Brasil, teve que esperar duas décadas para que isso ocorresse:

> Em novembro e dezembro [de 1949], Pettoruti expõe pela primeira vez no Rio de Janeiro no Instituto de Arquitetos do Brasil e no Museu de Arte Moderna de São Paulo. As obras apresentadas por Flávio de Aquino pertencem em sua maioria a coleções brasileiras: Marques Rebelo, Museu de Arte Moderna de Florianópolis, José Leme Lopes, Francisco Inácio Peixoto, João Inácio Peixoto e Maurício Rosenblat.[31]

Podemos também somar a essa possível desilusão de Pettoruti diante de Segall a aposta inicial em seu amigo Guignard, e depois em Portinari, considerado, já em plena época do Estado Novo, o pintor oficial do Brasil. Outra possibilidade seria atribuir a responsabilidade ao próprio Segall, por seu pouco interesse em se definir, não como pintor brasileiro, mas como um pintor latino-americano, no sentido mais amplo do termo. Poderia desse modo ter se somado a Torres García, Figari ou ao próprio Pettoruti.[32]

Estou certo de que um contato precoce em Buenos Aires e com a geração de *Martín Fierro* teria mudado esse panorama. Em última instância, o olhar de Segall sempre esteve distante de Buenos Aires e da América Hispânica, e, em contrapartida, muito próximo da Europa e dos Estados Unidos.[33]

[Texto original em espanhol. Publicado em *Lasar Segall: Un expresionista brasileño*. São Paulo: Museu Lasar Segall/Takano, 2002, pp. 277-85 (catálogo de exposição realizada no Museo de Arte Moderno, Conaculta — Inba, México, 6 mar. a 2 jun. 2002, e no Museo de Arte Latinoamericano de Buenos Aires, Malba — Colección Costantini, Buenos Aires, 11 jul. a 15 set. 2002, com curadoria de Vera d'Horta). Tradução de Gênese Andrade.]

7. Ver/ler: o júbilo do olhar em Oliverio Girondo

> *Terrible nouveauté!*
> *Tout pour l'oeil, rien pour les oreilles!*
> Charles Baudelaire[1]

ENSAIOS SOBRE ARTE

Em poucos anos, Girondo dá um salto para a modernidade. As viagens ao Oriente e à Europa durante os anos 1920, o acentuado cosmopolitismo e a celebração do vanguardismo *martinfierrista* levam-no a uma etapa de maturidade no exercício da crítica de arte, como vemos principalmente em dois artigos: "Cuidado con la arquitectura", de 1924, e o extenso "Pintura moderna", escrito para o catálogo da exposição da coleção Rafael Crespo, em 1936. O ensaio sobre arquitetura, publicado no número 24 de *Martín Fierro* (outubro de 1925), tem por finalidade apoiar e promover o ousado projeto dos arquitetos Vautier e Prebisch ("Casas de renta en Belgrano"), exposto na sala de arquitetura do Salón del Retiro, em 1925. O texto, redigido um ano depois do "Manifiesto Martín Fierro", não lhe deve nada em agressividade e virulência:

> O presídio ou o fuzilamento? Em todo caso, a estética pouco tem a ver com o assunto. De fato, os arquitetos caem dentro do código penal e da psiquiatria. Nada mais imprescindível, por tal motivo, que uma regulamentação destinada a proteger-nos de seus desmandos. Da pintura e até da música, não é difícil safar-se. Da arquitetura: Nunca![2]

A presença da nova arquitetura na revista *Martín Fierro*, especialmente por intermédio do radicalismo dos vários artigos de Vautier e Prebisch, merece um estudo à parte. Em todo caso, a identificação e a aliança de Oliverio Girondo com a linguagem da moderna arquitetura inaugurada por Le Corbusier — por intermédio de Prebisch — é evidente.[3] Além de admirar o construtivismo representado por cubos, volumes, ausência de cornijas e o sentido retilíneo e funcional da nova arquitetura, Girondo exalta o uso dos novos materiais: o ferro e o cimento.[4] Uma espécie de afirmação de formas e conteúdos que definirão sua orientação poética posterior, em direção à síntese, à abstração e à condensação.

"Pintura moderna", de 1936, fecha o ciclo de Girondo como crítico de arte, iniciado 25 anos antes com um texto escrito a quatro mãos, com René Zapata Quesada, sobre a exposição de Leguizamón Pondal.[5] Agora encontramos um Girondo maduro, radical e seguro em suas opiniões sobre arte. Como afirma Ramón Gómez de la Serna poucos anos mais tarde:

> Foi um desses poucos pintores que suportaram e ultrapassaram a prova da pintura, a prova dupla da condição de artista do escritor.
> Oliverio compreendeu em sua hora a pintura nova, a pintura

mais pedra de toque que houve para saber se estava capacitado para a literatura nova.

Ele soube rodear-se dessa pintura e em sua aceitação do inaudito pictórico adquiriu a faculdade de escrever o inaudito.[6]

Vários conceitos enunciados em "Pintura moderna" permitem associar esse texto aos princípios teóricos de Girondo sobre a pintura e suas realizações como poeta. Quando, no final do extenso ensaio, afirma que "com seu ar de *improvisação* e seu aspecto *perecível*, as obras dos artistas modernos serão muito *menos perfeitas* e muito *mais impuras*"[7] (grifos meus), mais do que a apresentação de uma coleção particular, faz uma reivindicação da modernidade na arte: o fracasso do conceito de definitivo (o equivalente borgiano seria a ideia do rascunho como texto final) e a oposição àquilo que na poesia foi debatido como "poesia pura".[8] Na arte moderna, os processos e as formas tomam o lugar dos produtos e dos conteúdos. Girondo foi "vanguarda" no sentido mais tradicional e histórico do termo e em praticamente todas as etapas de sua produção. A contundente afirmação que abre o ensaio "Pintura moderna", "o academicismo ressecou a pintura", é uma frase que poderia muito bem compor o "Manifiesto Martín Fierro" ou quaisquer dos *membretes* [anotações]: "[...] a pintura vive como em um frigorífico, gelada, intumescida, rija. Urge renovar o ar, abrir de par em par as janelas, levá-la para tomar sol".[9] A introdução desse ensaio, de caráter mais geral e teórico, é o lugar que Girondo encontra para afirmar seus princípios e contornar a necessidade de subordinar-se ou restringir-se aos pintores ou aos quadros que compõem a coleção de seu velho amigo Rafael Crespo, deixando isso para a segunda parte do ensaio. A extensa introdução permite-lhe estender-se e expressar didaticamente seus firmes pontos de vista sobre pintura, começando pelo impressionismo, passando pelo pós-impressionismo, fauvismo e cubismo. Deixa de lado o expressionismo e o surrealismo. Fica claro que, para Girondo, o meridiano intelectual da pintura passa por Paris, e nesse sentido sentimos falta do expressionismo berlinense, da mesma forma que sentimos falta do futurismo italiano (Boccioni, Carrá e outros).[10]

A interdisciplinaridade inerente às vanguardas históricas aparece no ensaio por intermédio das menções aos balés russos, ao jazz e ao cinematógrafo. Trata-se dos mesmos repertórios que *Martín Fierro* introduzira anos antes, alterando para sempre o gosto público pela arte moderna. Ao refutar o naturalismo e a cópia (desdém que passa por toda manifestação das vanguardas), Girondo exalta o essencialismo da cor e da forma. Em 1936, a meio caminho entre os *Veinte poemas para ser leídos en el tranvía* [Vinte poemas para serem lidos no bonde] e *En la masmédula*, atribui a Cézanne aquilo que será condição futura na construção de sua própria poesia: um universo cada vez mais interiorizado, regido por suas próprias leis internas, em um processo gradual de desreferencialização. A analogia com o que duas décadas mais tarde seria a linguagem de *En la masmédula* é notável:

> Cézanne experimenta a necessidade de ancorar as coisas, de restituir-lhes suas vísceras, seu esqueleto [...] desentranha o que há de essencial na cor, o que a forma possui de mais expressivo e, sem se deter no transitório, esquece, voluntariamente, as contingências a que os objetos estão submetidos para penetrar na intimidade de sua construção...[11]

Da pléiade de artistas mencionados na introdução ao catálogo, surpreende, por um lado, o reconhecimento de Picasso como o artista mais importante da geração e da violência que sua pintura significa e, por outro, a crítica final a seu excesso de hermetismo e racionalismo. Nesse julgamento sobre o cubismo, também encontramos os princípios de composição que vão desembocar em *En la masmédula*: "A criação pictórica transforma-se em um ato mental. Dentro dos limites de sua tela, o artista encontra-se em um transe semelhante ao de Deus diante do Nada".[12]

POÉTICAS VISUAIS

Dos ensaios teóricos ao exercício da poesia, poderíamos detectar quatro formas de expressão visual em Oliverio Girondo: as manifestações explícitas sobre a arte, o caráter visual de sua palavra, o papel que as ilustrações propriamente ditas ocupam em sua obra e, finalmente, seu trabalho como editor, já que foi um verdadeiro artesão de livros. A contribuição iconográfica inédita de Patricia Artundo para a *Obra completa* revela um Girondo que vai além do decorativismo. Sua mão de desenhista e pintor acrescenta elementos interpretativos à obra. O depoimento de Enrique Molina também nos revela a existência de pelo menos um quadro: "A inesquecível casa de Girondo [...] era presidida, além do Espantalho guardião a postos na entrada, por uma enorme imagem — pintada por ele mesmo —, da Mulher Etérea em pleno voo".[13] Será que Girondo converteu em cores "angelnorahcustodio" (figura 25)?

Os vínculos de Oliverio Girondo com as artes plásticas não são circunstanciais, ou de mero efeito decorativo, e sim têm um caráter estrutural. "Desde seu primeiro livro, *Veinte poemas para ser leídos en el tranvía* (1922), o escritor — caricaturista, desenhista e pintor — trabalhou sobre as possibilidades artesanais de seu fazer e as incorporou como material de seu próprio exercício discursivo", afirma Artundo em sua "Introducción" ao caderno de imagens da *Obra completa*. O lema "*Ut pictura poesis*" aplica-se perfeitamente a sua obra. É impossível separar sua escrita da representação visual. Poderíamos afirmar que o exercício contínuo das artes visuais transformou-o, mais que em um poeta-pintor, em um artista que exerceu em caráter permanente a crítica de arte.

A epígrafe que abre este ensaio — "*Terrible nouveauté!/ Tout pour l'oeil, rien pour les oreilles*" [Terrível novidade!/ Tudo para o olho, nada para os ouvidos], extraída do poema "Rêve parisien", dos *Tableaux parisiens*, de Baudelaire — poderia definir o impacto causado em Buenos Aires pela "*terrible nouveauté*" dos *Veinte poemas...*, assim como o caráter eminentemente visual da personalidade literária de Oliverio Girondo. Além da conhecida resenha de estreia de Ramón Gómez de la Serna, quem primeiro chama a atenção em Buenos Aires para esse aspecto é seu amigo e dramaturgo Vicente Martínez Cuitiño, que apresenta o livro com a seguinte pergunta:

> Alguém conhece Oliverio Girondo? É um acumulador de emoções exteriorizado no mais fúlgido resplendor de olhos humanos que seja dado imaginar. Olhos enormes, dilatados de tanto ver, que se incendeiam ao mais leve contato com a realidade sob uma tempestuosa dilapidação capilar.[14]

Os *Veinte poemas...* de Girondo encontraram inicialmente silêncio e resistência em sua cidade natal. Mas, poucos anos depois, a revista *Martín Fierro* encarregou-se, com a tática de guerrilha cultural própria a toda revista de vanguarda, de impor uma nova forma de percepção, de difundir a "nova sensibilidade", em última instância, de declarar sua independência mediante a "tesourada a todo cordão umbilical". Se a primeira edição de *Veinte poemas...*, aquela publicada na França em 1922, significou, em um primeiro momento, um livro de luxo e de circulação restrita, o grupo que se aglutinou ao redor da revista *Martín Fierro* encarregou-se da difusão plena da nova ideologia. Dois números antes da publicação do famoso manifesto nas páginas de *Martín Fierro*, uma resenha anônima dos *Veinte poemas...* faz uma acusação violenta do silêncio da crítica diante do livro e aproveita também para destacar sua força visual:[15]

> Cor, cor, cor, firme, nítida — alto-relevo na prosa. Graficismo [sic], plasticidade revelam Girondo eminentemente pictórico [...]. E esse poeta e pintor se desdobram no humorista, alegre rabelaisiano, Rotschild da metáfora, que enriquece a literatura de língua espanhola com uma miríade de figuras inéditas, nestes anos, em virtude de duas pupilas Roentgen...[16]

A percepção por imagens, apoiada no universo da ilustração (caricatura e pintura), é um dos elementos que mais despertaram a atenção da crítica desde as primeiras resenhas até os dias de hoje. Ao rememorar a leitura pioneira dos *Veinte poemas...*, Ramón Gómez de la Serna abre o ensaio dedicado a seu grande amigo Girondo com as seguintes palavras:

> Há dezoito anos, em 1923, chegava às minhas mãos um grande livro intitulado *Veinte poemas para ser leídos en el tranvía*, cheio de magníficas e originais metáforas e com umas ilustrações coloridas devidas também ao escritor e nas quais havia esplêndidos acertos, pois *em Oliverio há um grande pintor ao mesmo tempo que um grande escritor.*[17] [grifos meus]

O elemento visual acompanharia Girondo durante toda a vida.[18] O fato de que Gómez de la Serna o destaque em primeiro lugar situa a obra do escritor argentino em uma perspectiva que não foi desenvolvida pela crítica posterior: ou por considerar as caricaturas de *Veinte poemas...* como um gênero menor, destituídas da "aura" da grande obra (da mesma forma que sua poesia foi rejeitada durante muitas décadas, ao ser considerada pouco séria ou incompreensível),[19] ou por focalizar a poesia em sua especificidade literária, deixando de lado outras possibilidades de leitura. Várias décadas mais tarde, e poucos anos antes de sua morte, Francisco Urondo, em extenso ensaio, corrobora: "Seu amor pelo desenho subsiste e sua paixão pela pintura o faz adquirir o já famoso Maître Moulins, do século XV".[20] O catálogo-livro *El poeta como artista* dedica nada menos do que quatro páginas a *Veinte poemas...*, reproduzindo todas as ilustrações, e traz ainda o comentário do curador da exposição e articulista Juan Manuel Bonet: "*Veinte poemas para ser leídos en el tranvía*, aparecido em Paris [...], constitui uma das melhores realizações daquele ciclo jovial das vanguardas hispânicas".[21]

Girondo dedicou um excepcional cuidado artesanal a todos os seus livros, do primeiro ao último, e até mesmo a obras que não eram de sua autoria, como o quase desconhecido, impecável e também luxuoso volume de *Choix de poèmes* (1944), de Jules Supervielle, que editou na imprensa de Francisco A. Colombo.[22] No caso dos *Veinte poemas...*, além do extraordinário esmero gráfico do livro impresso na França, o que primeiro chama a atenção é o caráter e a qualidade de suas caricaturas, o que o transforma praticamente em um livro de artista.[23] E se *Veinte poemas...* inaugura uma nova linguagem, uma nova sintaxe, enfim, uma nova tradição que restaura os vínculos entre a escrita e a visualidade, isso é corroborado de forma ostensiva pelas caricaturas coloridas e pelo caráter substantivo de sua poesia, representada pela exaltação, pelo júbilo do olhar, pela "pupila de prisma". Versos como os de "Apunte callejero" [Anotação de rua] traduzem esse estado de epifania visual:

Pienso en dónde guardaré los quioscos, los faroles, los transeúntes, que se me entran por las pupilas. *[24]

As ilustrações vinculam-se à estrutura do diário de viagem, gênero sobre o qual se constrói esse primeiro livro de poemas. Os desenhos correspondem a esboços do viajante, à impressão visual do estrangeiro que descobre uma nova paisagem. Estamos próximos da tradição europeia dos desenhistas que acompanhavam expedições científicas, para deixar registrada a nova geografia, anterior aos daguerreótipos ou à própria fotografia. O poeta, "sedento de paisagens", como o caracterizara Martínez Cuitiño, constrói o cosmopolitismo por intermédio da palavra e do desenho.

Mas o que distingue Girondo de qualquer tradição clássica ou naturalista, projetando-o de imediato a uma visão crítica do social, é a subversão do olhar por intermédio da caricatura. Os desenhos têm o mesmo efeito de leitura de sua poesia ao deformar, ridicularizar, fragmentar, monumentalizar, universalizar um momento e, em última instância, provocar no leitor o sentimento crítico despertado pelo cômico. O discurso vanguardista cruza-se aqui com a tradição da ironia romântica, a qual, como bem observara Baudelaire, encontra no cômico uma identificação com o satanismo.[25]

Reitero que em *Veinte poemas...* as ilustrações não se limitam ao mero decorativismo ou a uma função auxiliar. Pelo contrário, são funcionais e fazem parte da estrutura do poema. O poema caricatural, por conseguinte, é homólogo à caricatura visual. Da mesma forma que *Veinte poemas...* obedece a um esquema lógico de construção, em que cada um dos poemas, com indicação no final de local e data, obedece a uma sequência cronológica deliberadamente alterada, para criar uma ilusão do simultâneo,

---

* Penso onde guardarei os quiosques, os lampiões, os transeuntes que me entram pelas pupilas.

própria da viagem vanguardista, os desenhos aparecem sequenciados de forma alternada entre um e outro poema[26] — no total, dez desenhos em meio aos vinte poemas. A ilustração de "Croquis en la arena" [Croqui na areia] divide o poema em duas partes, intercala na mesma sequência poesia e imagem, representando um momento-chave para a compreensão do projeto girondiano nessa etapa inaugural de sua obra. O poema antecipa vários elementos cruciais para o que hoje se convencionou chamar pós-modernidade: o caráter inacabado da obra de arte, a fugacidade na execução, a perda da "aura", a percepção fragmentada da realidade e a representação posta em xeque. A paisagem, reduzida a um desenho animado, soma-se ao efeito do *camera-eye* (resultado talvez da proposta de uma "leitura no bonde"), produz um efeito de distanciamento do olhar autoral, que culmina no efeito crítico da leitura. A percepção ociosa de banhistas no balneário de Mar del Plata de 1920 transfigura-se na trivialidade fragmentada do universo do cartão-postal (figura 26):

La mañana se pasea en la playa empolvada de sol.

Brazos.
Piernas amputadas.
Cuerpos que se reintegran.
Cabezas flotantes de caucho. *[27]

A inserção do fotógrafo no meio da página reproduz essa situação. O clássico fotógrafo de praça pública mostra ao leitor a fotografia de uma banhista de costas, agachada, ou seja, com as nádegas em primeiro plano... A ilusão da mimese entra em crise

---

* *A manhã passeia na praia empoada de sol.// Braços./ Pernas amputadas./ Corpos que se reintegram./ Cabeças flutuantes de borracha.*

no momento em que a imagem irrompe literalmente dentro do próprio poema, interrompendo propositalmente a leitura. É absolutamente coerente a alusão fictícia e escritural de Girondo a "*bandadas de gaviotas, que fingen el vuelo destrozado de un pedazo blanco de papel*" [bandos de gaivotas, que fingem o voo destroçado de um pedaço branco de papel], e o término do poema em uma espécie de explosão doentia, de uma representação que ultrapassa seus próprios limites:

[...] *El mar! con su baba y con su epilepsia.*

El mar!... hasta gritar
    ¡BASTA!
      como en el circo.*

O "*pedazo blanco de papel*" e a comparação final com o universo circense (que em Girondo não tem nada a ver com a moda arlequinal da vanguarda) reiteram essa consciência da representação para a qual o poeta quer permanentemente chamar nossa atenção. Efeito semelhante encontramos no poema "Rio de Janeiro",[28] em que afirma que "*la ciudad imita en cartón, una ciudad de pórfido*" [a cidade *imita* em cartão uma cidade de pórfiro] (grifo meu). Uma moderna pausa metalinguística da obra dentro da obra, uma espécie de leitura às avessas da tradicional *willing suspension of disbelief* para chamar a atenção do leitor para a estética do simulacro presente nesses poemas.

Calcomanías [Decalcomania], livro de viagem que dá continuidade a *Veinte poemas...*, é totalmente dedicado à Espanha.[29] Sua publicação foi inicialmente anunciada em *Martín Fierro* com

---

* *O mar! com sua baba e com sua epilepsia./ O mar!... até gritar/* **BASTA!***/ como no circo.*

o título *España, paisaje alucinado*. A impressão de um país parado no tempo não só aparece retratada e ironizada em vários dos poemas ("El tren expreso" — na realidade um trem parado — e uma narcotizante "Siesta"), mas também está impressa nas iluminações de Girondo e A. Biosca,[30] que apresentam o vagão de um trem no qual abundam as teias de aranha e uma paisagem estática vista da janela. (Não foi por acaso que um entusiasmadíssimo Ramón, ansioso pela vertigem da velocidade vanguardista, narrou a experiência de leitura dos *Veinte poemas...* feita dentro de um bonde...) De novo, a trivialidade do clássico diário de viagem aparece enfatizada no próprio título: *Calcomanías*. Os princípios benjaminianos da destruição da "aura" da obra de arte em plena época dos meios de reprodução de massa (e isso porque se trata ainda de um Girondo poucos anos posterior à Primeira Guerra) aparecem simbolizados pela própria decalcomania, reproduzível em série, descartável e degradada. Girondo precisa opor-se, por meio da burla, ao peso da tradição ibérica, retratando a visão paralisada da paisagem espanhola, a religiosidade exacerbada de seus personagens e um título que condense a trivialidade de uma ilustração calcada em etiqueta. Não estranha a resenha de Borges que, mais que resenhar, marca diferenças. O sujeito *criollista* de Borges reafirma, a partir do subúrbio, seu senso de morosidade provinciana, em oposição à vertigem cosmopolita causada pela leitura da poesia de Girondo (figura 27):

> É inegável que a eficácia de Girondo me assusta. Dos arrabaldes de meu verso cheguei a sua obra, a partir desse meu longo verso em que há pores do sol e ruazinhas e uma certa menina que é clara junto a uma balaustrada azul-celeste. Eu o vi tão hábil, tão apto para desgarrar-se de um bonde em plena largada e para renascer são e salvo entre uma ameaça de klaxon e um afastar-se de viandantes, que me senti provinciano junto a ele.[31]

Enquanto Borges se dedica nessa época a exaltar o arrabalde e os pores do sol, como forma de rejeitar a urbe futurista e de recuperar, por intermédio da memória, uma tradição idealizada nas margens bonaerenses, Girondo faz exatamente o contrário, na modernidade vanguardista de grande parte de suas imagens: "Girondo impõe às paixões do ânimo uma manifestação visual e imediata [...]. O antecedente desse método parece estar na caricatura e destacadamente nos desenhos animados do biógrafo".[32]

Essa observação de Borges é perfeita. Inclusive, ele observa na paisagem girondiana "seu céu retangular e a lua", antecipando certo construtivismo no cruzamento geométrico dessas duas imagens. Imagens que nos remetem ao *Horizon carré*, de Pierre Reverdy e Vicente Huidobro, e ao *Cercle et carré*, de Michel Seuphor e Torres García. Borges, sem dúvida, pensa em seu céu e em sua lua rurais, quase gauchescos, tão diferentes naquele momento da vertiginosa paisagem cosmopolita girondiana. A horizontalidade pampiana de Borges, coerente com seu momento *criollista*, e a verticalidade de Girondo, tão representativa da modernidade vanguardista inaugurada pelo ícone da Tour Eiffel, longe de oporem-se, como poderia dar a impressão em uma primeira leitura, são olhares complementares de uma cidade que, na década de 1920, contempla arquiteturas específicas. Diana B. Wechsler reconstitui a paisagem bonaerense da época, de arquitetura aparentemente paradoxal:

> Se do ar Buenos Aires aparecia mais ou menos homogênea, da base, da calçada ou percorrendo a perspectiva de uma rua ou de uma esquina, o resultado era outro. A descontinuidade era o traço distintivo. Andaimes que mascaram um edifício em construção, seguidos pela estacada de um terreno baldio, e na sequência a sucessão de várias casas simples de um ou dois andares revelam outra Buenos Aires. Aquela que convive com um horizonte mais baixo, a

céu aberto, mas que traça suas ruas e abre novas avenidas, sentindo que o futuro chegou.[33]

PALAVRA/IMAGEM: UMA TRAJETÓRIA COMUM

A pergunta que lançamos agora é a seguinte: existe um sentido evolutivo no universo visual de Girondo, semelhante ao que ocorre de forma tão evidente em seu universo poético? A crítica é unânime em definir etapas claras que vão do exterior ao interior, da paisagem à palavra, ou, como expressou Enrique Molina, um sentido "verticalizante" que culmina no universo vocabular de *En la masmédula*. Penso que a viagem interiorizante da palavra, de *Veinte poemas...* a *En la masmédula*, encontra paralelo no universo da imagem: da referencialidade paisagística e caricatural dos primeiros livros à interiorização crescente, de marca expressionista (*Espantapájaros* [Espantalho] e *Persuasión de los días* [Persuasão dos dias]), em que prevalecem o gesto psicologizante e o feísmo rumo à abstração total. Em sua última obra, Girondo espacializa vários poemas, quase uma ideogramatização do verbo (*Persuasión de los días* e *En la masmédula*).

Nesse sentido, *Espantapájaros* (*Al alcance de todos*) [Espantalho (Ao alcance de todos)] é uma espécie de *turning point* tanto para sua poética quanto para seu universo visual. Horacio Butler e Girondo constroem o espantalho, em papel machê, que durante toda a vida de Girondo esteve localizado na entrada de sua casa (e que hoje tem morada permanente no Museo de la Ciudad, de Buenos Aires). José Bonomi assina o desenho que ocupa toda a capa do livro. O "espantalho", versão rural do simulacro, é caricatural na monumentalidade e no ar intelectualizado da levita, do monóculo e das luvas brancas. Um espantalho dândi e urbano! Introduz elementos sinistros de um "mau agouro" que surge coroado pelos corvos que revoam ao seu redor. Uma espécie de Frankenstein ou de Golem com chapéu-coco, que anuncia um universo sombrio e paralisado que põe um ponto final na movimentada geografia colorida e cosmopolita dos dois livros anteriores. O efeito de condensação opera-se também na redução cromática: a festa multicor de *Veinte poemas...* e de *Calcomanías* reduz-se agora ao vermelho e negro presentes na capa, no frontispício e no caligrama. A ilustração do espantalho, seguida do único caligrama bicolor produzido por Girondo, sintetiza duas vertentes fundamentais para o que virá depois: uma vontade de síntese, de interiorização e de abstração. As duas últimas páginas do livro, destinadas ao colofão e à lista de obras do autor, também reproduzem o contorno caligramático do espantalho (figuras 28 a 30).

Interlunio, de 1937, é um verdadeiro salto para a penumbra e a escuridão: dos multicores *Veinte poemas...* e *Calcomanías*, passando pelo rubro-negro *Espantapájaros*, o tom sombrio invade por inteiro a prosa surrealista-existencialista desse livro. Agora Girondo cede o espaço visual para as ilustrações de Lino Enea Spilimbergo. O desespero do eu, a presença da morte, a subjetividade fragmentada e sem foco fixo, a paisagem onírica aparecem retratados nas dez águas-fortes intercaladas no fluxo de uma prosa que flui sem cortes e na vinheta final. Um eu esquartejado, de expressão cadavérica e representado por máscaras invade agora esse universo sobrecarregado de sombras.

No mesmo ano de 1937, Girondo publica seus textos "políticos": "Nuestra actitud ante Europa" e "El mal del siglo", dois artigos que nos revelam os bastidores que justificam uma mudança tão radical nas preocupações do autor: "Em toda parte, em todas as horas, em todos os meios de comunicação, não se fala, não se pensa, não se lê mais do que sobre política e unicamente sobre política", comenta neste último texto.[34]

Interlunio dá as costas à Europa e à cidade e vai ao encontro do pampa: o céu, o campo e a totêmica vaca. Se o bonde de *Veinte poemas...* tinha o dom do cosmopolitismo europeizante, um verso revelador nos confronta com a direção contrária: "*Del sitio en que me dejó el tranvía tardé pocos minutos para hallarme en pleno campo*"[35] [Do lugar onde o bonde me deixou levei poucos minutos para me achar em pleno campo]. Horrorizado com as consequências da Primeira Guerra Mundial e a ameaça da Segunda — "com seus dez milhões de mortos e suas montanhas de estupidez, a guerra não faz mais do que fortalecer esse desprestígio já latente"[36] —, Girondo passa a adotar o discurso americanista:[37]

> É muito provável que a intimidade com as civilizações pré-colombianas nos reserve panoramas inéditos. Por mais profundas que sejam as diferenças étnicas que nos separam do antigo habitante americano, sua interpenetração milenar com o meio nos proporcionará — que dúvida há? — mais de um ensinamento utilizável. Ali estão as telas e os *huacos*, os *yaravís* e os *menhires* que nos esperam e que hão de confirmá-lo.[38]

A trajetória natural dessa linha de pensamento desembocaria depois em *Campo nuestro* [Campo nosso] e em *Versos al campo*. *Interlunio* apenas nos sugere de forma muito incipiente ainda a utopia rural dos poemas seguintes. As imagens de Spilimbergo reforçam o clima apocalíptico, a sensação de dor, perda e desespero. Antecipam de forma visionária a paisagem da Segunda Guerra e — por que não? — do Holocausto europeu. Máscaras e olhos suplicantes culminam na imagem triplicada da caveira, vinheta final que encerra esse texto desesperançado.

A intensa e macabra presença visual de Lino Spilimbergo nesse momento da produção literária de Girondo é uma prova de sua sensibilidade para com o social e dos efeitos do contexto político em sua obra. A tradicional passagem do estético ao político no campo intelectual latino-americano dos anos 1920 e 1930 não é exceção na Argentina. No ensaio "Los artistas del pueblo: anarquismo y sindicalismo revolucionario en las artes plásticas", Miguel Ángel Muñoz conclui:

> Entretanto, o mundo estava mudando. A ascensão do fascismo no plano internacional e o regime surgido do golpe de 1930 em nosso país modificam radicalmente o cenário social, político e cultural. Se as primeiras vanguardas artísticas argentinas podem parecer até certo ponto estetizantes, nos anos 1930, essa arte de vanguarda — feita por Antonio Berni, Raquel Forner, Lino Enea Spilimbergo ou Enrique Policastro — demonstrará suas possibilidades para dar conta do compromisso político do artista.[39]

Persuasión de los días (1942) marca o rumo para a síntese. Aldo Pellegrini considera esse livro decisivo: "Girondo, depois de buscar o sentido da contemplação, volta-se, desde seu livro *Persuasión de los días*, cada vez mais para os problemas do homem em si".[40] Se quanto ao cromático a opção é a ausência de cor, quanto ao conteúdo temos de forma reiterada o encontro com *o tudo* e com *o nada*:

Nada de nada:
es todo.
Así te quiero, nada.
¡Del todo!...
Para nada.[*41]

Essa "nadificação" como manifestação paradoxal de uma totalidade vai também ao encontro de uma gradual perda do

---

* *Nada de nada:/ é tudo./ Assim te quero, nada./ De tudo!.../ Para nada.*

referente: as paisagens dos primeiros livros se desvanecem e um eu subjetivo se desintegra para chegar agora à materialidade da palavra. O extraordinário poema "Rebelión de vocablos"[42] [Rebelião de vocábulos] é uma exaltação dos significantes, da função poética em que se produz uma perda da referencialidade. Mais do que isso, o branco da página também começa a ganhar relevância na espacialização do poema. Um gesto mallarmeano que irrompe no meio dos 54 poemas que compõem esse livro:

Lo verde.
  Lo apacible.
    La llanura.
      Las parvas.

Está bien.
  ¿Pero el humo?
    Más que nada,
      que todo

el humo
  el humo
    el humo *[43]

Persuasión de los días nos dá a pauta do que será o radicalismo final na poesia de Oliverio Girondo: a opção pelo heptassílabo (cinco versos heptassílabos, exatamente), a camuflada barroquização e o caminho final para a abstração. Não é por acaso que a primeira menção antecipatória à "medula" surge justamente nesse conjunto de poemas.[44]

---

* *O verde./ O aprazível./ A planície./ As messes.// Está bem./ Mas a fumaça?/ Mais que nada,/ que tudo// a fumaça/ a fumaça/ a fumaça.*

A última pergunta que nos formulamos nessa viagem das relações entre escrita e imagem na poesia de Oliverio Girondo é: por que não há imagens em seu último livro?[45] O verso que fecha a *Obra completa* de Girondo é "*y el silencio*". Sem ponto final, suspenso em um fim possível, nunca definitivo. É o silêncio do último canto de *Altazor*, do branco da página de Mallarmé (não o de Octavio Paz) e, em última instância, o silêncio de John Cage. O grau de abstração e condensação da palavra conduz a um processo de ideogramatização. E, assim como nas línguas orientais, palavra e imagem estão amalgamadas em uma única instância. A noção de totalidade ("*la total mezcla plena*", do poema que abre *En la masmédula*) fica assim representada pela simultaneidade dos binômios presença/ausência, tudo/nada, sim/não, palavra/imagem.

CODA: A PARADA RURAL

Na trajetória cronológica estabelecida, *Campo nuestro*, de 1946, representa um parêntese na obra de Girondo.[46] O que interessa observar agora é a existência da temática rural, a apologia da paisagem,[47] uma espécie de recuperação do referente — do qual a vaca é o símbolo que surge já em *Interlunio*.[48] Nessa perspectiva, "Figari pinta", poema não publicado em livro e incluído postumamente por Enrique Molina nas *Obras de Oliverio Girondo*, é o único em sua obra dedicado a um pintor. O extenso poema (74 versos) está associado à temática rural de *Campo nuestro*. É interessante que, sendo contemporâneo dos argentinos Emilio Pettoruti e Alejandro Xul Solar, em um momento em que Pedro Figari também se encontra em Buenos Aires[49] e em que os três colaboram na revista *Martín Fierro*, Girondo tenha escolhido justamente este último como matéria-prima de sua poesia. A relação entre os dois se inicia possivelmente com a leitura que Figari faz de *Veinte poemas...* em 1923. Assim como Borges, dois anos depois, em sua resenha de *Calcomanías*, o pintor uruguaio deixa claras as diferenças e a dificuldade de leitura da nova estética.[50] Girondo também deve haver acompanhado de perto as exposições de Figari em Buenos Aires,[51] onde o pintor uruguaio havia se radicado em 1921 até sua partida em 1925 para a prolongada estadia em Paris. Sua exposição em 1924, na Galería Witcomb, recebe calorosa resenha de Ricardo Güiraldes, no oitavo número de *Martín Fierro*. A irmandade *criolla* funciona. Graças a Patricia Artundo, inteiramo-nos de que Girondo e Güiraldes criam em 1924 o Frente Único de la Joven Intelectualidad Argentina. Pela mesma fonte, sabemos que, alguns anos mais tarde, Figari "volta ao velho projeto de ilustrar o poema *Martín Fierro*, de José Hernández, que Girondo havia sugerido a ele em meados da década anterior".[52] A afinidade do autor de *Campo nuestro* com a temática gauchesca de Figari coincide com a busca de um símbolo americano, capaz de fazer frente à importação de códigos europeus. Longe de restringir o *gaucho* a um ícone rio-platense, o pintor entroniza-o em símbolo continental:

> A meu ver, não é porque ele tenha sofrido e contribuído mais para suportar os acasos e quebrantos da nossa vida turbulenta que o gaúcho é mais representativo em nossa sociologia, mas sim porque ele é, se não o único, pelo menos aquele que conservou e tendeu mais a manter contato com o meio americano, quer dizer, com o seu ambiente próprio. Assim é que, excetuando-se o pré-colombiano, vemos o gaúcho como a essência das nossas tradições *criollas*, como o obstáculo autóctone oposto à conquista ideológica que se seguiu à era das emancipações políticas. As urbes se hibridizaram: há parises, madris, romas, vienas e até berlins por estas comarcas,

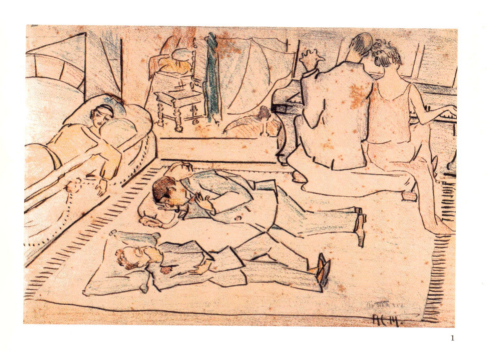

1. Anita Malfatti, *O grupo dos cinco*, 1922, tinta e lápis de cor sobre papel, 26,5 × 36,5 cm.

2. Tarsila do Amaral, *Retrato de Mário de Andrade*, 1922, óleo sobre tela, 54 × 46 cm.

3. Tarsila do Amaral, *Retrato de Oswald de Andrade*, 1922, óleo sobre tela, 51 × 42 cm.

4. Tarsila do Amaral, *Retrato de Oswald de Andrade*, 1923, óleo sobre tela, 60 × 50 cm.

5.

5. Tarsila do Amaral,
A caipirinha, 1923,
óleo sobre tela, 60 × 81 cm.

6. Oswald de Andrade.
Pau Brasil. Capa
e ilustrações de Tarsila
do Amaral. Paris: Au Sans
Pareil, 1925.

7. Tarsila do Amaral,
A negra, 1923, óleo sobre
tela, 100 × 80 cm.

8. Tarsila do Amaral, *Abaporu*, 1928, óleo sobre tela, 85 × 73 cm.

9. Tarsila do Amaral, *Antropofagia*, 1929, óleo sobre tela, 126 × 142 cm.

10. Vicente do Rego Monteiro, *Antropófago*, 1921, lápis sobre papel, 14 × 38,5 cm.

9

10

11. Vicente do Rego Monteiro. *Légendes croyances et talismans des indiens de l'Amazone*. Paris: Editions Tolmer, 1923. Edição fac-similar. São Paulo: Edusp/ Imprensa Oficial, 2005.

12. Vicente do Rego Monteiro, Vinheta de *Légendes croyances et talismans des indiens de l'Amazone*.

13. Vicente do Rego Monteiro, *La Chasse* (*A caçada*), 1923, óleo sobre tela, 202 × 259 cm.

14. Vicente do Rego Monteiro. *Quelques Visages de Paris*. Paris: Imprimerie Juan Dura, 1925. Edição fac-similar. São Paulo: Edusp/ Imprensa Oficial, 2005.

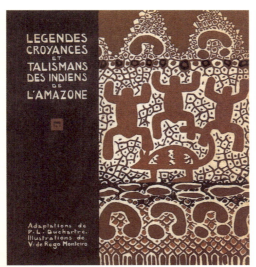

11

12

13

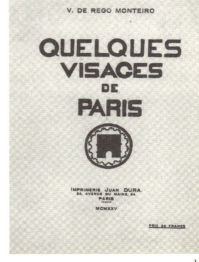

14

15. Vicente do Rego Monteiro, *Moderna degolação de são João Batista*, 1929, óleo sobre papel entelado, 59 × 50 cm.

16. Flávio de Carvalho, *Retrato ancestral*, 1932, óleo sobre tela, 81 × 60 cm.

17. Tarsila do Amaral, *O sono*, c. 1928, óleo sobre tela, 60,5 × 72,7 cm.

15

16

18. Maria Martins, *O impossível*, 1945, escultura em bronze, 182 × 175 × 90 cm.

19. Lasar Segall, *Casal na rede*, 1947, óleo sobre tela, 25,5 × 32 cm.

20. Lasar Segall, *Mário na rede*, 1929, ponta-seca, 25,5 × 32 cm.

19

20

21

22

23

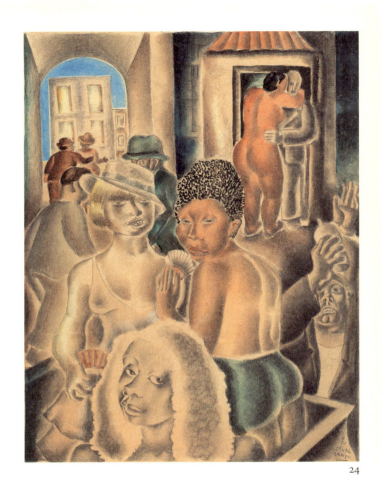

24

21. Lasar Segall. *Album Mangue*. Rio de Janeiro: Ed. Revista Acadêmica, 1943.

22. Lasar Segall, *Grupo do Mangue*, 1943, xilogravura, 20,5 × 20 cm.

23. Hélio Oiticica, *bangú mangue*, 1972, serigrafia, 58 × 47 cm.

24. Di Cavalcanti, *Mangue*, 1929, grafite e aquarela sobre papel, 32,5 × 24,5 cm.

25. Oliverio Girondo, *Soy la mujer etérea*, c. 1940-50, aquarela sobre papel, 44 × 12 cm.

26. Oliverio Girondo, "Croquis en la arena", em *Veinte poemas para ser leídos en el tranvía*. Argenteuil: Colouma H. Barthélemy, 1922. Ilustrações do autor, coloridas por Ch. Keller.

27. Oliverio Girondo. *Calcomanías*. Madri: Calpe, 1925. Capa e vinheta do autor, coloridas por A. Biosca.

26

25

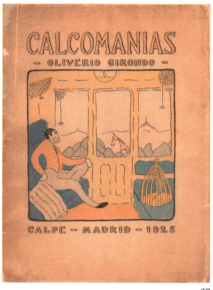

27

28. Oliverio Girondo. *Espantapájaros* (*Al alcance de todos*). Buenos Aires: Editorial Proa/Imprenta de Francisco A. Colombo, 1932. Capa de José Bonomi.

29. Horacio Butler e Oliverio Girondo, *Espantapájaros*, 1932, papel machê, 286 × 130 × 60 cm.

30. Caligrama em Oliverio Girondo. *Espantapájaros* (*Al alcance de todos*), s.p.

31. Xul Solar, *Místicos*, 1924, lápis e aquarela sobre papel, 36,5 × 26 cm.

32. Xul Solar, *Ronda*, 1925, aquarela sobre papel montada sobre cartolina, 25 × 31 cm.

33. Xul Solar, *Drago*, 1927, aquarela sobre papel, 25,5 × 32 cm.

34. Xul Solar, *Ña Diáfana* ou *Diamujer*, 1923, aquarela sobre papel, 26 × 32 cm.

33

34

35

36

37

35. Ismael Nery, *Essencialismo*, s.d., óleo sobre tela, 72,3 × 37,5 cm.

36. Ismael Nery, *Autorretrato Cristo*, óleo sobre tela colada em madeira, 32,7 × 23,8 cm.

37. Ismael Nery, *Meditação*, s.d., guache sobre papel, 36 × 21 cm.

38. Xul Solar, *San Francisco*, 1917, aquarela sobre papel, 37 × 23 cm.

39. Xul Solar, *Escena 3*, 1920, aquarela sobre papel montada sobre cartolina, 15 × 21 cm.

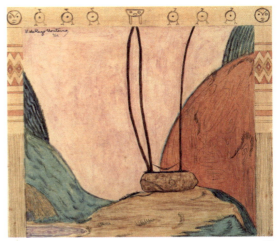

40.

40. Vicente do Rego Monteiro, *Cenário para bailado da Lua-Iaci*, 1921, aquarela e nanquim sobre papel, 26,6 × 29,9 cm.

41. Antônio Gomide, *Motivo geométrico*, década de 1930, lápis e aquarela sobre papel.

42. Emiliano Di Cavalcanti, *Cenário*, 1929, pastel, *crayon* e guache sobre papel, 23,3 × 30,4 cm.

43. Ismael Nery, sem título (*Cenário-cela*), 1931, nanquim sobre papel, 22 × 32 cm.

42

43

44

44. Xul Solar, *Tapiz*, 1918, aquarela sobre papel, 14,5 × 11 cm.

45. Lasar Segall, *Estudo de motivo decorativo para o Pavilhão de Arte Moderna de d. Olivia Guedes Penteado*, 1925, aquarela, guache e papel metalizado, 14 × 13,5 cm.

46. Antônio Gomide, Sem título [*Geometria*], *c.* 1920, aquarela sobre papel, 13 × 11 cm.

45

46

47. Xul Solar, *Tlaloc* ou *Tlaloc (divo lluvi)*, 1923, aquarela sobre papel, 26 × 32 cm.

48. Xul Solar, *Pirámide*, 1921, aquarela sobre papel, 19,9 × 24,8 cm.

49. Xul Solar, *Chaco*, 1922, aquarela sobre papel, 9,8 × 23,2 cm.

48

49

50. Xul Solar, *Pareja*, 1923, aquarela sobre papel, 27,7 × 33,9 cm.

51. Ismael Nery, *Duas figuras em azul*, s.d., óleo sobre tela, 45,3 × 33,5 cm.

52. Joaquín Torres García, *Figura con paisaje de ciudad*, 1917, óleo sobre cartão, 70 × 49,5 cm.

53. Joaquín Torres García, *Calle de Nueva York*, 1923, óleo sobre cartão, 31 × 50 cm.

54. Joaquín Torres García,
Paisaje de Nueva York,
1920, óleo sobre cartão,
45,7 × 58,4 cm.

55. Tarsila do Amaral, *Pão de Açúcar*, 1925, grafite e nanquim sobre papel, 11,7 × 18 cm; ilustração para Oswald de Andrade. *Pau Brasil*. Paris: Au Sans Pareil, 1925.

56

56. Ismael Nery, *Três figuras*, s.d., nanquim sobre papel, 22 × 16 cm.

57. Flávio de Carvalho, Ilustração para *Experiência nº 2*, 1931, nanquim sobre papel, 20,6 × 12,2 cm.

58. Jorge de Lima, *Mulher com cabeça de escafandro*, 1939, fotomontagem, 15,3 × 11,4 cm.

57

58

60

61

59. Lasar Segall, Ilustração para o poema "Essa negra fulô", em Jorge de Lima. *Poemas negros.* Rio de Janeiro: Ed. Revista Acadêmica, 1947, s.p.

60. Lasar Segall, Ilustração para o poema "A noite desabou sobre o cais", em Jorge de Lima. *Poemas negros*, s.p.

61. Lasar Segall, *Favela*, 1930, ponta-seca, 24 × 30 cm.

62. Pedro Figari, Ilustração em *El arquitecto*. Paris: Le Livre Libre, 1928. Edição fac-similar. Montevidéu: Vintén Editor, 1998, p. 11.

63. Joaquín Torres García, Ilustração em *La ciudad sin nombre*. Montevidéu: Asociación de Arte Constructivo, 1941, s.p.

64. Xul Solar, *Desarrollo del Yi Ching*, 1953, têmpera sobre papel, 35 × 50 cm.

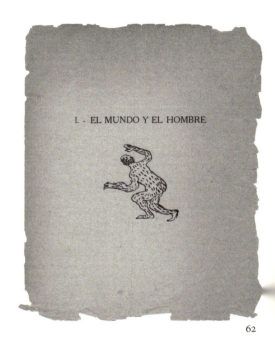

65. Horacio Coppola, *Mundo próprio*, 1927.

66. Horacio Coppola, *Calle California, bairro de La Boca*, 1931, Buenos Aires.

67. Horacio Coppola, *Hipódromo de La Plata*, 1938, Buenos Aires.

65

66

68. Eugène Atget, *Rue des Gobelins*, Paris, 1925.

69. Germaine Krull, *Passagem*, Paris, s.d.

70. Horacio Coppola, *Avenida Díaz Vélez*, 1936.

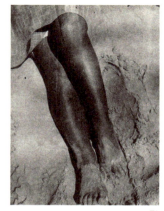

71

72

71. Herbert Bayer, *Pernas*, 1929.

72. Umbo (Otto Umbehr), *Pantufas*, 1926.

73. Yva (Else Simon), Sem título, 1929.

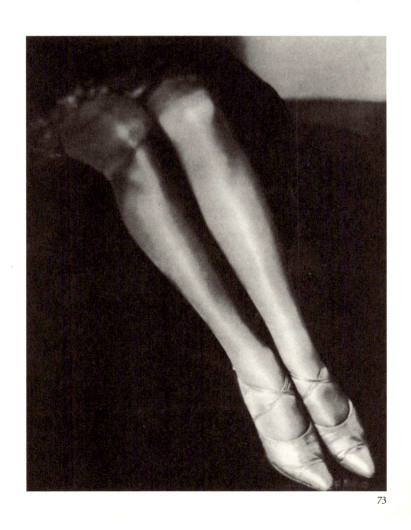

74

74. Horacio Coppola,
*Rivadavia entre Salguero
e Medrano*, 1931.

75. Horacio Coppola,
Vitrine. La Plata, 1938.

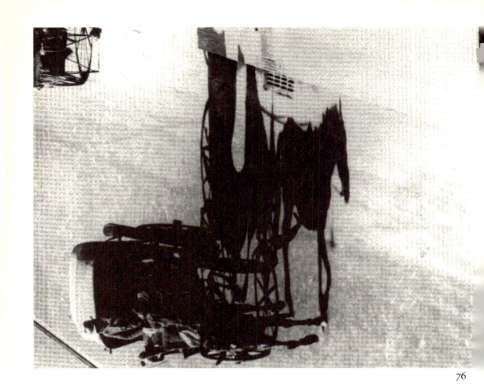

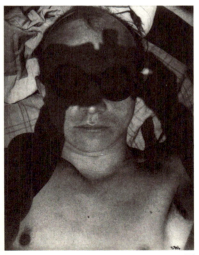

76. Horacio Coppola, *Mateo e seu tílburi*, 1931.

77. Umbo (Otto Umbehr), *Autorretrato na praia*, anterior a 1930.

78. Horacio Coppola, *Sino, Buenos Aires*, 1941.

79. Horacio Coppola, *Um céu de Buenos Aires*, 1936.

80. Paul Strand, *Twin Lakes*, Connecticut, 1926.

81. Alfred Stieglitz, *Equivalent*, 1925.

82. László Moholy-Nagy, *Acrópole*, 1933.

83. Horacio Coppola, *Obelisco*, 1936, Buenos Aires.

84. Horacio Coppola, *Avenida Presidente Roque Sáenz Peña*, 1936, Buenos Aires.

85. Ludwig Mies van der Rohe, *Croqui para o concurso de um edifício de escritórios na Friedrichstrasse*, Berlim, 1919.

86. Edward Steichen, *Edifício Flatiron*, 1905, Nova York.

85

86

87. Eugène Atget, *Esquina da Rue de Seine, Paris 6*, anterior a 1924.

88. Alfred Stieglitz, *O Flatiron*, 1903.

89. Walter e Ise Gropius, *Edifício Flatiron*, 1928.

90. Berenice Abbot, *Edifício Flatiron*, 18 maio 1938.

91. Horacio Coppola, *Esquina no antigo subúrbio. Calle Paraguay, n. 2600*, 1929. Incluída em Jorge Luis Borges. *Evaristo Carriego*. Buenos Aires: Manuel Gleizer, 1930.

92. Harry Grant Olds, *Calle Olavarría, La Boca*, c. 1900-5.

93. David Mazziotti, *Esquina de Cerrito com Cuyo, sábado durante a hora do almoço*, 13 abr. 1907.

92

93

94. Horacio Coppola, *Calle Victoria esquina com San José* [*Café Victoria*], 1936.

95. Horacio Coppola. Escultura do Aleijadinho, 1945.

96. Joaquín Torres García. Ilustração em *La ciudad sin nombre*. Montevidéu: Asociación de Arte Constructivo, 1941.

97. Joaquín Torres García. *La ciudad sin nombre*.

98. Joaquín Torres García. *La ciudad sin nombre*.

99. Joaquín Torres García, *El descubrimiento de sí mismo*, 1917, nanquim sobre papel, 20 × 15 cm.

96

97

98

100. Joaquín Torres García. Capa de *La ciudad sin nombre*. Montevidéu: Asociación de Arte Constructivo, 1941.

enquanto a cidade americana, de pura cepa, e ainda de meia cepa, está por nascer; e até parece ser de realização utópica.

[...]

Esta é a representação superior do gaúcho, desse elemento que vemos poetizado nas nossas idealizações habituais, e, nesse sentido, é mais do que um símbolo pátrio: é o símbolo da América Latina.[53]

Se Xul Solar e Torres García buscaram nos valores pré-colombianos uma expressão da América, Figari encontrou-a nas tradições gauchescas, nos negros dos *candombes*, na horizontalidade das casas baixas e dos amplos céus azuis. Um *criollismo* moderno, destituído dos signos tradicionais da modernidade[54] e que coincide plenamente com as buscas de Borges durante os anos 1920. Não foi por acaso que Borges dedicou a Figari um prefácio em que destaca o estilo breve e o caráter lírico de sua pintura (coincidindo com o último verso do poema de Girondo), assim como a busca de uma memória *criolla* e argentina:

Figari pinta a memória argentina. Digo *argentina* e essa designação não é um esquecimento anexionista do Uruguai, mas uma irrepreensível menção ao rio da Prata que, diversamente do metafórico da morte, conhece duas margens: tão argentina uma quanto a outra, tão preferidas por minha esperança as duas.[55] [grifo do autor]

O poema de Girondo descreve de alguma maneira esse universo *criollo*: a paisagem rural é retomada e, nela, o objetal e o substantivo, em que animais e objetos têm as cores como únicos adjetivos. Um universo dedicado a cultivar e de certa forma a restaurar a memória de uma tradição:

mientras pinta
y se escarba la memoria
— como quien traza cruces sobre el suelo —
con pinceles que doman lo pasado;
[...]
por la criolla paleta socarrona
donde exprime su lírica memoria* [56]

---

* enquanto pinta/ e risca a memória/ — como quem traça cruzes sobre o solo —/ com pincéis que domam o passado;/ [...] pela criolla *paleta astuta*/ em que exprime sua lírica memória.
[Texto original em espanhol. Publicado em Oliverio Girondo, *Obra completa* (org.: Raúl Antelo). Madri: ALLCA XX/Archivos; São Paulo: Scipione Cultural, 1999, pp. 490-512. Tradução de Gênese Andrade.]

8. Quem o *Espantapájaros* espanta?

UM GOLEM ÀS AVESSAS

Passados cinquenta anos de sua concepção, o *Espantapájaros*[1] [Espantalho] girondiano parece ter perdido, em parte, seu poder de espantar. Construído por Oliverio Girondo, o enorme boneco representa uma espécie de Golem, invertido. Assim como o Golem, o Espantalho — desprovido este de qualquer conotação religiosa — se constitui também em um artifício linguístico, no qual o místico é substituído pelo poético.[2] Girondo concebe o *Espantapájaros* como uma invenção da linguagem: representa sua poesia com a imagem do monstro, e o traduz em forma de caligrama. Monstruosos ambos, o boneco do rabino de Praga imita e serve seu amo, é sua própria extensão; o de Girondo, em compensação, é justamente uma interpretação invertida do Golem, na medida em que simboliza tudo aquilo que Girondo combateu em vida: o academicismo. Assim, em vez de ser uma projeção da identidade do amo, encarna sua alteridade, sua diferença. É o acadêmico que luta contra a vanguarda, um grotesco disfarce da tradição, que nasce, ironicamente, sob o signo da morte: seu berço é uma carroça fúnebre (figura 29).

Dois depoimentos relatam sua história. O primeiro, de Aldo Pellegrini, menciona a ousadia empresarial do poeta Girondo:

> *Espantapájaros* aparece em 1932, e com ele Girondo realizou uma curiosa experiência publicitária. Em virtude de uma aposta surgida em uma discussão com alguns amigos sobre a importância da publicidade na literatura, comprometeu-se a vender a edição integral de 5 mil exemplares do novo livro, mediante uma campanha publicitária. Alugou em uma funerária a carroça portadora de coroas, puxada por seis cavalos e levando cocheiros e lacaio com libré. A carroça transportava, no lugar das habituais coroas de flores, um enorme espantalho de chapéu-coco, monóculo e cachimbo (esse enorme boneco ainda se encontra no hall de entrada da atual casa de Girondo, na Calle Suipacha, recebendo os desavisados visitantes). Ao mesmo tempo, alugou um local na Calle Florida, com atendimento de belas e chamativas moças para a venda do livro. A experiência publicitária revelou-se um sucesso e o livro se esgotou em cerca de um mês.[3]

Sem dúvida, Walter Benjamin deleitar-se-ia com os resultados do Espanta-aura forjado por Girondo. A ideia é reforçada pelo segundo depoimento, da esposa de Girondo, Norah Lange, que narra como ela mesma salvou o monstro do sacrifício ritual da fogueira:

> Oliverio passeou com ele quinze dias por Buenos Aires para vender o livro. Ele pensava que um livro é como um objeto que se vende à força de propaganda. Foi ao regressar da Europa em 1932 que editou *Espantapájaros*. O boneco ia em uma carroça coronal — dessas que levam as flores e vão atrás do carro funerário — puxada por

seis cavalos, com um auriga e lacaios, vestidos de acordo com a moda dos diretores, posicionados de cada lado. O boneco feito de papel machê é igual ao que Bonomi pintou para a capa do livro. É o "acadêmico" que íamos queimar no pátio da Sade [Sociedad Argentina de Escritores] no dia em que celebramos as bodas de prata da revista *Martín Fierro*. Foi Oliverio quem o fez, e Butler desenhou a cabeça. Eu não quis que o queimassem e o trouxe para casa. No dia da festa, o "acadêmico" chegou de braços dados com duas moças belíssimas.[4]

Entre a força inaugural de *Veinte poemas para ser leídos en el tranvía* [Vinte poemas para serem lidos no bonde] (1922) e a extraordinária realização de *En la masmédula* (1954), o *Espantapájaros* foi deixado de lado, como o filho do meio sobre o qual pesasse o estigma da feiura. De fato, esse livro não mereceu muita atenção da parte dos estudiosos da obra girondiana, comparativamente ao espaço e ao interesse dedicados a seus outros textos. Assim, Marta Scrimaglio, autora dos primeiros ensaios sobre a poesia de Girondo, afirma que "*Espantapájaros* — livro que começa a assinalar a entrada de Girondo em um clima mais ou menos surrealista —, despojado de qualquer tentativa criadora, não merece estudo mais detido".[5] Embora certos textos críticos, como os de Enrique Molina[6] e os de Beatriz de Nóbile,[7] tenham buscado resgatar o monstro do esquecimento, hoje ele é mais recordado por seu valor meramente anedótico do que por sua força poética (figura 28).

Podemos reconhecer, para além de esquematismos cronológicos, como o *Espantapájaros* se situa entre dois extremos da produção poética de Girondo. Os dois livros iniciais (*Veinte poemas...* e *Calcomanías* [Decalcomania]) representam um olhar *para fora*, um abrir os olhos de recém-nascido, que em sua ânsia de capturar o mundo procura apreendê-lo em uma visão cosmopolita, de construção simultaneísta. E como se a palavra não lhe bastasse, Girondo corrobora a descrição verbal com desenhos feitos por ele mesmo, rápidos croquis do viajante, do turista aprendiz. O universo do poeta propicia uma euforia dos objetos, em uma descrição coisificada que privilegia o referente externo. *Veinte poemas...* está longe de uma atitude intimista ou psicológica. Pelo contrário, o eu lírico funde-se com os objetos que o rodeiam.

O outro extremo é representado por *En la masmédula*, a viagem poética mais importante realizada por Girondo: périplo pelo mundo do significante, rumo à essência medular das palavras. Uma imersão no universo da linguagem, que rompe com todas as estruturas de superfície e transgride as normas da sintaxe. Há um ouvir a si mesmo (daí a gravação da leitura do poema, único registro sonoro que Girondo nos legou), desencadeando a consciência, ruptura e reestruturação de sua própria palavra.

Há em Girondo um deslocamento contínuo de referentes, que se inicia pela geografia para terminar na palavra, da função predominantemente referencial até a função metalinguística em sua mais alta densidade; da exaltação dos objetos à palavra como objeto. Em meio a esses dois focos de tensão, surge em *Espantapájaros* a "voz" do poeta, representada por um "Eu". É como se de repente a escrita de Girondo despertasse para um estado de consciência do ser, em que o boneco se limitasse a personificar um travesti da condição humana revelada pelo texto.

A passagem do exterior para o interior, de fora para dentro, fica confirmada pelo deslocamento da terceira pessoa (a paisagem visual dos primeiros livros) para a primeira pessoa (a essencialidade do ser) de *Espantapájaros*. Não é arbitrário que a primeira palavra do livro seja "*Yo*" [Eu], pronome que predominará na maior parte das 24 vinhetas numeradas que compõem o livro. Desconsiderando o caligrama e o poema 12, que se distinguem do restante dos textos, compostos sob a forma de prosa poética, encontramos quinze vinhetas na primeira pessoa do singular ("*yo*"), três vinhetas na primeira pessoa do plural ("*nosotros*") e as seis vinhetas restantes na terceira pessoa.

Enrique Molina revela com sagacidade esse movimento *para dentro*, giro(ndo) interiorizante:

> *Espantapájaros* marca outra face da poesia de Girondo, até esse momento absorta no fulgor das aparências, saltitando nos cenários da realidade imediata. Seu deslocamento era horizontal. Aqui, em compensação, começa a organizar-se no sentido da verticalidade, situa-se entre a terra e o sonho. No caligrama que precede o texto, homenagem oculta a Apollinaire — Rimbaud e Apollinaire são os maiores *ancêtres* que Girondo invocava —, esse rumo está inequivocamente assinalado: "*Y subo las escaleras arriba, y bajo las escaleras abajo*" [E subo escada acima, e desço escada abaixo]. Dupla viagem rumo à profundidade e à culminação do espírito.[8]

É interessante observar a trajetória do "eu" na poética girondiana. Em seus livros iniciais, o sujeito reificado oblitera qualquer possibilidade de expressão personalizada de um "eu", conformando-se com a descrição do mundo. Pouco depois, em *Espantapájaros*, e muito de acordo com o espírito surrealista em voga, a função emotiva da linguagem, centrada no emissor, emerge com força. Uma verdadeira explosão de emoções. Finalmente, o "eu" de *En la masmédula* tende a desaparecer: o protagonista agora é a linguagem. A obra transforma-se naquilo que Mallarmé denomina "obra pura": "A obra pura implica a desaparição elocutória do poeta, que cede a iniciativa às palavras".[9]

ANATOMIA DO *ESPANTAPÁJAROS*

O caligrama — originariamente bicolor — sugere outros elementos, além do movimento ascendente e descendente apontado por Molina. Em primeiro lugar, é a única experiência caligramática de Girondo, diversamente de Vicente Huidobro ou de José Juan Tablada, que se dedicaram a ela com maior frequência. Girondo põe em evidência a preocupação formal e tipográfica que sempre caracterizou seu trabalho. Inclusive, o colofão da edição original iconiza os contornos do boneco. A imagem geométrica do espantalho representa também um passo inicial rumo à abstração de formas — uma espécie de figurativismo precoce, que irá desembocar finalmente no abstracionismo linguístico de *En la masmédula* (figura 30).

Cabe ao caligrama que abre o livro revelar algumas chaves semânticas da obra. Sua feiura manifesta (no desenho da capa, de José Bonomi, aparece um espantalho rodeado de corvos) já sugere a passagem de um cubismo inicial para formas tributárias do expressionismo e do surrealismo. A invenção do totem denota a concepção de uma identidade espectral, herdeira do horror provocado por um olhar introspectivo.

A cabeça do espantalho revela-nos um pensamento teimoso, obstinado em negar o conhecimento, em afirmar a negação — niilismo que se repete nas oito reiterações do "*no saber nada*" [não saber nada]. Essa apologia da negação reaparecerá em fragmentos como: "*Las márgenes de los libros no son capaces de encauzar mi aburrimiento y mi dolor. Hasta las ideas más optimistas toman un coche fúnebre para pasearse por mi cerebro*" [As margens dos livros não são capazes de canalizar meu tédio e minha dor. Até as ideias mais otimistas tomam um carro fúnebre para passear pelo meu cérebro] (vinheta 6).

Registram-se aqui as marcas de um existencialismo precoce, em que o *tedium vitae* se mistura a sensações de dor e morte. O espantalho mascara um pensamento de profundo negativismo. O redundante "*nada*" apoia-se no redondo "*no*" de todas as flexões pronominais. Chama a atenção que as três primeiras vinhetas do livro comecem por locuções como "*No se me importa un pito*" [Pouco me importa], "*Jamás*" e "*Nunca*". A existência como impossibilidade aparece em fragmentos como: "*Mi vida resulta así una preñez de posibilidades que no se realizan nunca, una explosión de fuerzas contradictorias que se entrechocan y se destruyen mutuamente*" [Minha vida se revela assim uma gravidez de possibilidades que não se realizam nunca, uma explosão de forças contraditórias que se chocam e se destroem mutuamente] (vinheta 5).

Girondo organiza o caos interior, o nada, mediante alguns artifícios. Primeiro: a simetria quadrada da cabeça, denotando um falso equilíbrio, que no fundo remete à frágil estrutura vazia do espantalho. Segundo: a enumeração pronominal como princípio organizador de seu discurso aparece transgredida na organização arbitrária dos pronomes pessoais (*Yo, Tú, Ud., Él, Ellos, Ellas, Uds., Nosotros*). Fica assim estabelecida uma relação de identidade entre o caos existencial (conteúdo) e o transtorno da sintaxe (desordem formal).

Com seus braços abertos, o espantalho procura nos dar uma explicação racional de sua existência contraditória.

A oposição não poderia ser mais clara: de uma ação dogmática e pragmática (que remeteria à força *exteriorizante* de seus dois primeiros livros) a uma *interioridade* subjetiva de um "eu" que medita, contempla e se masturba. Há uma busca da transgressão social, já iniciada na transgressão pronominal. A "*propensión a la meditación, a la contemplación y a la masturbación*" pode ter um valor metafórico, enquanto força alienante e introspectiva. Mas, se por um lado, a "*masturbación*" pode ser interpretada como um gesto de erotismo autorreflexivo — fruto da consciência da solidão —, por outro, sugere uma solução poética para a crise existencialista. Nesse caso, a "*masturbación*" remete ao ato poético em si, uma espécie de "*masturbación*" fônica, um voltar-se sobre a própria palavra. As catorze desinências "*-ción*" trazem para o primeiro plano o jogo poético em si, por intermédio da redundância exagerada e do jogo de palavras. Rompidas as normas impostas pelas regras sociais ("*nuestra educación*"), o poeta cai em lugares sem resposta. Solução: a poesia. A vinheta 4 reitera esse aspecto nas primeiras linhas do texto:

Abandoné las carambolas por el calambur, los madrigales por los mamboretás, los entreveros por los entretelones, los invertidos por los invertebrados. Dejé la sociabilidad a causa de los sociólogos, de los solistas, de los sodomitas, de los solitarios.*

Vislumbramos aqui as primeiras tensões entre o exterior e o interior, entre a função referencial e a função poética. O descobrimento de si mesmo equivale ao descobrimento da linguagem como força expressiva — como ficará finalmente demonstrado em *En la masmédula*.[10] É como se a falta de sentido da existência ressoasse no jogo paronomástico dos significantes que, contaminados por efeitos aliterativos, abrissem campos semânticos imprevisíveis e insuspeitados. Após a racionalidade da explicação, e com um cômico aparte entre parênteses — uma espécie de *stage*

---

* Abandonei as carambolas pelo calembur, os madrigais pelos mandruvás, os entreveros pelas entretelas, os invertidos pelos invertebrados. Deixei a sociabilidade por causa dos sociólogos, dos solistas, dos sodomitas, dos solitários.

direction—, o espantalho emite de seu tórax um discurso baseado na oposição "*creo/ no creo*".

Entre a fé e o niilismo, surge o absurdo na cômica passagem do "*creer*" para o "*croar*", como sugere claramente o título entre aspas "Cantar de las ranas" [Canto das rãs]. A mistura sério/cômico (discurso filosófico/discurso humorístico) é um dos mecanismos de carnavalização de *Espantapájaros*. O absurdo radicaliza-se ao chegar às pernas do boneco. Da sonoridade de seu peito, chegamos agora ao movimento de suas pernas.

Essa verticalidade, na qual Enrique Molina detecta "uma dupla viagem rumo à profundidade e rumo à culminação do espírito", poderia ser lida também como uma ausência de respostas que se expressa por meio do absurdo, das contradições, do humor irônico. A solução para a queda é novamente sugerida pela descoberta da palavra. O drama existencialista (crer/ não crer) dilui-se diante do efeito sonoro dos significantes aglutinados. A referência filosófica perde para a realidade poética. "*La caída no tiene término*" [A queda não tem término], afirma Girondo na vinheta 11. Essa verticalidade fica de fato confirmada na leitura horizontal do último verso do caligrama, os "pés" do espantalho, que repetem simetricamente: "ba!.. jo!.. !.. !.. ba!.. jo!..".[11]

EROS & TÂNATOS

Se o homem é linguagem enquanto pensamento, a versão caligramática do espantalho oferece-nos a possibilidade concreta de uma leitura do homem transformado agora em linguagem, sem a mediação física. Nesse sentido, o poema 12 constitui o texto mais curioso e intenso de todo o livro, já que a experiência do amor e da morte aparece também transfigurada:

Se miran, se presienten, se desean,
se acarician, se besan, se desnudan,
se respiran, se acuestan, se olfatean,
se penetran, se chupan, se demudan,
se adormecen, despiertan, se iluminan,
se codician, se palpan, se fascinan,
se mastican, se gustan, se babean,
se confunden, se acoplan, se disgregan,
se aletargan, fallecen, se reintegran,
se distienden, se enarcan, se menean,
se retuercen, se estiran, se caldean,
se estrangulan, se aprietan, se estremecen,
se tantean, se juntan, desfallecen,
se repelen, se enervan, se apetecen,
se acometen, se enlazan, se entrechocan,
se agazapan, se apresan, se dislocan,
se perforan, se incrustan, se acribillan,
se remachan, se injertan, se atornillan,
se desmayan, reviven, resplandecen,
se contemplan, se inflaman, se enloquecen,
se derriten, se sueldan, se calcinan,
se desgarran, se muerden, se asesinan,
resucitan, se buscan, se refriegan,
se rehúyen, se evaden y se entregan.*

---

* *Se olham, se pressentem, se desejam,/ se acariciam, se beijam, se desnudam,/ se respiram, se deitam, se farejam,/ se penetram, se chupam, se mudam,/ se adormecem, despertam, se iluminam,/ se cobiçam, se apalpam, se fascinam,/ se mastigam, se degustam, se babam,/ se confundem, se acoplam, se desagregam,/ se letargeiam, falecem, se reintegram,/ se distendem, se arquejam, se meneiam,/ se contorcem, se estiram, se caldeiam,/ se estrangulam, se apertam, se estremecem,/ se tateiam, se juntam, desfalecem,/ se repelem, se enervam, se apetecem,/ se acometem, se enlaçam, se entrechocam,/ se ocultam, se aprisionam, se deslocam,/ se perfuram,*

Diante do absurdo da existência, o poeta procura uma definição da experiência erótica por intermédio da diferença: seja pela negação, a agressão, a morte. Localizado estrategicamente na metade do livro (se considerarmos o caligrama como o primeiro poema, então há um total de 25 textos), esse poema se distingue também por sua estrutura em versos, em discordância com a prosa poética do restante das vinhetas.[12] Outro dos elementos dissonantes desse poema em relação ao restante é o deslocamento do "eu" para um "eles" implícito, nunca nomeado. A experiência erótica parece mais fácil de ser "vivida" por um espantalho voyeur do que por um espantalho protagonista, que se consolaria com a solitária prática masturbatória.

É no sistema de redundâncias que reside a força do poema. Em primeiro lugar, a concentração exclusiva de verbos, aglutinados em grupos de três, em um total de 72, transforma a descrição em pura *ação*. Desses verbos, 66 estão na forma reflexiva, por intermédio do uso reiterado do pronome reflexivo "*se*", que inicia cada um dos versos do poema, exceto o penúltimo. Essa mesma sílaba "se" aparece mascarada onze vezes dentro de outras palavras (*adormeCEn, retuerCEn, aSEsinan* etc.) e 22 vezes na forma invertida "es" (*rESpiran, acuEStan, aprESan* etc.). Temos, assim, um total de 99 repetições do grupo silábico SE/ES. Processo análogo ocorre com a sílaba "re": aparece dezenove vezes integrada nos verbos (*REspiran, REintegran, REsucitan* etc.) e sete vezes na forma invertida "er" (*despiERtan, enERvan, injERtan* etc.). Mais redundâncias sonoras formalizam-se nas desinências das palavras: 54 formas

---

se encrustam, se crivam,/ se fincam, se enxertam, se enroscam,/ desmaiam, revivem, resplandecem,/ se contemplam, se inflamam, se enlouquecem,/ se derretem, se soldam, se calcinam,/ se desgarram, se mordem, se assassinam,/ ressuscitam, se buscam, se refregam,/ se evitam, se evadem e se entregam. (Tradução do autor.)

verbais terminam em "-*an*" e dezoito em "-*en*". Além dos evidentes efeitos rítmico-sonoros, qual é a importância desse sistema de repetições? Se, por um lado, a redundância (efeito no qual reside um dos princípios por excelência da poesia) aponta para as chaves semânticas do poema, por outro, o excesso de repetições leva à dissolução do significado, em um processo de desgaste semântico. Por exemplo, o Canto V de *Altazor*, de Vicente Huidobro — publicado em 1931, ou seja, um ano antes de *Espantapájaros* —, faz da repetição uma forma iconizada do movimento sugerido pelo moinho ("*Molino de viento*" etc., 192 anáforas) até chegar à desagregação material da palavra no Canto VII. Embora no poema de Girondo não ocorra essa ruptura material — fenômeno que só vai ocorrer em *En la masmédula* —, a repetição excessiva, iniciada nos braços abertos do espantalho ("-*ción*"), opera uma remissão ao ato erótico como escritura. Assim, a repetição gera a assemia; mas, também, um evidente processo acumulativo tende a intensificar o clima erótico. O uso do pronome reflexivo "*se*" faz a ação de um recair sobre o outro ("*se miran, se presienten, se desean*"), e justamente a inversão "es" iconiza o caráter recíproco da relação, sugerido pelo pronome. O ato repetitivo semantiza-se no prefixo "re-" e, seguindo o mesmo argumento anterior, na forma invertida "er". Um jogo especular de enfrentamentos e inversões: se/es, re/er.

Por que verbos como "*despiertan*", "*fallecen*", "*desfallecen*", "*reviven*", "*resucitan*" são excepcionais, na medida em que prescindem do "se", pronome-matriz do poema? Justamente, o nascimento, morte e renascimento (considerando o despertar como uma forma de nascer e renascer) prescindem do "outro". Não há interação possível no ato de nascer e morrer. Nas palavras de Octavio Paz, "nascer e morrer são experiências de solidão", transcendidas pelo ato erótico, que gera novamente o ato recíproco, o "se", e reinstala o homem no ciclo do mito.

Mas avancemos um pouco mais. O caráter transgressor do erotismo nesse poema reside na aliança do sexo com a morte. Há um aproximar-se, um penetrar-se e um morrer, para depois reiniciar toda a sequência orgiástica. A repetição, nesse caso, emoldura e corrobora o caráter ritualístico, cíclico e repetitivo do ato erótico. A morte não tem aqui um sentido de "ato final", já que há um contínuo ressuscitar, um *voltar a* e um *sair da* morte. A aproximação, impulsionada pelo desejo no primeiro verso — "*Se miran, se presienten, se desean*" —, avança no segundo, com o enfrentamento dos corpos nus, expostos — "*se acarician, se besan, se desnudan*". Se, por um lado, a nudez inicia a leitura da vida, pela pulsão sexual, significa também uma entrelinha da morte. Nesse sentido, Georges Bataille afirma que "o ato de ficar nu, considerado nas civilizações nas quais tem um sentido pleno, é, se não um simulacro, pelo menos uma equivalência sem gravidade do ato de matar".[13]

A morte, já não como um dos temas principais de *Espantapájaros*, mas como *o tema* por excelência do livro, requereria um capítulo à parte. Os corvos que aparecem no desenho de José Bonomi recuperam o mesmo símbolo agourento usado por Edgar Allan Poe em seu conhecido poema. A metáfora da morte instala-se assim, desde o início, na capa do livro. Também o suicídio, a negação, o absurdo, o niilismo, a fragmentação, os estados eufóricos, o erotismo com suas particularidades sadomasoquistas e o orgasmo são tematizações da morte que percorrem o livro. A vinheta 24, a última, a mais extensa de todas, é um texto-chave sobre a morte como consciência. Como Bataille, Girondo revela como o misticismo e a luxúria se emparentam com a morte:

> *La urgencia de liberarse de esta obsesión por lo mortuorio, hizo que cada cual se refugiara — según sus idiosincrasias — ya sea en el*

misticismo o en la lujuria. Las iglesias, los burdeles, las posadas, las sacristías se llenaron de gente. Se rezaba y se fornicaba en los tranvías, en los paseos públicos, en medio de la calle... *

Também a vinheta 11 é uma versão carnavalesca da morte, no mais puro sentido bakhtiniano. O morto que se arrepende ironicamente de seu próprio estado, ao perceber que não há nada mais infernal que o cotidiano: "*Si hubiera sospechado lo que se oye después de muerto, no me suicido*" [Se tivesse suspeitado do que se ouve depois de morto, não teria me suicidado]. O fragmento é uma espécie de narrativa swedenborgiana, que banaliza o ato da morte, misturando o sublime ao profano: "*Apenas se desvanece la musiquita que nos echó a perder los últimos momentos, y cerramos los ojos para dormir la eternidad, empiezan las discusiones y las escenas de familia*" [Mal se desvanece a musiquinha que nos pôs a perder os últimos momentos, e fechamos os olhos para dormir a eternidade, começam as discussões e as cenas de família].

No poema 12, formas mais agressivas, sadomasoquistas, "perversas" do ato sexual aparecem em verbos como "*se desgarran, se muerden, se asesinan*", "*se estrangulan*", "*se acribillan*". Se a *petite-morte* funciona como expressão metafórica do orgasmo, no poema 12, tudo aquilo que denota morte está vinculado ao erotismo.[14] Bataille inspira-se em Sade para elaborar sua relação entre sexo e morte, amor e morte. O escritor francês abre sua obra clássica com a seguinte afirmação: "Pode-se dizer do erotismo que é a aprovação da vida até na morte" e remete a Sade para considerar "o assassinato

---

* A urgência de liberar-se dessa obsessão pelo mortuário fez com que cada um se refugiasse — segundo suas idiossincrasias — seja no misticismo ou na luxúria. As igrejas, os bordéis, as pousadas, as sacristias encheram-se de gente. Rezava-se e fornicava-se nos bondes, nos passeios públicos, no meio da rua...

como o cúmulo da excitação erótica". Em última instância, Bataille afirma que "o sentido último do erotismo é a morte".[15] A penetração aparece no poema por intermédio de metáforas bélicas e minerais: "*se perforan, se incrustan, se acribillan*"; também metáforas mecânicas como "*se remachan*", "*se atornillan*" recriam o frenesi erótico. Mesmo quando exista a dialética binária da reciprocidade, um ritual antropofágico de mútua devoração leva à combustão dos corpos: "*se derriten, se sueldan, se calcinan*".

O poema oscila entre o par e o ímpar. Por um lado, o jogo erótico, embora se refira implicitamente a "*ellos*", supõe-se que seja realizado por dois seres. Há um movimento de aproximação e rejeição, busca e encontro, encontro e desencontro, contração e distensão. Os esforços para superar o dualismo, o erotismo como luta contra a solidão, refletem-se na tentativa de unificação, de transformar os dois em um. O binarismo inicial do encontro dos dois corpos choca-se — e se complementa — com a estrutura triádica do poema 12, feito de 24 versos, 72 verbos (números pares, mas múltiplos de três) e três verbos por verso, que sustentam a situação de contração permanente do poema: busca-rejeição-encontro.

Os dois últimos versos recuperam ritualisticamente todos os movimentos anteriores: "*resucitan, se buscan, se refriegan/ se rehuyen, se evaden y se entregan*". Há um renascer da morte para a nova busca, encontro, evasão ou recusa, e uma ambígua entrega final. Nesses dois últimos versos, encontramos dois desvios com relação ao sistema montado em todos os versos anteriores: o verso que se inicia com "*resucitan*" não é reflexivo, rompendo com a sistemática do "*se*" vertical dos outros 23 versos: o "*re*" no lugar do "*se*" anuncia a inversão do código, e um último round rumo ao orgasmo, rumo à morte. É nesse momento que o "re" da repetição adquire, por substituição, o mesmo valor do "se". É um "*SE sucitan*" convertido em "*REsucitan*", em que o desejo faz renascer o desejo.

A segunda e última ruptura é a conjunção "*y*": copulativa sintaticamente, já que serve de ligação entre termos antagônicos e aponta para o final do poema. O último verbo, "*y se entregan*", é particularmente ambíguo e contraditório. Por ser o verbo final, poderia ter um valor de síntese. Nesse sentido, se o "*se*" é recíproco, há então uma entrega amorosa, um acoplamento final. Aí a conjunção copulativa "*y*" pareceria indicar a pertinência dessa leitura: conjunção final/último gesto. Mas, também, esse "*y se entregan*" poderia significar uma *rendição* final dos amantes. A leitura do encontro amoroso como luta, como investida violenta, encontraria também suporte na recorrência anterior de um vocabulário bélico.

Nossa análise mostra um Girondo vinculado à retórica dos poetas malditos: o êxtase como forma do horror, o belo como modalidade do feio, a volúpia como expressão do mal, como o assassinato do amor: Baudelaire, Rimbaud, Jarry, Lautréamont, Sade. Mais ainda, pode-se ler *Espantapájaros* como um passo rumo à dissolução final de *En la masmédula*. No canto inferior direito da capa, a quebra da palavra em duas partes

ESPANTA

PÁJAROS

é uma maneira de sugerir essa prevalência do significante. Não em vão, a transformação da imagem em caligrama corresponde à descoberta do homem como texto, como sintaxe, como palavra. Girondo oferece-nos então a possibilidade de leitura — não como uma interpretação de símbolos, mas como um corpo escrito, uma tatuagem escritural, uma escrita sobre o corpo, como diria Severo Sarduy. Só que no caligrama de Girondo, assim como no poema 12, o corpo é palavra. Duas décadas mais tarde, em *En la masmédula*, haveria de se produzir uma inversão: a palavra será corpo, objeto.

[Texto original em espanhol. Publicado em *XUL*, 6, Buenos Aires, maio 1984, pp. 30-6. Tradução de Gênese Andrade.]

9. "Sílabas as Estrelas componham": Xul Solar e o *neocriollo**

Para Juan Manuel Bonet

— O que é que o senhor faz?
— Sou pintor, utopista profissional.

Xul Solar[1]

Ora, o interessante — o espantoso — é que nada, absolutamente nada, distingue essas escritas verdadeiras e essas escritas falsas: nenhuma diferença, a não ser de contexto, entre o não decifrado e o indecifrável. Somos nós, nossa cultura, nossa lei, que decidimos o status [referencial] de uma escrita. Que quer isso dizer? Que o significante é livre, soberano. Uma escrita não precisa ser legível para ser plenamente uma escrita.

Roland Barthes[2]

---

* Este ensaio e o seguinte contaram com o apoio da Fapesp, o que permitiu um período de dois meses (fevereiro-março de 2003) de pesquisa no Archivo Documental da Fundación Pan Klub — Museo Xul Solar, em Buenos Aires. Agradeço à diretora do museu, Elena Montero Lacasa de Povarché, pela liberdade para a pesquisa nos arquivos e na biblioteca de Xul, e também ao presidente da Fundación Pan Klub, Natalio Jorge Povarché, por seu entusiasmo. Sem os conhecimentos,

GÊNESE DO *NEOCRIOLLO*

O espanhol no qual coube a Xul Solar nascer é um fenômeno típico da cosmópolis babélica na qual Buenos Aires se transformou a partir do final do século XIX. "Há um século era uma cidade pequena de 41 mil habitantes, hoje tem 2,5 milhões; e não por fecundidade própria, mas sim por aluvião de todas as nações do mundo", registra um espantado Amado Alonso, em um artigo de 1932, cinco anos depois de haver imigrado para a Argentina. O reconhecido filólogo é testemunha de uma língua em crise sem precedentes.[3]

Se Borges nasceu em um lar bilíngue, caberia a Oscar Agustín Alejandro Schulz Solari ser trilíngue por antonomásia: o alemão vem por parte do pai, Emilio Schulz Riga (1853-1925), de Riga (Letônia), e o italiano, por parte da mãe, Agustina Solari (1865-1958), de San Pietro de Roveretto (Itália). Esse primeiro cruzamento de famílias linguísticas saxãs e latinas, somado a uma vocação inata para a aprendizagem de línguas e à experiência vital dos doze anos de residência em diversas cidades europeias — especialmente em Londres, Paris, Florença, Milão, Munique e Stuttgart —, leva-o a converter-se em um destacado poliglota.

"O domínio de várias línguas permite a Xul ler os autores em seu idioma original, uma vantagem que ninguém ignora. Fala francês, inglês, alemão, italiano, português, russo e guarani.

---

a colaboração e a generosidade permanente de Patricia M. Artundo, este ensaio não teria sido possível. Agradeço também a Teresa Tedin de Tognetti, Daniel E. Nelson, Daniel Molina e Berta Waldman.

"Sílabas las Estrellas compongan" é um verso extraído do poema de sóror Juana Inés de la Cruz, "Pinta la proporción hermosa de la Excelentísima Señora Condesa de Paredes, con otra de cuidados, elegantes Esdrújulos, que aún le remite desde Méjico a su Excelencia", em *Inundación castálida* (1689). *Obras completas I* (Ed.: Alfonso Méndez Plancarte). México: Fondo de Cultura Económica, 1951, p. 171.

Conhece latim, grego, chinês e sânscrito", comenta seu entrevistador da revista *Wells*, em 1956.[4] É na Europa que dá forma aos primeiros sinais de uma nova escritura que posteriormente evoluirá para o *neocriollo*: uma língua aglutinante, mistura de espanhol e de português, pensada em função de uma utopia de confraternização latino-americana.

Em 1915, o título da pintura *Dos anjos* [Dois anjos], realizada sem dúvida na Europa — possivelmente em Paris —, já se revela como o cruzamento das duas matrizes linguísticas básicas do futuro *neocriollo*. O sema angelical imprime ao título conotações místicas iniciais que farão parte, nos próximos anos, de um complexo sistema de escritura e pintura esotéricas. É surpreendente que Xul Solar seja o único vanguardista hispano-americano que, em vez de utilizar como língua estrangeira o francês — *língua franca* da cultura latino-americana da época — (como o fizeram, de forma circunstancial, entre outros, Vicente Huidobro, César Moro, Oswald de Andrade e até Torres García nos textos-manifestos), percorra uma rota linguística insólita, determinada por um princípio geopolítico, e escolha, como parte do projeto, o português do Brasil.

O *neocriollo* é fruto de um processo que tem como ponto de partida a adaptação escrita de uma língua coloquial, *agauchada*, definidora do que se supõe que seja uma cepa argentina, com expressões próprias da vanguarda *criollista* do período.[5] Essa busca de "argentinidade" (ou "*argentinidá*") dos primeiros textos de Xul é muito similar ao que poderíamos chamar "variantes" das primeiras versões de *Fervor de Buenos Aires* (1923), que o próprio Borges se encarregaria de normatizar nas várias reedições em vida. O "*criollismo* de vanguarda", estudado e definido por Beatriz Sarlo,[6] obedece, sem dúvida, a uma linguagem que busca forjar uma identidade, seja como gesto de independência linguística com relação às rígidas normas da Academia de la Lengua Española

— que ainda em 1927 levariam Guillermo de Torre, com não poucas consequências, a defender um "meridiano intelectual madrilenho" para a América Hispânica —, seja como tentativa de neutralizar a contaminação dos estrangeirismos introduzidos pela massa imigratória do período. "*Aki hay mucha cancha polémica*" [Aqui tem muito campo polêmico], Xul diria, sem dúvida, a Guillermo de Torre.

A esse panorama se soma, no caso de Borges e de Xul, a saudade de uma geografia distante e ausente, mas registrada na memória e no desejo de um lugar de origem. Depois de sete anos na Europa, Borges volta a sua cidade natal para recriar, ou "fundar", uma Buenos Aires voltada para o passado, para seus mitos, próceres e tradições, em uma linguagem *agauchada* e muito oral, diminuindo assim as distâncias entre as rígidas normas da língua escrita e as vivas modificações da fala. Uma Buenos Aires o mais argentina possível, em detrimento do europeu e do cosmopolita.[7]

A trajetória de Xul obedece a mecanismos e motivações em princípio semelhantes, mas com desdobramentos totalmente diversos: o resultado desembocaria em uma cidade imaginária, esotérica, que olha para o futuro, e, mais que cosmopolita, universalmente cósmica, inundada de bandeiras, com uma linguagem em que o elemento coloquial, em vez de ser herdeiro de uma experiência coletiva da fala, corresponderia à invenção de uma nova linguagem para o novo homem do continente latino-americano. Estaria ele rejeitando o europeu da mesma maneira que os próprios vanguardistas europeus rejeitaram seu continente, importando, como solução, o primitivismo africano ou polinésio? De Londres, no final da década de 1910 (1919?-20?), escreve a seu pai em um incipiente *neocriollo*: "*Mi kerido tata: Esperaba ya este año volverme á la patria desde Londres. Envez estoi aquí desde ha poco i kedaré 2 ó 3 meses. Cansado de tanto salvajismo i atraso ke hai en Europa [...]*".[8] Dez anos antes das propostas da Antropofagia de Oswald de Andrade e várias décadas antes do universalismo construtivo de Torres García, Xul rejeita o "europeu e civilizado" e imagina uma solução local ou, mais do que isso, mental. *Cosa mentale*.

Os primeiros textos de Xul que indicam a possibilidade de criar uma nova língua escrita e oral são domésticos: surgem na correspondência que, da Europa, mantém com sua família de Buenos Aires, especialmente com suas duas "mães", chamadas carinhosamente de "*viejas*" (Agustina e sua tia Clorinda Solari). Quando, em 1912, com 25 anos de idade, parte para a Inglaterra, nada indica — ou, pelo menos, não encontramos registros de — uma prática de modificação da linguagem. Em sua correspondência inicial de 1913, dirigida ao pai, Oscar Alejandro revela um domínio total do italiano e de um castelhano castiço sem variantes, identificado com a língua geral.[9] Também lhe escreve em francês e em alemão. Mais tarde, toda a sua correspondência familiar estará escrita em uma linguagem "argentinizada": oralizada, fonetizada e com utilização de contrações que lhe permitem a aglutinação de palavras.

Nesse momento, Xul, que ainda assina "Alec" em muitas de suas cartas, escreve em *criollo* ou pré-*criollo*: "*Después deste destierro ya muy largo kizá cuando será la reunión de nuevo en la kerencia!*" (Gênova, 9 de julho de 1917?); "*Ya estoi aquí, pero no instalao, no sencuentra pieza, quizás acabaré en una pensión aunque sea cara, serálo menor quel hotel. Ya empecé a ir á lácademia* [...]" (Munique, 1921). O processo de *acriollamento* da linguagem é lento e tem oscilações. Ainda na correspondência com as "*viejitas*", em 1923, são detectadas contradições nas flexões verbais: um uso muito castiço, cruzado com formas *acriolladas* ("*me teneis alarmao*", "*vos escribi regularmente*", ou "*Si estuvieseis aqui llamadme pues*". Munique, março de 1923). A partir de que momento e por que razão transforma essas particularidades no projeto de uma língua utópica?

O AFÃ DE CORREÇÃO

Xul não se propõe a negar o espanhol, sua língua materna,[10] mas sim pretende "corrigi-lo" e "melhorá-lo", para usar sua própria terminologia. É um afã que o acompanhará durante toda a vida. Sete meses antes de sua morte, aos 75 anos de idade, na importante "Conferencia sobre la lengua [...]", insiste nas falências e erros da língua existente e no sonho de corrigi-la: "Alguma vez há de chegar a hora de criticar em boa-fé e de *corrigir os defeitos e falhas de nosso idioma* [...]"[11] (grifos meus).

A invenção de uma língua em Xul — tanto no caso do *neocriollo* quanto no da panlíngua —, além de constituir-se como um projeto utópico, justificado por uma ideologia humanista de confraternização de povos de diferentes origens, tem em sua base um desejo permanente de correção. Trata-se de um personagem que não só inventa e modifica, mas que tem como ponto de partida a visão do existente como algo equivocado, que há que corrigir, começando pela própria linguagem. Sua discípula e esposa Lita (Micaela) Cadenas recorda:

> Os equívocos de nossa linguagem o incomodavam. Por exemplo, odiava ouvir a palavra *suculento*. Por que não *sucurápido*? — perguntava-se. E, em uma expressão quase antológica de seu *neocriollo*, era um costume seu pedir — mesmo àqueles que acabava de conhecer — "*Me fona plis?*". Nunca ninguém lhe pediu esclarecimentos.[12]

A quantidade de projetos que havia que "melhorar", de acordo com sua expressão, é inumerável. Na aritmética, por exemplo, havia que substituir o sistema decimal pelo duodecimal (aqui há conotações esotéricas, considerando os doze signos do zodíaco).[13] Por isso, grande parte de seus quadros, especialmente as grafias e arquiteturas, vem assinada com duas datas. Assim, na grafia *San Pablo say*, aparecem as duas datas: a decimal de 1961 e a duodecimal de 1775.[14] Em música, desenvolve um piano com três teclados, para encurtar o tempo de aprendizagem; as teclas, cromáticas, possivelmente viriam carregadas de significados simbólicos, de herança pitagórica e goethiana. Na cabala, diz Xul, "*el adjunto diagrama duodecimal astrológico, detalle del pan árbol ke es neo mejoría del árbol de la vida cabalístico y ke kiere contener todas las cosas en orden cósmico*".[15] O complexo sistema do panxadrez merece a didática explicação da monografia de Jorge O. García Romero:

> O tabuleiro tem treze casas por lado, sendo a primeira sobreposição da última, tal como em um acorde de oitava, ou seja, cada lado corresponde ao sistema duodecimal. As peças são astrológicas e zodiacais, representando as constelações. As casas correspondem aos dias, semanas, meses e anos, e, além do transcurso do tempo, cada divisão representa dez minutos de tempo, uma nota musical ou dois graus e meio de arco. Cada jogador intervém com trinta peças e há uma, o acaso, que é para ambos, e pode decidir uma partida, não por sorte, mas sim por combinações ou cálculos lógicos de um adversário. Em um jogo tão racional e matemático como o xadrez, as combinações se multiplicam ao infinito.[16]

Xul foi vítima de sua própria compulsão inventiva como um processo permanente de rotar os signos (para utilizar a expressão de Octavio Paz) em uma combinabilidade em moto-perpétuo. Um de seus contemporâneos, Osvaldo Svanascini, autor do primeiro livro sobre Xul e organizador de sua última exposição, atribui o impulso para a modificação permanente a uma ânsia de perfeição:

> Entre o muito que haveria que recordar deste admirável artista argentino, corresponde separar sua consequente necessidade de perfeição. Isso dificultou a regulamentação de seus jogos, caligrafias, idiomas e outros inventos. Quem aprendia a ver ou jogar em um dia determinado, ia ser corrigido no dia seguinte, já que Xul havia introduzido melhoras em sua própria obra. Inclusive, enquanto explicava, voltava a projetar novas modificações que igualmente aumentavam o interesse criativo.[17]

Cerca de vinte anos mais tarde, em uma conferência, Borges corrobora que o caso de Xul é o de uma espécie de máquina inventiva, aberta em fuga para o imprevisível, quase um lance de dados de Mallarmé:

> Eu disse que Xul vivia inventando continuamente. Havia inventado um jogo, uma espécie de xadrez, mais complicado — como ele diria, mais "pli", porque em lugar de complicado dizia "pli". Um xadrez mais "pli" e quis explicá-lo a mim muitas vezes. Mas, à medida que o explicava, compreendia que seu pensamento já havia deixado para trás o que explicava, ou seja, ao explicar ia enriquecendo-o e por isso creio que nunca cheguei a entendê-lo, porque ele mesmo se dava conta de que o que ele dizia já era antiquado e acrescentava outra coisa. Enquanto o havia dito, já era antiquado e havia que enriquecê-lo.[18]

Além de descrever o processo de invenção, modificação e correção de uma linguagem, o mais interessante é buscar entender certas motivações, pouco estudadas ainda, que revelariam o *neocriollo* como projeto cósmico de uma língua artificial monolíngue, e que, vistas do ponto de vista da religião, poderiam desvelar chaves místicas ou ocultistas.

À LA RECHERCHE DE UMA PERSONA

O universo, como série permutável de signos, inscreve-se nessa espécie de autobatismo que, depois de uma série de variantes, se cristaliza de forma permanente no esotérico e formidável Xul, trilogia reversível na qual o amálgama dos sobrenomes paterno (Schulz) e materno (Solari) gera o jogo anagramático da XUL / LUZ SOLAR.

Na correspondência mantida, da Europa, com seus pais e sua tia, acompanhamos a sucessão de assinaturas: Oscar (Marselha, 1913), Alejandro, Alex (Munique, 1922), Alec (na maior parte de suas cartas à família, e também nome que recebe carinhosamente de Pettoruti em sua correspondência dos anos 1920), A. Xul Sol (com que assina o artigo "Pettoruti y obras", datado de Munique, 1923), Shul (uma etapa rumo à fonetização, anterior à de Xul, que figura em aquarelas datadas de 1918 e em que os títulos em inglês e em francês, *The Wounded Sun*, *Le Soleil blessé* e *Worshipped Face*, aparecem de próprio punho junto com a assinatura Shul-Solary e Shul Solary).[19] Em 1926, as imagens reproduzidas em *Martín Fierro* registram a clara assinatura A. Xul Solal.[20] Trata-se de três ilustrações com a mesma assinatura repetida, o que elimina totalmente a possibilidade de um erro tipográfico. Uma última variante, Xul Solá, aparece como assinatura na versão *agauchada* de "Apuntes de neocriollo" (1931), em que o anagrama fonetizado SCHULZ / XUL / LUZ define uma grafia permanente: Xul Solar. São as oscilações preliminares, a partir de uma primeira correção do próprio nome.

A sigla XUL aparece escrita pela primeira vez em uma carta, de Munique, dirigida a suas "*viejitas*" ou "*mamás*", com data de 14 de março de 1923: "*Mi dirección aquí es A. Xul Solar*" [Meu endereço aqui é A. Xul Solar]. Essas variações são explicadas — a meu ver

— de maneira um pouco limitada por Jorge O. García Romero, que antecipa a data do batismo do nome Xul:

> Em 1916, descontente com a extensão excessiva de seus prenomes e sobrenomes, com sua sonoridade desarmoniosa e com a dificuldade que sua pronúncia representa para os demais, transferiu o sobrenome paterno (Schulz) do alemão para seu equivalente fonético castelhano: Xul, e converteu o sobrenome italiano materno (Solari) em Solar.[21]

A tudo isso se acrescenta o elemento místico. O caráter visionário dessa grafia surge depois do encontro com o místico e mestre Aleister Crowley (Paris, 1924), e aparece assim descrito em um de seus *San Signos*, na transcrição do diálogo com um anjo que marca em seu corpo, em vermelho fogo, a letra "X". Um batismo divino selado a ferro candente por uma inscrição corporal:

Hexagrama 45 (Visión 14. 9 de octubre, 1925):

luego serre los oqos, i noai mas luzes. dige: "sou lu mas negro keas veido, i sou too luz, i mi nombres lux, es dize, xul al revéz". *entón le digu:* "¿sou tú o eres yo? si mi nombr'es el tuyo". *él dige:* "eres too, sou too, cadauno es too". *me arroibu en él, me le unu, mas luego me coxibu, i pr'untu porké sou tan fiaco, tan tolo, tan meskino, porké olvidu nel mundo, i me'ponde:* "te grafäré mi nombre nel pecho, ke te kemilembre".

i su mano me glif'en roqo fuego nel cuor'lao: xul, *con gran gor'letras, ke me gozigustiardan. luego me insulte:* "vil, pigro, cobarde, ruin...", *i más ke olvidu, i me corte o me arranke trozos mo crustas* *ke qondicaian asta el mar triste ke se abre i los trage, i mi cuerpo kede otro, no ya negro sinó hial'azúl sobre oriaura, con oripenacho.* *²²

Essa espécie de pacto escrito com sangue (*"te grafäré mi nombre nel pecho, ke te kemilembre'. i su mano me glif'en roqo fuego nel cuor'lao"* [escreverei meu nome em seu peito, para que se lembre pela queimadura]) tem ressonâncias fáusticas e recorda a assinatura de sóror Juana Inés de la Cruz, feita com seu próprio sangue, no livro de registro, quando ingressa, definitivamente, no Convento de los Jerónimos.[23] Nenhum símbolo poderia encarnar melhor a persona de um ser iluminado por desígnios superiores que o nome de XUL. A radiação solar, fonte primária de energia, aparece na cor predominante dos sóis e nos tons alaranjados e vermelhos das aquarelas das primeiras décadas. Seu nome se reveste quase de um valor alegórico. Além de ser portador do nome como uma missão divina,[24] e embora o registro escrito dessa visão seja vários anos posterior à adoção do nome Xul, há uma espécie de fascinação pelo "X", que traduz diretamente a conotação cristã da cruz. A equação de uma geometria abstrata de

---

* Hexagrama 45 (Visão 14. 9 de outubro, 1925): depois fecha os olhos e não há mais luzes. diz: "*sou o mais negro que você viu, e sou todo luz, e meu nome é lux, isto é, xul ao contrário*". então lhe digo: "*sou você, ou você é eu? se meu nome é o seu*". ele diz: "*você é tudo, sou tudo, cada um é tudo*". me extasio nele, me uno a ele, mas depois me coíbo e pergunto: por que sou tão preguiçoso, tão bobo, tão mesquinho, por que esqueço no mundo? e me responde: "*escreverei meu nome em seu peito, para que se lembre pela queimadura*".

e sua mão escreve em mim em vermelho fogo do lado do coração: *xul*, com grandes letras gordas, que me ardem com gosto e gozo. depois me insulta. "*vil, negligente, covarde, desprezível...*", e mais que esqueço, e me corta ou me arranca pedaços como crostas que caem fundo até o mar triste que se abre e os engole, e meu corpo fica outro, já não negro, mas sim azul cristalino sobre uma aura dourada com um penacho dourado. [grifos do autor] fundo místico não poderia estar mais bem representada do que por esse nome, por essa letra e por essa imagem.

O "X" converte-se em um verdadeiro logotipo em muitas das pinturas de Xul.[25] Quando fica solto no espaço da pintura, como no caso de *Místicos*, o que encontramos é uma verdadeira construção engradada, em que os "X" se superpõem, dialogam com cruzes e se multiplicam nos espaços verticais das colunas que se repetem na geometria da pintura. Em *Algo marcial*, grandes "X" emoldurados desenham uma espécie de sintaxe aérea, como se fosse uma sucessão de pipas no espaço. Em *De Egipto* [Do Egito], vê-se uma procissão ritual egípcia, na qual duas das figuras vestem seus corpos com emblemáticos "X". Ainda uma variante, a mais sintética de todas, quando assina apenas com o "X" (a pintura caligráfica *Gran Rey Santo Jesús Kristo*)[26] (figura 31).

O nome XUL já tem algo a ver com o *neocriollo*? A rigor, a pronúncia em castelhano, ou pelo menos em Buenos Aires, teria que ser KSUL ou SUL. Mas sempre foi pronunciado com a fonética aportuguesada, ou abrasileirada: SHUL. É assim que ouvimos Borges dizer.[27] Pode ser que, nesse exercício de homofonias, também o nome fosse um signo inicial do *neocriollo*, em que se fundem o espanhol e o português. No repertório de signos esotéricos, o "X" exerce um papel autoral simbólico, fonético e religioso preponderante, mas não é o único. Em *Ronda*, por exemplo, voam no espaço da aquarela, junto com os "X" que revestem sete corpos de seres caminhantes, várias estrelas de davi e suásticas, mesmo antes que esse símbolo adquirisse as tintas do nazismo (figura 32).

EXPLICA?

O paradoxo mais notório do *neocriollo* é que, enquanto Xul Solar passa praticamente uma vida buscando sistematizar uma língua artificial e de uso coletivo, uma espécie de utopia latino-americanista em que se combinam radicais predominantemente hispânicos e brasileiros, essa mesma língua se torna hermética. Não somente pela dificuldade de compreensão do *neocriollo* para um leitor comum, mas também pelas conotações ocultistas que pode conter. Trata-se de uma língua que é simultaneamente transparente e opaca, destinada às massas e, no entanto, somente compreensível para os iniciados.

Surpreendem sua insistência e determinação em divulgar o *neocriollo* entre o público leitor. A primeira publicação nessa língua aparece justamente em *Martín Fierro*, periódico no qual já havia colaborado ao apresentar Emilio Pettoruti e em que aparecem reproduzidas várias de suas aquarelas.[28] A tradução do alemão para o *neocriollo*, sob o título "Algunos piensos cortos de Cristian Morgenstern",[29] pode ter parecido aos leitores da legendária publicação um exotismo vanguardista, jogos sonoros talvez, não muito distante das excentricidades de Oliverio Girondo ou de Macedonio Fernández. Os aforismos traduzidos revelam uma identificação de Xul com as ideias do poeta alemão por meio de jogos de linguagem, de poesia nonsense e de vínculos com a teosofia de Rudolf Steiner. Além da aglutinação no título ("*piensos*" por "*pensamientos*"), o português também se faz presente: "*ome*" — forma fonetizada de "homem" — e "então". Surgem formas orais *acriolladas* ("*tirao*", "*espiritualidá*", "*seriedá*"), o frequente uso de contrações ("*s'estimen*", "*q'esto*", "*dellas*") etc. Alguns dos aforismos de Morgenstern (1871-1914) poderiam pertencer tranquilamente ao ideário linguístico de Xul e inclusive pode ser que até o tenham inspirado: "*Con el dialecto comienza recién la lengua hablada*" [Somente com o dialeto começa a língua falada], advogando uma nova língua dialetal. A defesa de uma linguagem diferenciada da língua geral, acessível a poucos iniciados, é clara se entendemos por democracia da linguagem a capacidade de sua compreensão universal. "*La peor consecuencia de las ideas democráticas es qe también las palabras s'estimen 'iguales'*", nos traduz Xul.

O que chama a atenção nessa primeira publicação em *neocriollo*, e similarmente em quase todas as outras, é que vem acompanhada de uma explicação aparentemente didática. "Algunos piensos cortos de Cristian Morgenstern" (1927) tem como epígrafe uma "Nota del traductor";[30] "Apuntes de neocriollo" (1931) é sucedido por uma "Glosa", assim como "Visión sobrel trilíneo" (1936). O título do texto "Explica" (1936) pode dar-nos uma aparência de falso didatismo. Estes três últimos textos são na realidade *San Signos*, ou seja, transcrições em *neocriollo* de suas próprias visões. E na "Conferencia sobre la lengua [...]", de 1962, há um empenho final (entendo por "final" seu último esforço, o que não significa que fosse definitivo), e o mais didático de todos, em explicar a estrutura do *neocriollo* e a estrutura silábica da panlíngua.[31] No espaço de quase quarenta anos, são muito poucos os textos publicados em *neocriollo*, mas quase todos eles vêm acompanhados por essa vontade didática de explicação.[32]

XUL TRANSCRIADOR

Xul vive intensamente o *neocriollo*: no nível cotidiano de suas conversas e na correspondência com Lita, na transcrição de suas visões, no "letrismo" de suas pinturas, nas diversas publicações nessa língua, nas declarações públicas de caráter teórico e, ainda, em seu ofício como transcriador.[33] Além desses usos, que vão do pragmático ao esotérico, tratou também de imprimir status literário ao *neocriollo*. Prova disso são alguns exercícios ficcionais, como o conto infantil inédito *El mundo despiertio. Una historia pa nénitos i mamues. Con glosas margi en hebreo i latín, pa uso dus sabues i calues*,[34] ou poemas como "Pampa rojiza".[35] É, sem dúvida, em suas visões, inicialmente transcritas em espanhol e posteriormente vertidas para o *neocriollo*, que exerce com mais empenho essa operação tradutora. Um exemplo no qual poderíamos nos deter com interesse é a transcriação para o *neocriollo* do soneto de Baudelaire "La Mort des amants" (de *Les Fleurs du mal*, 1857).[36] Contamos com uma primeira versão inédita, um difícil manuscrito do Archivo Documental, da Fundación Pan Klub — Museo Xul Solar, transcrito por Daniel E. Nelson:

La muerte dos Keriy

Mui wil ten kâma plen de huêlie leve
Yi divân tumbihondoè
Yi drolflor sur xêlfo
deselosia pa mui sub keûlo maior
                siêl plu' bel
gastin pórfin xus lasti hotie
                warmie
naxi cuôr wil sé duo vasti gran tôrche
ke wil reflecte xus bilûx
nen naxi mênte, kwes twin mîrro
      hâlma
        psyûh
          soar
Wan soire de rose yi myusti blu
Mwil xanje' un uni' lampo
              blitzo
'mo diu sobe
   long zasplore
plen cargie de salûto gretie

> *sauda grûsie*
> *Yi luegó un anjo fiel yi gay*
> *leal*
> *va vene', terabrir lo puêrta*
> *pa limpie li mîrro turbio Yi*
> *cleanse*
> *yi renime li flamo muerta*
> *pa   o*

Uma versão muito menos elaborada em termos do *neocriollo* — não sabemos se anterior ou posterior ao manuscrito — é o texto datilografado que aqui reproduzimos, assinado X. S.:

La muerte d'os ámantes

Tendremos camas frag'illenas
i divanes tumbihondos
i flores drolas en estantes
abrias pa noh, sob ceos mejores

Gastin porfiue xus poscalores
nuestros cuoreh serán dos granteas
qereflejarán xus biluzes
en nuestras mentes, coespejos.

Una tarde rósea i mistia
trocremos un lampo uni,
'mo largo sollozo
plencarg'io de adioses

I luego un ángel, fiel i jubli
vendrá entreabrin las puertas

pa limpie los espejos empáñidos
i reanime las flamas muertas.

Charles Baudelaire (trad. X. S.)

O que primeiro chama a atenção é a modificação estrutural: da clássica forma de catorze versos divididos em dois quartetos e dois tercetos, ou um sexteto, Xul passa a quatro quartetos, ou seja, dezesseis versos, sem métrica fixa e sem rima. Desconstrói, assim, a estrutura formal do soneto, mas não os conteúdos. O que sem dúvida atraiu o artista foi o tema da morte mística dos amantes, que, unidos como um único raio, serão recebidos por um anjo que reanimará as imagens mortas e especulares. Uma versão redentora, oposta ao clássico tema barroco do *carpe diem*, eternizado por Góngora no verso "*en tierra, en humo, en polvo, en sombra, en nada*" [em terra, em fumaça, em pó, em sombra, em nada] (do poema "Mientras por competir con tu cabello").

A presença do anjo, os tons cálidos das chamas, a tocha e o raio, as luzes místicas, a possibilidade de um além-mundo: toda essa iconografia verbal poderia estar traduzida em uma das inconfundíveis aquarelas de Xul. O processo de contração e síntese do vocabulário aparece em vários momentos: "*frag'illenas*" (por "*pleins d'odeurs légères*"); "*tumbihondos*" (por "*profonds comme des tombeaux*"); "*biluzes*" (por "*deux vastes flambeaux*"); "*coespejos*" (por "*miroirs jumeaux*"). O *agauchamento* permite-lhe também as contrações "*pa*" (por "*para*"), "*noh*" (por "*nosotros*"), "*mistia*" (por "*mística*"), "*mo*" (por "*como*"), e a fonetização da conjunção "*i*" (por "*y*"). Também a inserção sutil do português "*ceos*" (forma antiga de "céus") e do galicismo "*drolas*" (de "*drôle*", por "*extranhas*").[37] Finalmente, outro dos aspectos curiosos e constantes no *neocriollo* é o deslocamento dos acentos agudos, que transforma as palavras em proparoxítonas: "*ámantes*" e "*empáñidos*" [embáçados]. A explicação para esse emprego tão frequente nos textos *neocriollos* de Xul pode ser encontrada no final da "Conferencia sobre la lengua [...]", de 1962, no tópico x. Acento:

> Defeito de nossas línguas (e outras) é que são acentuadas nos finais de palavras aumentando sem conta as rimas "pobres", ruins em prosa também, como mostram tantos documentos oficiais, transbordantes de -ão, -ado, -dade etc. Em oposição, acentuar o radical o que for possível.[38]

Antes de qualquer outra coisa, Xul é recriador de si mesmo. Traduz as imagens visionárias em texto escrito, passa o mesmo texto para o *neocriollo* e o reescreve ad infinitum. Não podemos falar em versões definitivas, nem sequer entre as publicadas: não há uma única página, manuscrita, datilografada ou impressa, que não sofra seu constante e irrefreável processo corretivo. E quando se detém em outros textos e os transcria, como esse de Baudelaire, podemos decifrar uma releitura, mais que de Baudelaire, de uma extensão de seus próprios interesses e preocupações.[39]

O NEOCRIOLLO: UMA ENCRUZILHADA

O *neocriollo* evolui para uma utopia pan-americana, de confraternização entre os povos, mediante uma linguagem com tendência à aglutinação na qual se mesclariam, predominantemente, o espanhol e o português. Isso não exclui, da prática de Xul, a introdução de termos em inglês, francês, alemão e italiano.

A base nacionalista do projeto residiria inicialmente na defesa e tentativa de definir uma língua argentina, muito oralizante, e que foi defendida por grande parte da geração vanguardista argentina. Embora pareça paradoxal, o *gaucho*, símbolo por excelência da literatura nacionalista do século XIX, renasce na vanguarda, entronizado no título do periódico *Martín Fierro*, e na linguagem *agauchada* como definidora de um padrão moderno e nacional.[40] A isso se mistura um projeto linguístico/social de confraternização internacional entre os povos. Umberto Eco, no magnífico *A busca da língua perfeita na cultura europeia*, postula um princípio aparentemente simples: "Para buscar uma língua perfeita é preciso pensar na possibilidade de que ela própria não o seja".[41] E Xul buscou durante toda a vida chegar a uma língua perfeita, modificando a própria. Na "Conferencia sobre la lengua [...]", de 1962, afirma:

> Contudo, e ainda que isto esteja algo longe do ideal *de uma língua perfeita*, o inglês, pela simplicidade de sua gramática, e, acompanhado, como creio, por nossas outras duas línguas, tem capacidade para tornar-se veículo mundial, mesmo que seja provisório, por longo tempo, preenchendo a necessidade comum de intercâmbio e entendimento.[42] [grifos meus]

O "ideal da língua perfeita" pode ter várias motivações: seja por razões religiosas, o desejo de voltar a uma língua original e universal, para reparar a maldição babélica que condenou os homens à diversidade linguística e, em consequência, à incompreensão; seja por razões ideológicas de confraternização entre os povos; seja pelo notável progressismo do século XIX que, para acelerar os tempos de comunicação escrita e oral, gera uma variedade de linguagens alternativas tão ampla como a das línguas existentes.

No *neocriollo*, cruzam-se, então, várias vertentes. Trata-se, sem dúvida, de uma língua artificial, que parte de linguagens existentes ou naturais. Não é o caso da glossolalia, conhecida também como "falar em línguas", comum em sessões espíritas, ritos pentecostais ou casos clínicos, entre os quais o mais famoso é o de Mlle.

Hélène Smith, paciente do dr. Flournoy,[43] em que a língua — considerada marciana — é praticamente indecifrável, pois não pertence a nenhum sistema social. Quando Xul transcreve suas visões em espanhol, e as traduz do espanhol para o *neocriollo*, transforma-as deliberadamente em uma linguagem esotérica, própria de um vidente e pensada para iniciados. Isso o relaciona com outras tradições que ajudam a explicar sua trajetória artística e mística. Em primeiro lugar, com a onda espiritualista da segunda metade do século XIX e início do XX que circulou nos meios expressionistas, especialmente na Alemanha. É possível que tenha lido *Abstração e natureza* (1908), de Wilhelm Worringer, que estabelece as relações entre a transcendência e o afã de abstração na arte. E se, em 1924, trouxe em sua bagagem um exemplar de *Der Blaue Reiter* [O Cavaleiro Azul] (1912), dirigido por Wassily Kandinsky e Franz Marc, é muito provável que tenha lido também o clássico *Do espiritual na arte* (1912).

Graças às informações de "El Libro del Cielo", de Patricia M. Artundo, inteiramo-nos de que Xul volta da Alemanha com livros dos principais teósofos: Helena P. Blavatsky, que, em 1875, funda, em Nova York, a Sociedade Teosófica; Annie Besant e Rudolf Steiner, a cujas concorridas conferências Xul havia assistido durante sua estadia na Alemanha. Essa trajetória espiritualista tomará um rumo definitivo depois do encontro com Aleister Crowley em Paris, em 1924, quando recebe como missão a transcrição de suas visões, acompanhadas dos 64 hexagramas do *I Ching*.[44] Depois de ter passado por um período de iniciação, e de acordo com a diferença que Maurice Tuchman estabelece entre misticismo e ocultismo, penso que se poderia inscrever Xul na tradição dos ocultistas.[45] Em *Desarrollo del Yi Ching* [Desenvolvimento do I Ching], têmpera de 1953, os santos autores do *I Ching* aparecem elevados em montes. O último deles, na extrema esquerda, não deixa dúvidas: "NOW XUL",[46] que se retrata como um dos grandes iniciados, possivelmente depois de haver reescrito o *I Ching*, segundo a missão dada por Crowley em 1924 (figura 64).

Preocupado com a invenção de uma língua universal, Gottfried W. Leibniz (1646-1716) foi um dos primeiros europeus que tiveram acesso ao *I Ching*. Assim como Xul, trata os 64 hexagramas como um sistema sagrado e divinatório, mas também como um sistema lógico e permutável. Sobre o pai da lógica binária, nos diz Umberto Eco: "O fantasma da combinatória obceca-o durante a vida inteira".[47] Borges, que acompanhou as reflexões teóricas de Leibniz sobre o sistema binário de numeração e suas relações com o *I Ching*, comenta: "Lembro-me de que Xul Solar costumava reconstruir esse texto com palitos ou fósforos".[48]

Os arquivos de Xul mostram que, além de ter uma preocupação prática com o *neocriollo* e a panlíngua, estava a par de teorias sobre línguas perfeitas, universais e artificiais. Surpreende inclusive a atualidade do esperanto, língua artificial proposta em 1884 pelo dr. Lejzer Ludwik Zamenhof (assinava Doktoro Esperanto, ou seja, Doutor Esperançado), e ainda em plena vigência, há mais de um século de sua fundação.[49] Na importante entrevista concedida a Gregory Sheerwood, Xul conceitualiza o *neocriollo* e a panlíngua, considerados, assim como o volapuque, o esperanto e a interlíngua, *línguas internacionais auxiliares*:

> Estamos vivendo a época dos grandes blocos: Pan-América, Pan-Europa, Pan-Ásia — prossegue meu interlocutor. O "criol" ou "neocriollo" poderia ser o *idioma auxiliar* da Pan-América; a "panlíngua" seria a *língua complementar* entre os três blocos. A "panlíngua" é notavelmente simples e de grafia parecida com a esteno ou taquigrafia.[50] [grifos meus]

Entre algumas curiosidades de seu arquivo, encontramos uma descrição detalhada de um "Sistema de escritura condensada y abreviada" denominado *Densografía*, do dr. Mario Deveze, depositado em Buenos Aires no Registro Nacional de la Propiedad Intelectual. Mais do que outra curiosidade, a publicação *Larjentidiome. Folletín Mensual Novel Idioma Argentino* (1º de abril de 1946) é um documento folclórico. O lema da revista — cuja capa é ilustrada por duas fotografias de igual formato de D. F. Sarmiento e do diretor T. J. Biosca — é "*El novel idioma Argentino no toleraa ke als Arjentinos nos digan Argentinos perfeccion gramatical*". Esse sistema linguístico também se ampara na confraternização e na justiça social: "*Larjentidomaestriases Panamerigloble Argentryanki-francés sistem Biosca*".

PAN, TRANS, *SAN SIGNOS*

O projeto de escritura em Xul não pode ser visto separadamente de quase nenhuma de suas outras iniciativas. Na base de seu pensamento há uma busca permanente do espiritual e do absoluto, em que vida e arte não se distinguem. Como toda uma geração, vê-se influenciado pelo espiritualismo da vanguarda alemã, que se estende do começo ao final do século XX.[51] Até mesmo um artista de base tão racional como Torres García atravessa a experiência da vertente espiritualista.[52]

Coerente com a tradição simbolista das correspondências, Xul busca abastecer vasos comunicantes, dando um sentido de unidade a suas invenções. Seu piano, com vários teclados coloridos, muito mais que um piano, é um sofisticado sistema que busca integrar o musical ao cromático e ao algébrico.[53] Retoma a tradição pitagórica, que introduziu a noção de um mundo sagrado regido por relações numéricas e pela música das esferas.[54] A isso se somam os princípios goethianos da interpretação das cores, passando pelas vibrações cromáticas das *Formas de pensamento*, de

Annie Besant (1847-1933), em que estão representadas e explicadas as chaves dos significados das cores.[55] Relações semelhantes surgem no panxadrez, em que a geometria sagrada do tabuleiro permite a Xul jogos combinatórios nos quais o numérico se combina com o astrológico. Suas pinturas, escrituras, grafias e neoplastias, as arquiteturas, o *I Ching*, o tarô, as *Pan-tree* de origem cabalística, as centenas de mapas astrais, o sistema duodecimal e os doze signos do zodíaco, tudo conduz a um projeto cósmico unificador, coerente com um rumo místico e fundamentalmente cristão, paradoxalmente oposto — por mais moderno que Xul possa parecer — a dois dos maiores mitos introduzidos pela modernidade: a ideia do novo e uma visão fragmentada do mundo. "Por que essa sua tendência a universalizar uma língua, a música, a escritura, um jogo tão antigo como o xadrez?" — pergunta-lhe Sheerwood; ao que Xul responde: "Na universalização dessas e de outras coisas reside a fraternização; a fraternização é a essência da religião de Cristo".[56] Um verdadeiro sistema de signos místicos mutantes e pansemióticos.

Como se definem, dentro desse projeto, o *neocriollo* e a pan-língua? O princípio aglutinador culmina ao longo do tempo no projeto de um idioma monossilábico. Aos 66 anos de idade, em uma entrevista concedida a Carlos A. Foglia, Xul revela:

— Atualmente trabalho em uma língua monossilábica — acrescenta nosso entrevistado —, sem gramática, que se escreve tal como se pronuncia, de radicais básicos, unívocos e invariáveis, combináveis à vontade, de fonética fácil, musical, e na qual todos os sons pronunciáveis estejam registrados. Essas características devem ser, por madura reflexão, as básicas em toda língua a priori. Cada consoante representa toda uma categoria de ideias, qualificadas pelas vogais dispostas em polaridade positiva e negativa. O novo idioma é regular, não tem exceções e é de acento evidente para que as palavras sejam reconhecíveis.

— O senhor poderia nos dar alguns exemplos ilustrativos?

— A letra mais dura, correspondente a Saturno e que representa quantidade, que é como a lei deste mundo, é o *T*.

"*Ta significa quanto; Ti, pouco; Tu, muito; Te, menos; e To, mais.*

"O *Rr* é a mais movediça; corresponde a Sagitário, indicando verbos de ação: *Rra, agir; Rri, fazer ou fabricar; Rru, desfazer; Rre, intercambiar, e Rro, mover-se.*

"O dicionário dessa língua, que proporei em sua ocasião, é o tabuleiro do panxadrez. As consoantes são as peças do jogo e as vogais com suas combinações são as divisões do tabuleiro, que somam 169."[57] [grifos do autor]

O perfil minimalista e a fixidez que Xul quer dar à linguagem não deixam de ter seus inconvenientes, já previstos por Amado Alonso no ensaio mencionado inicialmente: "Suprimam da língua o sangue renovador dos estilos, deixem-na em sua estrita condição de repertório de designações e combinações fixadas, e a haverão convertido em uma língua morta".[58] O *neocriollo* é um projeto de língua blindada na diacronia, invulnerável ao tempo, que, ao incorporar as outras línguas — hipoteticamente, o português —, se hibridiza, mas elimina as alteridades, transformando-se em uma espécie de mônada linguística sul-americana. A única flexibilidade é o processo contínuo de autocorreção, que paradoxalmente impede Xul de chegar a uma versão definitiva. A isso poderíamos acrescentar outro tipo de crítica, como a de Annick Louis:

"Tlön, Uqbar, Orbis Tertius" pode ser lido como uma homenagem às ideias de Xul Solar sobre a linguagem, mas é também inegável que pode ser interpretado como sendo uma paródia dessas ideias, ou, ainda pior: como uma leitura ideológica. Na narração, o idioma criado não é apenas um jogo praticado por uma pequena elite: é também o instrumento de um totalitarismo que leva ao desaparecimento dos outros idiomas.[59]

Outra das contradições permanentes na constituição do *neocriollo* é que, se por um lado se trata de uma língua de contato sul-americana cuja utilização levaria à confraternização entre os povos, por outro seu caráter ocultista se volta para o que Macedonio Fernández chegou a denominar, ironicamente, língua da incomunicação.[60] Pode ser que Xul não tenha querido, ou podido, elaborar um sistema definitivo do *neocriollo*. Talvez o tenha mantido como *utopia in progress* pelo caráter empírico das alterações, por sua compulsão a alterar, corrigir ou reinventar; ou por ser consciente do paradoxo de propor um sistema imutável no tempo (a elaboração e definição de regras permanentes) para uma sociedade cuja cultura, e por conseguinte a língua, muda na diacronia.

Finalmente, é preciso tecer algumas considerações sobre o estatuto do "poético" no *neocriollo*, especialmente nos *San Signos*. Aleister Crowley dá a Xul a missão de reescrever os 64 hexagramas do *I Ching*, tarefa que o insere, a meu ver, em um projeto mais amplo de reescritura do mundo. Seriam "64 desenhos simbólicos de *prosa curta ou descrições poéticas*"[61] (grifos meus). Supomos o desafio que isso terá significado para alguém como Xul, que, segundo Borges, "abraçou o destino de propor um sistema de reformas universais".[62] Ele próprio poderia estar convencido da função poética da transcrição de suas visões, como o demonstraria o título "Poema", o primeiro dos *San Signos*, divulgado na revista *Imán*, em Paris (1931), cuja origem — que é parte da esfera do sagrado — nunca foi revelada publicamente por ele.[63] O *neocriollo* é uma língua cifrada. Embora seja um sistema traduzível, como o comprova com talento Daniel Nelson, as "explicações" ou "glosas", aparentemente didáticas, pouco ajudam para uma maior compreensão do sistema linguístico.

Da mesma forma, Xul despista o leitor chamando "Poema" a um texto em prosa que, a meu ver, não satisfaz as regras básicas da função poética, mas cujo título sem dúvida colaborou para que o texto fosse identificado como tal.[64] A versão em espanhol (o *neocriollo* é uma tradução) revela ao leitor um universo visionário que impede, inclusive, classificar o texto como prosa poética. A estranheza provocada pelo efeito de leitura do *neocriollo* e a dificuldade em decifrá-lo podem nos levar a pensar, equivocadamente, em regiões limítrofes entre prosa e poesia.

Por exemplo, leiamos os primeiros parágrafos de "Poema", segundo a versão publicada na revista *Imán*, e reescrita posteriormente em vários manuscritos. Fomos informados por Patricia M. Artundo que Xul transcreveu suas primeiras visões em inglês, que em uma segunda instância foram traduzidas para o castelhano e, em seguida, para o *neocriollo*, passando por etapas de permanente correção. Existem no Archivo Documental da Fundación Pan Klub quatro cadernos manuscritos dos *San Signos*, posteriormente datilografados, com a possível intenção de prepará-los para uma publicação que jamais se realizaria. É notável o processo de modificação e rarefação da linguagem, de "*neocriollização*", que se adverte entre a primeira e uma das últimas versões em *neocriollo*, pertencentes aos vários manuscritos e cópias datilografadas corrigidas, assim como a síntese que se evidencia quando comparamos a sintaxe *neocriolla* e a espanhola:[65]

> *Es un Hades fluido, casi vapor, sin cielo, sin suelo, rufo, color en ojos cérrados so el sol, agitado en endotempestá, vórtices, ondas y hervor. En sus grumos i espumas dismultitú omes flotan pasivue, disdestellan, hai también solos, mayores, péjoides, i perluzen suavue.*

> *Se transpenvén fantasmue las casas i gente i suelo de una ciudá sólida terri, sin ningun rapor con este Hades, qes aora lô real.**

Essa versão inédita, transcrita e traduzida também por Daniel E. Nelson, vem acompanhada, como todos os *San Signos* manuscritos, pelo desenho de um dos 64 hexagramas do *I Ching* (o terceiro), na margem superior esquerda, com a data e a hora da meditação: "*San Signos* 36, 36 pri, 8 mai 1926, 13h". Nenhuma das versões publicadas traz hexagramas ou datas de meditação. A inscrição explícita do hexagrama 3 modifica o estatuto do texto que, de aparente "poema", passa para a esfera do oculto, mais explicitamente, uma das visões de Xul. É importante esclarecer que a numeração dos hexagramas não coincide necessariamente com a das visões:[66]

> *Es una bría fluida, casi vapor, sin çeo,[67] sin fondo, fuei rufa mo en ohoh cérrioh so el sol, agítia en endotempestá, vórtizes ondas i yervór. En sas grumos i espumas i olicrestas dismultitú de omes d'rivan destellan discrón; hai tamién solos maíores péxoides ke luzan suaví. Xe penven fantasmi tran too eso las casas i gente ándindo i suelo de una sólida mundiurbe sin ningún rapór con esta bría kes aora lu real.***

---

* É um Hades fluido, quase vapor, sem céu, sem solo, de cor avermelhada, como a cor que se vê com os olhos fechados sob o sol, agitado por uma tempestade interior, em vórtices, ondas e fervor. Em seus grumos e espumas, diferentes multidões de homens flutuam passivamente, centelham de diversas maneiras, há também seres sós, maiores, em forma de peixes, e luzem contínua e suavemente. Através de tudo isso, apenas se podem ver fantasmagoricamente as casas e a gente e o solo de uma sólida cidade terrestre sem nenhuma relação com este Hades que é agora o real.

** É um mundo espiritual fluido, quase vapor, sem céu, sem fundo, de cor avermelhada abrasada como a cor que se vê com os olhos fechados sob o sol, agitado por uma tempestade interior, em vórtices, ondas e fervor. Em seus grumos e espumas e nas cristas de suas ondas, diferentes multidões de homens vão à deriva e centelham em diferentes momentos; há também seres como grandes peixes

Em vários momentos, Xul definiu sua obra pictórica como uma descrição de suas visões. Reconheceu em sua arte uma pintura semântica, em que prevaleceria a função referencial. Foi assim também que Borges a interpretou: "Xul me disse que ele era um pintor realista; era um pintor realista no sentido de que o que ele pintava não era uma combinação arbitrária de formas ou de linhas, era o que ele havia visto em suas visões".[68] Na análise dos *San Signos*, Patricia M. Artundo corrobora esse caráter referencial nas escrituras de Xul: "[...] suas visões haviam sido extraídas dos cadernos nos quais haviam sido lançadas imediatamente depois de produzidas, pois na realidade *se tratava de um registro o mais exato possível daquilo que havia 'visto' e 'ouvido'*"[69] (grifos meus). Além da intencionalidade do autor, e independentemente da oscilação entre a função referencial e a poética, a obra pictórica supera essa questão e se impõe como grande obra de arte, hoje com reconhecimento nacional e internacional. E se o referente ocultista obtém na imagem um resultado artístico extraordinário, essa equivalência não se produz na escritura. Xul, um dos pintores mais originais das vanguardas históricas latino-americanas, desdiz em seu processo escritural o lema horaciano "*Ut pictura poesis*".

Não creio que ele tenha pensado em seus *San Signos* em *neocriollo* como literatura. Lita Cadenas também não achava que pertenciam à série literária.[70] Sem dúvida, existem em sua prosa elementos inerentes ao literário: personagens, relações tempo-espaço, um ponto de vista narrativo, símbolos, metáforas, aliterações, paronomásias, muitíssimas palavras *portemanteau* de caráter aglutinante e o efeito de estranheza (*ostraniene*), apontado pelo formalista russo Viktor Shklovsky, em sua *Teoria da prosa*

---

que estão sós e luzem suavemente. Apenas se veem fantasmagoricamente através de tudo isso as casas e a gente andando e o solo de uma sólida cidade do mundo físico sem nenhuma conexão com este mundo espiritual que é agora o real.

(1925), como essencial para definir o objeto artístico. Mas me atreveria a afirmar que a soma de todas essas condições não é suficiente para converter os *San Signos* em prosa poética. Exemplos clássicos como os *Pequenos poemas em prosa*, de Baudelaire, *Uma temporada no inferno*, de Rimbaud, o *Finnegans Wake*, de Joyce, *Espantapájaros*, de Girondo, *Catatau*, de Paulo Leminski, ou as *Galáxias*, de Haroldo de Campos, têm uma legitimidade literária inegável, de difícil percepção na obra de Xul. Inclusive, quando o poeta concretista transcria a Bíblia em português (o Gênesis e o livro do Apocalipse), embora sua finalidade privilegie a literariedade do texto — o que nunca foi uma prioridade nas traduções canônicas da Bíblia —, sua versão não chega a modificar o estatuto religioso básico.[71] Também não cremos que os diálogos de John Dee com os anjos ou a infinidade de textos psicografados em sessões mediúnicas sejam vistos como textos literários. Fenômeno semelhante ocorre com *A Vision*, do poeta simbolista W. B. Yeats, embora as visões, da mesma forma que influenciaram a pintura de Xul, tenham influenciado sua poesia.[72]

Xul revisou incansavelmente seus manuscritos, destinados a uma futura publicação que nunca se realizou em vida, e até hoje permanecem praticamente inéditos. Quando Barthes afirma que "somos nós, nossa cultura, nossa lei, que decidimos o status [referencial] de uma escrita",[73] nos permite definir os *San Signos* em *neocriollo* como visões de céus marginais, em busca perpétua de uma forma escrita que nunca termina de definir-se e de um gênero limítrofe que, em última instância, poderia oscilar entre um referencial do "além" e o poético do "aquém".

O comentário da obra de Xul Solar é infinito e também circular, infinito por ser justamente circular. Cabe-nos acompanhar a espiral de situações que essa obra propõe: situações repetidas, variantes dobradas sobre si mesmas. O texto-comentário que acompanha esse movimento lança uma luz sobre ele, sem dar-lhe, entretanto, um sentido definitivo. Só nos resta seguir trabalhando com o gesto do assombro permanente diante dos materiais (re)escritos. Os *San Signos* permitem a análise e o comentário, mas algo sempre escapará a uma interpretação, que nunca chegará a ser definitiva. Decifrar esses textos fascinantes que resistem a uma interpretação significa enfrentar o risco de ser devorado pela Esfinge.

Irvine, março de 2005.

[Texto original em espanhol. Publicado em *Xul Solar: Visiones y revelaciones*. Buenos Aires: Malba — Colección Costantini, 2005, pp. 35-47 (catálogo de exposição com curadoria de Patricia Artundo). Publicado em português em *Xul Solar: Visões e revelações* (trad.: Gênese Andrade). São Paulo: Pinacoteca do Estado de São Paulo, 2005, pp. 35-47 (catálogo de exposição com curadoria de Patricia Artundo).]

10. Xul/Brasil. Imaginários em diálogo[*]

Da assombrosa geração latino-americana das vanguardas históricas dos anos 1920, Xul Solar (Oscar Agustín Alejandro Schulz Solari, 1887-1963) foi o único artista que incorporou o Brasil em seu imaginário de forma sistemática. Suas pinturas, suas linguagens e sua biblioteca constituíram janelas abertas para a *terra brasilis*. Cinco décadas de intensa produção revelam um olhar, uma reflexão intelectual e mística voltada para o Brasil, assim como para o continente sul-americano.

De suas várias utopias (entre outras, uma cidade celestial — a Vuelvilla —, homens voadores, um xadrez que funcionasse simultaneamente como horóscopo e como dicionário aglutinador de todas as palavras), o *neocriollo* foi talvez aquela à qual ele mais se dedicou: uma língua artificial, composta basicamente do espanhol

---

[*] Agradeço a Patricia Artundo, diretora do arquivo e da biblioteca do Museo Xul Solar, e à assistente de pesquisa Teresa Tedin. Todos os documentos de Xul Solar mencionados pertencem ao Archivo Documental da Fundación Pan Klub — Museo Xul Solar.

e do português — entenda-se o registro oral brasileiro, já que nunca foi feita referência à língua de Portugal.

Não faltam em sua obra pictórica termos em português e no mestiço *neocriollo*, seja no "letrismo" que dialoga com as imagens, seja em títulos de obras como *Anjos, Rua Ruini, Nel nome del Pai*, assim como nas "grafias plasti-úteis" e nos aforismos religiosos das fachadas arquitetônicas dos anos 1950 e início dos 1960.

Apesar de seu interesse permanente, Xul nunca chegou a pôr os pés no país vizinho. É durante sua prolongada estadia na Europa (1912-24) que o "projeto brasileiro" — se é que pode ser definido dessa maneira — começa a ganhar forma. Não descartamos a possibilidade de que o convívio com os cenáculos expressionistas e os museus etnográficos da Alemanha tenha despertado seu interesse pelo universo "primitivo" — tema central das vanguardas europeias. Entre os livros que trouxe dessa viagem, encontra-se *Brasilien*, de Adolf Bieler (Hamburgo: L. Friedrichsen & Co, 1920), hoje em sua biblioteca.

Em um postal enviado à mãe, de um mosteiro franciscano da cidade de Kelheim, datado de 6 de julho de 1923, e assinado como "Oscar", ele comenta os preparativos da viagem de volta da Europa, com o fraternal amigo daquele período, o pintor Emilio Pettoruti: "Iremos talvez em vapor de carga, assim visitaremos vários portos do Brasil". Embora possivelmente o navio tenha feito as escalas de praxe, não há nenhum documento que registre a realização desse desejo.[1]

Mesmo assim, Xul sempre cultivou o interesse pelo grande desconhecido e desejado país vizinho. Incorporou-o em seus projetos linguísticos, nas bandeiras brasileiras de vários de seus quadros dos anos 1920[2] (ver, por exemplo, *Drago*) e em sua fecunda biblioteca ("talvez uma das melhores bibliotecas que eu vi em minha vida, com livros em todos os idiomas", afirmara Borges).[3] Xul chega inclusive a reproduzir narrativas curtas de temática amazônica:

"Cuentos de Amazonas, de los Mosetenes y Guarayús. Primeras historias que se oyeron en este Continente"[4] (figura 33).

UMA BIBLIOTECA DE BABEL

Do universo bibliográfico inventariado no arquivo da Fundación Pan Klub, de aproximadamente 3500 obras (ficam excluídas aquelas destruídas em um incêndio em 1964, cerca de quinhentos livros), foi possível registrar 58 títulos brasileiros.[5] A diversidade do repertório revela a curiosidade insaciável e o leitor contumaz: religiões afro-brasileiras, política e história brasílicas, antropologia, geografia, linguística, revistas de época (*O Cruzeiro*, por exemplo), narrativas de viagem e inúmeros recortes de jornal com matérias referentes ao Brasil em *Amberia*.[6] Impressiona a quantidade de livros sobre antropologia, folclore, gramáticas e vocabulários brasileiros e afro-brasileiros.

O primeiro registro sistemático da presença do Brasil no universo de Xul Solar foi feito no catálogo da exposição La Biblioteca de Xul Solar, organizada por Patricia Artundo.[7] Os títulos literários estão em menor número. Chama a atenção o livro de poesia dos membros do grupo da revista *Verde*, de Cataguases — Henrique de Resende, Rosário Fusco e Ascânio Lopes, *Poemas cronológicos* (1928) —, com dedicatória de Rosário Fusco. Também surpreende a presença do romance *A estrela de absinto* (1927), de Oswald de Andrade, com esplêndida capa de Victor Brecheret.

Na falta de um, existem dois exemplares do primeiro número da *Revista de Antropofagia* (maio de 1928), um deles endereçado, do Brasil, a Norah Borges, irmã de Jorge Luis Borges, que provavelmente passou o exemplar a Xul, acreditando, adequadamente, que pudesse ser de seu interesse.

Entre as raridades da coleção, uma carta, de 17 de maio de 1928, em papel timbrado da *Revista de Antropofagia*, assinada por seu diretor, Antônio de Alcântara Machado, convidando-o a se integrar ao grupo:

> A *Revista de Antropofagia*, no intuito de tornar conhecida no Brasil a obra dos novos da América, faz questão de incluir seu nome entre os dos colaboradores com que já conta. Antropófaga, ela não tem cor nem preferência: come tudo desde que seja bom. Pois bem: sua colaboração frequente será sempre recebida com imenso apetite. Cordialmente agradecido, António de Alcântara Machado.

Outra curiosidade é uma carta da Secretaria Geral de Educação e Cultura do Distrito Federal, datada de 12 de novembro de 1940, informando a data e o horário de nascimento de Heitor Villa-Lobos ("18h do dia 5 de março de 1888"[8]). É bem provável que seja uma resposta a um pedido de Xul, para fazer o horóscopo do renomado músico brasileiro. (Na Fundación Pan Klub, existem duas caixas com centenas de horóscopos feitos pelo artista, cuidadosamente organizados.)

O livro mais revelador da "brasiliana" de Xul é *Macunaíma* (São Paulo: Eugenio Cupolo, 1928), com dedicatória do próprio autor: "A Xul Solar com a simpatia de Mário de Andrade". Ao contrário do criador do "herói sem nenhum caráter", Xul quase não deixa marcas ou marginálias em seus livros, o que dificulta uma melhor compreensão de suas diversificadas reflexões. Apesar disso, duas grandes surpresas: a primeira, *Macunaíma* é um dos poucos livros anotados. Está grifada a lápis uma enorme quantidade de termos que por algum motivo despertaram sua atenção. Do vocabulário selecionado, Xul revela especial interesse pelas expressões afro-brasileiras e pelos coloquialismos.[9] Prevalecem em seu processo seletivo os efeitos sonoros dos significantes voltados para um universo semântico afro-brasileiro: aliterações, cacofonias e paronomásias. Tudo sugere uma espécie de saudade de um universo concebido, desejado, sonhado ou imaginado, sonoramente como primitivo.

Além desse repertório vocabular, outra surpresa: 27 cartões de idêntico tamanho (12 × 14,5 cm), com termos em português. Aproximadamente duzentas palavras por cartão, distribuídas em quatro colunas, escritas a lápis no verso desses convites para vernissages, o que permite datá-los dos anos 1940. Não sabemos se essas palavras foram escolhidas ao acaso a partir de jornais, revistas ou livros, ou se foram selecionadas de outra forma. Um dos critérios de transcrição dos termos, o alfabético, pode significar que o vocabulário tenha sido extraído de dicionários. Eis um exemplo de um cartão do vernissage na Galería Müller, de julho de 1947:

> *Primeira coluna*: cheta (jir.), chereta, xexé, xexéu, pituim, seta, secio, fraga, destrinça, forca, zurre!, zurro, zurzir, zungú, calojí, cortiço, cercear, cerzir, breque, preito, espreita, balda, babau!, beirar, boiar, bagulho, bagunça, bafo, bafío, bagana, bagata, bagaxa, bago (j. testíc), bulbo, balbúrdia, balaio, cóclea, suã, suarda, sovina, pear, peia, parceiro, pirraça, acinte.
>
> *Terceira coluna*: pirulito, pisaflores, piscar, cacoete, lastro, forçar, fólecha, marulho, afoito, birra, teima, trolha, troia, trololó, trom, tromba, sorna, sovina, morno, cogumelo, fungo, fungar, resmungar, rezingar, fula, fulheira, cainho, caibro, caieira, guaia, guaiar, guaiara, guaiba, guardear, guarnir, leixar, leme, lauréola, gangorra, glena, gapuia, igapó [...]

Qual o sentido dessa proliferação verbal em português? Por um lado, as infatigáveis listas revelam o autodidatismo de Xul, numa espécie de voracidade enciclopédica. Por outro, constituem a forma que ele provavelmente encontrou para ter à disposição um repositório lexical vivo para o futuro *neocriollo*.

Em meio à enorme variedade de títulos de sua vertiginosa biblioteca, chama muito a atenção o interesse pelo pensamento de Plínio Salgado e de Gustavo Barroso, representantes por excelência do movimento integralista, que estava então no auge.[10] Justamente no primeiro número da *Revista de Antropofagia*, Plínio Salgado havia publicado um extenso ensaio sobre "A língua tupi", advogando pelo retorno à língua indígena como idioma nacional, uma reivindicação da vertente primitivo-nacionalista de nosso modernismo. Acredito que esse artigo tenha despertado a atenção de Xul. Inclusive, nesses cartões, muitas das palavras são de origem tupi. Não duvido que em algum momento ele haja tentado incorporá-las ao *neocriollo*.[11]

Aliás, o *neocriollo* chegou a ser língua de interlocução e de correspondência com sua esposa Lita (Micaela Cadenas).[12] Mas, de todos os seus registros, é nos quatro cadernos manuscritos nos quais transcreve suas visões místicas que seu uso é mais extensivo no sentido de uma linguagem cifrada.[13] Pela primeira vez, um desses cadernos pode ser visto, exposto numa das vitrines da exposição Xul Solar — Visões e Revelações.

PRIMEIRA EXPOSIÇÃO *NEOCRIOLLA*

Nossa proposta de estabelecer relações entre as obras de Xul e seus contemporâneos brasileiros dos anos 1920 e início dos 1930 de alguma maneira retoma a tradição dos diálogos imaginários. Das duas salas da exposição Xul Solar — Visões e Revelações, na Pinacoteca do Estado, destinadas a criar essa interlocução, uma está integralmente dedicada a Ismael Nery (1900-34). Pertencem eles à estirpe dos artistas visionários,[14] em que o sentido simbólico de suas pinturas se subordina ao caráter profundamente místico de suas existências. Mais do que tardio, o reconhecimento foi póstumo. Durante décadas, eles não foram reconhecidos, devido, em parte, ao perfil de "artistas excêntricos" para a época (figuras 50 e 51).

Em contraposição às quase cinco décadas de produção ininterrupta de Xul Solar, Nery foi também intenso em sua produção, mas por pouco mais de dez anos apenas, devido a sua morte prematura. Ao contrário de Xul, que privilegiou o aquarelismo, Nery é mais conhecido por sua pintura a óleo, embora Mário de Andrade, em 1928, tenha apontado "sua excepcional habilidade de aquarelista".[15] A pintura de ambos, mais do que uma finalidade plástica em si, consiste em representações figurativas de experiências sobrenaturais (especialmente no caso de Xul), acrescidas de projeções de um "eu" dilacerado pela representação de uma sexualidade na qual, no caso de Nery, se complementam sempre o masculino e o feminino. "Existe apenas eu mesmo, que me percebo inversamente por uma ideia a que chamo mulher", escreve o pintor paraense em seu "Poema post-essencialista", de 1931, no qual são inevitáveis certas ressonâncias do famoso caso Schreber, estudado por Freud.[16] Se o caráter narrativo ou sequencial das pinturas é mais explícito em Xul Solar, foi esse aspecto o que mais chamou a atenção de Mário de Andrade em 1928 com relação a Nery: "Seguindo as obras [de Ismael Nery] na casa de Murilo Mendes, que é quem as guarda no Rio, a gente tem a impressão de que os problemas se enunciam nuns quadros, e são desenvolvidos noutros para terminar noutros".[17]

O exercício místico levou Xul Solar a se impor como meta deixar registrados 64 textos, denominados *San Signos*, transcrições de suas visões em *neocriollo*. Dos três publicados até hoje, o primeiro leva o capcioso título de "Poema" (1931). De forma análoga, Murilo Mendes reproduz o texto "Ente dos entes", de Nery, como sendo um poema de 1933, um ano antes da morte do pintor, que o próprio havia anunciado.[18] Esse texto de caráter visionário ("A minha mão gigante rasgou o céu e apareceu a figura do Ente dos entes..."[19]) poderia tranquilamente ser identificado com qualquer um dos *San Signos* de Xul, dadas as qualidades descritivas do universo do além-mundo, por assim dizer. Da mesma forma que Xul reformula e recria sua linguagem, tornando-a cada vez mais hermética, "Ente", o personagem da visão de Nery, "falou em linguagem desconhecida", aproximando-o das experiências da glossolalia, línguas que não fazem sentido, faladas em transes de certas comunidades religiosas.

Das afinidades temáticas de suas pinturas, destaca-se o sentimento onírico-metafísico que nelas prevalece. Há uma trajetória de formação comum, que tem início no expressionismo e chega, de forma mais evidente em Nery, ao surrealismo.[20] O sentimento religioso que atravessa as obras fica mais explícito na temática angelical presente em ambos os artistas, embora com maior ênfase em Xul. Nos anos 1920, Xul retrata personagens cuja transparência permite visualizar simultaneamente o exterior e o interior dos corpos (*Ña diáfana*, 1923). Esse processo visionário da anatomia interna do ser humano é também intenso em Nery e pode ser constatado nesta exposição em um de seus óleos emblemáticos, *Essencialismo*, assim como na série numerada *Origem* (1 a 4), e em muitas de suas obras da etapa surrealista. O "letrismo", visível em algumas obras de Nery, é intenso nas grafias de Xul, em que a palavra muitas vezes adquire valor semelhante ao das imagens. Embora Xul seja imediatamente reconhecível pelo intenso cromatismo nos anos 1940, a penumbra toma conta de suas obras em consequência da Segunda Guerra Mundial, voltando ao colorismo na última década de produção. Nery também oscila, embora prevaleça, no início dos anos 1920, o uso de tons melancólicos, uma espécie de "fase azul" em sua pintura (figuras 34, 35 e 56).

Gostaria de me deter brevemente nessas extraordinárias personalidades. Um dos aspectos mais marcantes da pessoa e da obra de Xul é a compulsão à correção, impedindo-o muitas vezes de chegar a versões definitivas em boa parte de seus projetos, como o permanentemente mutável panxadrez, ou o *neocriollo*, língua em contínuo processo de reelaboração e que nunca chegou a sistematizar.[21] No longo e intenso depoimento de Murilo Mendes, ele também destaca esse traço psicológico de Nery: "Exercia uma espécie de correção permanente de sua própria vida, e até mesmo a outra vida achava ele que deveria ser uma progressão infinita, uma correição contínua desta".[22] O sistema filosófico de Nery, batizado por Murilo Mendes de "Essencialismo", é, como o *neocriollo*, inacabado, uma espécie de *work in progress* permanente: "Até hoje é difícil saber com precisão em que consistia esse 'sistema' filosófico tão falado, apesar das tentativas de resumo e dos depoimentos que há sobre ele", afirma Davi Arrigucci Jr.[23]

Outro dos elementos comuns a esses pintores visionários é a ideia de uma predestinação, a certeza de pertencerem à casta dos seres escolhidos dentro da hierarquia dos homens "iluminados" espiritualmente. No quadro *Desarrollo del Yi Ching* [Desenvolvimento do I Ching] (1953), Xul faz seu único autorretrato, junto aos fundadores do *Livro das mutações* (entre eles, Confúcio, o rei Wen etc.).[24] Para não deixar dúvidas, grafa verticalmente seu nome: "NOW XUL". De forma não menos ambiciosa, Nery se enxerga como a imagem encarnada de Jesus em dois óleos, *Autorretrato místico* e *Autorretrato Cristo*, e assim descreve seu messianismo cristão: "Eu sou o sucessor do poeta Jesus Cristo/ Encarregado dos sentidos do universo", ou "Não me conformo nem com o espaço nem com o tempo. Nem com o limite de coisa alguma. Não quero ser Deus por orgulho. Quero ser Deus por necessidade, por vocação" (figuras 64 e 36).[25]

Embora Xul se volte para as grandes religiões, tentando articulá-las para chegar a uma síntese universal, o cristianismo é a base que estrutura o pensamento e a prática de ambos os artistas. Ainda no autorretrato mencionado, Xul aparece com o rosário de madeira que ainda hoje pode ser visto no Museo Xul Solar: "Em 9 de abril [de 1963], falece em sua casa do Tigre. Suas mãos seguravam um rosário de 71 contas de madeira entalhada, coloridas por ele, com a cruz de Caravaca, o mesmo com o qual aparece na obra *Desarrollo del Yi Ching*, de 1953", informa-nos Teresa Tedin em sua "Cronologia biográfica e artística".[26] Essa cenografia da morte cristã foi regiamente imaginada pelo próprio Nery nos vários quadros em que se visualiza morto (previu, como de fato aconteceu, que morreria aos 33 anos de idade) e, especialmente, na espetacularização da própria morte, nas vestes de franciscano com que foi velado e enterrado. Como Murilo Mendes disse sobre Nery — atributo aplicável também a Xul —, "ele era um religioso militante".[27] Se em Xul Solar a vocação religiosa é fruto da formação esotérica iniciada durante o período europeu, no caso de Nery, o cristianismo do lar materno beira o fanatismo, conforme o romance autobiográfico de Adalgisa Nery (figuras 37 e 38):

> A sua família tinha hábitos inteiramente diversos daqueles que eu conhecera nos outros. Falavam em conventos, em castidade, em sacrifícios, em penitências e viviam nas ordens religiosas e nas igrejas desde as primeiras horas do dia. A casa era sempre visitada por frades, bispos, freiras ou solteironas castas e virtuosas que falavam pouco, não eram vaidosas nos seus modos de trajar e rezavam por qualquer motivo ou mesmo sem motivo.[28]

Na segunda sala dedicada a essa interlocução imaginária, Nery continua o diálogo com Xul Solar por intermédio de belíssimas cenografias, que originalmente fizeram parte do acervo da declamadora argentina Berta Singerman.[29] A passagem da arquitetura — uma constante na obra do pintor argentino, e também nos desenhos e projetos de Nery — para as cenografias é imediata.[30] As assim denominadas *décoras* de Xul (desenhos destinados a objetos decorativos) são um pouco anteriores, do final da primeira década do século xx.[31]

Escolhemos, num sistema de espelhos enfrentados, cenografias e desenhos geométricos de Xul para dialogar com artistas brasileiros dos anos 1920 e início dos 1930: além de Nery, Vicente do Rego Monteiro, Emiliano Di Cavalcanti, Lasar Segall e Antônio Gomide. Todos eles, sem exceção, fizeram a peregrinação cultural a Paris, capital das vanguardas por excelência. Algumas atividades eram consideradas paradas obrigatórias: o circo e os balés russos. "[E] eu encantado com a arte russa do balé", afirma Xul Solar em cartão-postal de 1913 ao pai. "A companhia que o apresenta irá a Buenos Aires e recomendo muito que você a veja."[32] A interação das artes (pintura, escultura, música, poesia, dança, teatro) atingiu um momento de rara parceria entre os artistas plásticos, sedentos de expressões interdisciplinares. A obra mais importante da história da cenografia, pela monumentalidade, é *Parade* (1917): teve uma boca de pano de 10,50 × 16,40 m² feita por Picasso para o balé russo de Sergei Diaghilev, música de Erik Satie e projeto original de Jean Cocteau, dançado por Léonide Massine. Hoje no Pompidou, e sem possibilidade de ser exposta por falta de pé-direito, tivemos o privilégio de admirá-la em São Paulo em 2001, na mostra Parade.[33] No mesmo ano de 1917, os Ballets Russes fazem a turnê latino-americana e Nijinsky se apresenta no Rio de Janeiro.[34] Nessa ocasião, Paul Claudel, que chegara com Darius Milhaud ao Brasil, para chefiar a Legação Francesa no Rio de Janeiro, redige o libreto *L'Homme et son désir*, obra de temática brasileira para ser dançada pelo próprio Nijinsky e musicada por Darius Milhaud (figuras 39 a 46).

Os artistas brasileiros não ficaram alheios a essas possibilidades. Pelo contrário. Nesse sentido, o depoimento de Rego Monteiro é eloquente: "Todos os meus quadros de minha primeira exposição em 1920, em Recife, Rio e São Paulo, foram feitos sob a influência dos ballets russos que eu havia visto em Paris em 1913 no Teatro dos Champs Elysées"[35] (não é difícil conjecturar que Rego Monteiro e Xul Solar tivessem assistido às mesmas apresentações do balé de Diaghilev naquele ano!). Entre os setenta desenhos e aquarelas de temática indígena apresentados em 1921, na segunda exposição realizada no Teatro Trianon do Rio de Janeiro, há vários cenários, um dos quais apresentamos aqui: *Cenário para bailado da Lua-Iaci* (1921) (figura 40).

As cenografias de Di Cavalcanti pertencem ao fim dos anos 1920, ou seja, são posteriores a sua temporada na Cidade Luz: "Paris pôs uma marca na minha inteligência", revela em seu livro autobiográfico *Viagem da minha vida*.[36] Seu depoimento impressiona como retrato de época:

> Lá andava eu, em Paris, para um lado e para o outro; trabalhava na pintura no meu pequenino atelier de Montparnasse e rodava pelas ruas procurando reportagens para o *Correio*. Ia às lutas de boxe: assisti à vitória de Carpentier sobre Beckett. Nessa noite mostraram-me Tristan Bernard, barbudo aconchegado a Collete e Renaud de Juvenel, diretor do *Matin*. Das fitas de Carlito corria para os Ballets Suédois, de uma sala de primitivos do Louvre ia ver um novo gênio surgido em Montparnasse [...]. Tudo era *espantoso, fabuloso, inédito!*...[37] [grifos do autor]

Os cenários escolhidos para dialogar com os de Xul Solar aparecem na obra de Di Cavalcanti como uma variante do tema circense, do arlequim, do universo boêmio dos cabarés, dos cafés e do elemento carnavalesco que percorrem suas pinturas, desenhos e ilustrações. Pouco conhecidos, tais cenários possuem um intenso cromatismo e são uma mostra de suas qualidades gráficas, pelas quais se destacou também como caricaturista e designer de capas de livros (figura 42).

É possível que, de nossa seleção, a iconografia mais surpreendente pertença a Lasar Segall. Reconhecido pela temática expressionista, figurativa, carregada de sofrimento, em tons ocres, marrons e sempre escuros, causa surpresa a geometrização de intenso colorido de seus cenários. A pesquisa no catálogo *Lasar Segall cenógrafo* recupera fotografias do Carnaval na cidade de Dresden, em 1912, nas quais Segall aparece vestido de pierrô ou de turbante, sobre um elefante, com temática orientalista típica do período, reveladoras de um lado festeiro do famoso pintor expressionista.[38] Vinculado de imediato aos cenáculos modernistas, após sua instalação definitiva no Brasil em 1924, Segall dá início em São Paulo a vários trabalhos cenográficos para o Baile Futurista do Automóvel Clube (1924), os bailes de Carnaval da Sociedade Pró-Arte Moderna (Spam, 1924 e 1933) e a decoração do Pavilhão de Arte Moderna de d. Olivia Guedes Penteado, em 1924/1925, da qual expomos alguns exemplos[39] (figuras 44 e 45).

Nessa tradição de diálogo entre as artes, Oswald de Andrade concebe, em 1924, *Histoire de la fille du roi. Ballet brésilien*, com cenários de Tarsila do Amaral e música de Heitor Villa-Lobos, para ser apresentado a Rolf de Maré, mecenas dos Ballets Suédois, sediados em Paris. O projeto, que teve a intermediação de Blaise Cendrars, nunca chegou a ser realizado.[40]

Finalmente, os estudos geométricos e para estamparia de Antônio Gomide são reveladores. Formado na Suíça, mas com longas temporadas em Paris, ele vem da tradição das artes decorativas. Uma das aquarelas apresentadas nesta exposição possui um motivo geométrico de indubitável temática pré-colombiana. "Em muitas destas aquarelas a estrutura geométrica rígida lembra a arte da tecelagem indígena ou a cerâmica da civilização pré-colombiana, ou ainda as pirâmides escalonadas dos astecas e, em alguns pontos, também uma semelhança com a cerâmica marajoara", afirma Elvira Vernaschi[41] (figura 46).

Em Xul Solar, a procura de raízes pré-hispânicas também o leva à arquitetura piramidal e à língua dos astecas: *Pirámide* (1921), *Neo bau* (1922) e *Tlaloc* (1923) são registros eloquentes dessa busca.[42] Se Rego Monteiro se volta quase exclusivamente para a cultura marajoara, Gomide estiliza a temática indianista, à procura do primitivo nacional. Embora não tenha participado dos cenáculos modernistas, contribui com uma ilustração no número 4 da *Revista de Antropofagia*, que acompanha um artigo do renomado folclorista Luís da Câmara Cascudo (figuras 47 e 48).

Para finalizar, gostaria de acreditar que Xul Solar veria hoje, mesmo que parcialmente, seu ideário *neocriollo* realizado. Aliás, a única obra de sua autoria pertencente a uma instituição brasileira, e presente nesta exposição, é *Chaco* (MAM-RJ). Datada de 1922, com bandeiras argentinas, pode ser interpretada como uma velada saudação ao país vizinho em pleno *annus mirabilis* de nossa Semana de Arte Moderna. Este diálogo com seus contemporâneos brasileiros, por intermédio de plásticas e visões de mundo coincidentes, poderia ser considerado a "Primeira Exposição Neocriolla". Concretiza a utopia da confraternização entre os povos da América do Sul, que sempre teve como ideal a abolição do traçado de Tordesilhas mediante uma linguagem comum, numa espécie de território mental sul-americano pré-babélico (figura 49).

[Texto original em português. Publicado em *Xul/Brasil: Imaginários em diálogo*. São Paulo: Pinacoteca do Estado de São Paulo, 2005 (catálogo do módulo, com curadoria de Jorge Schwartz, da exposição Xul Solar. Visões e Revelações. São Paulo: Pinacoteca do Estado, 24 set. a 30 dez. 2005, curadoria de Patricia Artundo).]

11. Fundação de Buenos Aires: o olhar de Horacio Coppola[*]

Com ardor visual, saí para a rua.
Horacio Coppola[1]

A ENTRADA NA MODERNIDADE

Horacio Coppola repete em vários depoimentos que, antes de suas duas viagens à Europa, em 1930 e 1931, seu olhar como fotógrafo já se definia rumo ao moderno. A exposição Horacio Coppola — Fotografía, apresentada na Fundación Telefónica de Madri, em 2008, tenta justamente mostrar uma linha de absoluta coerência na percepção visual de um fotógrafo que, no final dos anos 1920, nasce moderno. Grande parte dos artistas consagrados do período das vanguardas percorre uma trajetória que se inicia no figurativo para culminar na abstração ou na geometria. Com

[*] Agradeço a interlocução com Luis Príamo, Adrián Gorelik, Gonzalo Aguilar e Patricia Artundo durante a elaboração deste texto.

ele, ocorre um fenômeno pouco menos que extraordinário: essa "linha evolutiva" não existe. A tese de um Coppola moderno anterior à Bauhaus, além de ser reivindicada pelo próprio artista, é ratificada pelos críticos. No artigo do catálogo *Horacio Coppola: Buenos Aires años treinta*, Juan Manuel Bonet afirma que "já antes dos anos 1920, [ele] havia assimilado à distância, fragmentariamente, o idioma da modernidade europeia, da Neue Sachlichkeit ou Nova Objetividade, de uma Nova Visão, em seu caso já compatível com a vida diária da 'misteriosa Buenos Aires'".[2]

Quais são as condições que lhe permitem, no final dos anos 1920, a intuição direta e precoce do moderno? Como é que a modernidade impregna o imaginário de um adolescente portenho nas primeiras décadas do século XX? Sara Facio revela que Coppola "começou a tirar fotos aos treze anos",[3] isto é, em 1919. (Se considerarmos que a primeira foto de Nicéphore Niépce é de 1823, perceberemos o salto vertiginoso dado pela nova tecnologia e a difusão precoce que a fotografia teve em uma cidade como Buenos Aires.)[4] Sua primeira escola foi, sem dúvida, seu irmão Armando Coppola (1886-1957), vinte anos mais velho, que o introduz no mundo da fotografia. A marca fraterna é tão forte que até hoje ele se emociona ao ver os retratos desse irmão. Talvez, na história da fotografia, Armando seja mais lembrado por sua relação com Horacio Coppola, mas seu trabalho pioneiro como fotógrafo amador ficou registrado em mais de quinhentas fotos. Uma leitura retrospectiva das relações visuais entre os dois mostra que Horacio começa a realizar, em torno do final dos anos 1920, fotos experimentais de objetos, abstratos e geométricos, revelando uma primeira vontade de abstração que já moldava a fotografia de Armando Coppola.[5]

O primeiro impacto das ressonâncias e influências da "nova sensibilidade" seria a magnífica revista de vanguarda *Martín Fierro* (1924-7). O início oficial da produção fotográfica de Coppola coincide cronologicamente com o último ano dessa publicação, que modificou o panorama cultural de Buenos Aires e da Argentina. Ele recorda esses momentos, vivenciados quando tinha apenas vinte anos:

> Os *Martinfierristas*. A publicação mais ou menos semanal que eu comprava em uma banca ao sair do [colégio secundário] Mariano Moreno. Duas fotografias documentam esse tumulto cultural impossível de viver para as gerações posteriores. Número 1: 44 pessoas rodeando Marinetti, o criador do futurismo; estive em sua apresentação no Salón La Argentina. Número 2: a festa de *Don Segundo Sombra*; 33 [pessoas], incluindo Ricardo Güiraldes. Todos ou quase todos dos que eram ou iriam ser nossos melhores. Minha felicidade: ser seu jovem contemporâneo.[6]

É pouco provável que Coppola fosse indiferente às novas linguagens visuais, poéticas e arquitetônicas internacionais, importadas por *Martín Fierro*, a mais multifacetada e polêmica de todas as publicações das vanguardas históricas latino-americanas dos anos 1920. Muito pelo contrário. Junto com os novos repertórios modernizantes e as palavras de ordem importadas da Europa (de, entre outros, Filippo Tommaso Marinetti, Ramón Gómez de la Serna, Jules Supervielle e Guillaume Apollinaire), desfilam por essa revista as iconografias de Pedro Figari, Emilio Pettoruti e Xul Solar, fundadores das vanguardas pictóricas sul-americanas. Devido à falta de atenção para com os Estados Unidos — que alguns anos mais tarde a revista *Sur* compensaria —, *Martín Fierro* deixa de considerar a fotografia como gênero artístico. Porém, é pródiga em aguerridos textos de Alberto Prebisch, a favor da nova arquitetura. Leitor de *L'Esprit Nouveau* (dirigida por Le Corbusier e Amédée Ozenfant), Prebisch trava uma verdadeira batalha contra os cânones decorativos, em favor de uma arquitetura geométrica e funcional. Galpões, hangares, silos, banheiras e mictórios são ressemantizados em objetos de arte (em um projeto que difere do ready-made de Marcel Duchamp). São os mesmos silos tubulares, monumentais em sua geometria volumétrica, que aparecem na pintura dos anos 1920 de Alfredo Guttero, também amigo de Coppola e fundamental na formação de seu olhar.

Outro dos personagens-chave para a construção da "modernidade periférica" ou do "*criollismo* urbano de vanguarda" (nas expressões de Beatriz Sarlo) é Jorge Luis Borges. Ao regressar de sua longa viagem pela Europa (1914-21), leva adiante o projeto literário de uma "fundação mitológica de Buenos Aires". Em seu primeiro livro de poemas, *Fervor de Buenos Aires* (1923), é surpreendente a ausência de seres humanos: é uma fundação por meio de ruas despovoadas e paradas no tempo. Os escassos nomes próprios que surgem nos versos pertencem a heróis do passado e à sua construção da história. De modo similar, na paisagem urbana de Horacio Coppola, tanto no centro modernizante quanto nas margens que confundem horizonte e céu, o grande personagem é, sem dúvida, a própria cidade. As pessoas entram como figuras de um grande cenário, jamais como indivíduos. São as multidões, os instantâneos dos corpos, os movimentos dos transeuntes que deixam um registro do tempo por intermédio dos símbolos da moda. É uma cidade que, fotografada a partir de seus diversos grupos sociais e registros arquitetônicos, impõe-se em sua visão de totalidade ao registro individual dos que acabam se transformando em seus próprios personagens. Coppola recorda Borges como companheiro de infatigáveis caminhadas pela cidade, e a prova mais cabal desse diálogo está nas duas imagens de Buenos Aires reproduzidas na primeira edição de *Evaristo Carriego*, feitas em 1929. Borges, que fundara em Madri, junto com Rafael Cansinos--Asséns, o ultraísmo espanhol, volta a fundá-lo em Buenos Aires, mas o sustenta por pouco tempo. Por ocasião de seu primeiro livro, citado, Borges dá as costas à retórica modernólatra das vanguardas, mas mantém uma poesia de recorte moderno, em que deixa clara sua visão de Buenos Aires, de certo modo compartilhada por Coppola. Como se sabe, Borges decide homenagear o poeta Evaristo Carriego e, junto com ele, o bairro de Palermo. Surpreende, portanto, o recente achado de Adrián Gorelik: as duas fotos reproduzidas em *Evaristo Carriego* estão mais próximas do bairro de Once que de Palermo. Isso revela que o olhar de Coppola, como o de Borges, supera o recorte do particular para chegar a uma espécie de arquétipo urbano, no qual a tradição e o moderno convivem no projeto das casas de bairro.[7] É fácil imaginar a interlocução intensa durante as caminhadas e as recordações ainda frescas em Borges de uma Europa onde havia entrado em contato com o expressionismo alemão, o cubo-futurismo italiano e francês, e o ultraísmo espanhol (figura 91).

Outro dos elementos fundamentais que ajudam Coppola a fixar o olhar moderno é sem dúvida seu vínculo com o cinema — foi o fundador do primeiro cineclube de Buenos Aires, em 1929.[8] Também é curioso que, do ponto de vista de uma atividade institucional em Buenos Aires, seus interesses estejam vinculados primeiro ao cinema e depois à fotografia.

Nesse período de formação, durante a segunda metade dos anos 1920, Coppola realiza a fotografia mais antiga da exposição na Fundación Telefónica: *Mundo próprio*, de 1927, quando tinha 21 anos. A foto de uma cômoda com quatro gavetas, a última delas aberta, destaca-se pelo precoce olhar geométrico e verticalizante, pelos detalhes que se multiplicam em série e pelo efeito de *mise-en-abyme*, tão Bauhaus e tão Nova Visão. Com a intervenção do fotógrafo para além do enquadramento, a inclinação da cômoda desafia a lei da gravidade. Seis décadas mais tarde, Coppola projeta-se na distância em um depoimento, descrevendo-se e redescobrindo-se em segunda pessoa. Dos muitos textos teóricos escritos por ele, penso que apenas em um se detém retrospectivamente e em detalhe em uma fotografia de sua autoria, e escolhe precisamente essa. A imagem, retida pelo tempo, constitui-se na promessa por excelência de seu olhar moderno (figura 65):

> Sentado na frente da escrivaninha, com um livro nas mãos, teus olhos abandonam a leitura. À tua direita, ficou aberta a quarta gaveta, a última: esqueceste por quê. Agora teu olhar desce, vertical, percorre os três puxadores das gavetas superiores, fechadas. Ocorre-te: "muro de três andares". E te surpreende, vista aérea, o espaço retangular aberto como "um pátio". E no fundo: "a máscara negra! Meu esquadro da 5ª série B! A régua de ébano do vovô...". Sim, "pátio das recordações...". Ao empurrar tua cadeira e afastar-te, esse "vazio" em perspectiva "encerra" um tempo de tua vida. A luz cai totalmente e, rasante, ilumina a frente das gavetas, os puxadores polidos. Vês molduras, a graça da madeira, seus veios, a ordem geométrica, elementos da arquitetura do móvel, um reflexo branco sobe do "pátio das recordações", sobe pela frente da penúltima gaveta... "recordações"... reconheces parte de ti mesmo, este algo que é teu mundo próprio: chega a teus olhos, o real iluminado, substância óptica: tua nova leitura. Imagema transcrito por tua câmera nessa noite de 1927 e que conservas. FOTOGRAFIA, testemunho vivido, documento.[9]

Já o título da imagem, *Mundo próprio*, é revelador da subjetividade do fotógrafo, corroborada explicitamente por seu nome e sobrenome manuscritos sobre o esquadro e pela persona da máscara. Uma espécie de assinatura, de um eu que contém seu próprio eu, em um discurso fotográfico ostensivamente autorreferencial. Coppola redescobre a si mesmo nos vestígios de um passado recente, no olhar de um jovem que reencontra sua infância na geometria de um móvel (na quinta série, teria cerca de dez ou onze anos de idade). É um espaço construído e transformado em tempo.

COPPOLA E A REVISTA *SUR*

Depois de *Martín Fierro*, a internacionalização do campo cultural argentino amplia-se ainda mais com o início da publicação de *Sur*, de Victoria Ocampo, e imprime a uma das revistas culturais latino-americanas mais importantes dos anos 1930 e 1940 um forte perfil americanista.[10] E se Coppola pode ser vinculado a algum grupo, ele sem dúvida se identifica com esse, ao qual esteve associado desde sua gestação. O primeiro número de *Sur*, publicado no verão de 1931, foi pouco menos que revelador. Em 1929, ele — que três anos antes havia estado na apresentação de Marinetti e assistira, na Asociación Amigos del Arte, ao famoso ciclo de dez conferências de Le Corbusier sobre Buenos Aires — rememora: "[sua] análise de Buenos Aires, [foi a] base de minhas futuras fotografias".[11] O arquiteto francês aparece mencionado em dois momentos importantes no número inicial de *Sur*: no artigo de Alberto Prebisch, "Precisiones de Le Corbusier", e no artigo de Victoria Ocampo, "La aventura del mueble". Nesse ensaio, Ocampo menciona também, com efusivo entusiasmo, a visita que fizera meses antes a Alfred Stieglitz, em sua última galeria, An American Place, localizada em Nova York, no número 509 da avenida Madison: "Nunca esquecerei essas extraordinárias obras de arte (as fotografias que vi em Paris e Berlim não podem ser comparadas). Nunca esquecerei as coisas que Stieglitz dizia a respeito de seu minucioso trabalho".[12] Três anos mais tarde, em 1934, Victoria Ocampo escreve sobre esse memorável encontro. Ela conheceu Stieglitz por intermédio de Waldo Frank (seu interlocutor mais importante no momento da fundação de *Sur*). O diretor de *Camera Work* presenteou-lhe com duas fotografias, as quais, pela descrição e data, deviam pertencer à famosa série dos *Equivalentes*, à qual voltaremos mais adiante. No terceiro número de *Sur* (inverno de 1931), Lewis Mumford escreve o artigo "El arte en los Estados Unidos"; ao se referir a Stieglitz, da maneira mais entusiasta, define-o como o grande fotógrafo norte-americano e o compara à arquitetura de Frank Lloyd Wright. É como se o moderno em *Sur* tivesse preeminência por intermédio da fotografia e da arquitetura, e não só da literatura.[13] No quinto número (verão de 1932), Coppola introduz a geometria pura em uma foto emblemática como *Calle California, bairro de La Boca*, e busca pontos de fuga em *Cornijas*, tema de várias das fotos ali reproduzidas (figura 66).

ATRAVÉS DA JANELA

Das várias definições que Coppola escolheu para a fotografia, "imagema" é o conceito que melhor a representa: "Da minha *janela* — vendo com ânsia e maravilha — *olho* o real iluminado: *encontro* — de um ponto de vista dado — uma *imagem*, por assim dizer, de meu *mundo próprio*"[14] (grifos do autor). A alusão à janela pode ser no sentido mais literal do termo, mas no sentido figurado representaria seu olhar e seu encontro com o mundo, subjetivo através da lente da câmera fotográfica. Esse mesmo olhar também pode atravessar, a partir de dentro, o vidro de uma janela ou de uma porta. Vemo-lo, por exemplo, na magnífica fotografia do Hipódromo de La Plata, praticamente inédita, com o elegante casal que frequenta o hipódromo, de costas, vestindo os símbolos da classe abastada, de uma época que reproduz a moda europeia, olhando para fora do grande vidro. A divisão da janela faz desse fotograma um transparente tríptico vertical. Esse mesmo movimento, de dentro para fora, repete-se nas luzes da cidade focalizadas a partir de interiores, em outras fotos de Coppola (figura 67).

Um movimento contrário, ou seja, o olhar pela janela de fora para dentro, ocorre na sequência das vitrines, cujo valor ideológico foi magistralmente estudado por Walter Benjamin, ao analisar as passagens de Paris, no final do século XX. As vitrines de Coppola, de alguma maneira, dão continuidade às de Eugène Atget ou às de Germaine Krull. O consagrado fotógrafo francês possivelmente as vira mais como registro e testemunho de uma cidade que sucumbia, no alvorecer do século XX, aos apelos da modernidade. Descobertas nos anos 1920 pelos surrealistas e por uma jovem Berenice Abbott, são eles que resgatam suas imagens do mero papel de uma cartografia de Paris para outorgar-lhes um sentido poético que os surrealistas, por iniciativa de Man Ray, imprimiram em sua revista, *La Révolution Surréaliste*, de 1926. O manequim, *flâneur* imóvel e habitante por excelência das vitrines, é o emblema de uma modernidade reificada. Seu grande poder simbólico abrange desde a mera mercadoria pétrea e muda até uma função poética que a imagem eterniza e que se imprime no papel. Esses seres inanimados preenchem um vazio na Paris de Atget e Krull, assim como na Buenos Aires de Coppola. No livro póstumo sobre as passagens, Walter Benjamin registra a seguinte observação de Félix Nadar, extraída de um texto autobiográfico de 1900: "Seria difícil obter de um ser humano uma imobilidade absoluta, inorgânica, durante os dezoito minutos de exposição. Procurei contornar a dificuldade com manequins, que vesti como operários e posicionei naquele cenário do modo menos estranho possível".[15] Mais do que de uma intenção, Nadar nos fala dos manequins como possibilidade técnica, como sucedâneos dos seres humanos. É dessa maneira que vemos os bustos de Coppola, de mulheres em Paris, Berlim e Londres, entre

1933 e 1934. O corpo fragmentado será um dos temas prediletos do olhar da Bauhaus. Essa espécie de "júbilo do objeto", ou apologia do fragmento, pulsa nos manequins, assim como nos seres humanos representados por bonecos fragmentados. Esse é o caso das pernas reproduzidas por Herbert Bayer, Umbo (Otto Umbehr) e Yva (Else Simon), fotógrafos da Bauhaus, e que Coppola também escolhe como recorte, e inclusive o do magnífico autorretrato de sua perna e de seu pé direito, em uma foto em câmera alta (figuras 68 a 74).

SOMBRAS, CÉUS E OBELISCOS

Como já foi dito, é indubitável que suas duas primeiras viagens consolidam o olhar moderno. Copolla chega à Europa sem ter que discutir ou brigar pelo estatuto autônomo da fotografia como arte. Ele já havia conseguido isso na Argentina, o que vemos gravado em seus primeiros fotogramas e nos primeiros números de *Sur* de 1931, nos quais aparecem sete fotos, como se constituíssem um ensaio, com o título "Siete temas de Buenos Aires"; as várias páginas com imagens prescindem de textos, análises ou explicações. O artigo de Coppola *é* as fotos, as fotos *são* o artigo por antonomásia.

A primeira viagem (de dezembro de 1930 a maio de 1931) foi organizada pelo amigo Alfredo Guttero, que havia vivido vários anos e exposto em diversas cidades da Europa. Na segunda viagem (de outubro de 1932 a dezembro de 1933), Coppola incorpora-se à Bauhaus. Ali conhece Grete Stern, aluna de Walter Peterhans, primeiro professor do módulo de fotografia (a partir de 1929, em Dessau).[16] Grete já tinha seu estúdio fotográfico em Berlim, associada a Ellen Auerbach, com a marca ringl+pit (apelido de infância das duas fotógrafas). Por intermédio de Grete, Coppola vincula-se ao melhor da vanguarda berlinense, entre outros, ao círculo de Bertolt Brecht. São os meses anteriores ao fechamento definitivo da Bauhaus pelo nazismo. Coppola sempre afirmou ter feito somente dezoito estudos durante esse período.[17] A segunda metade dos anos 1920 representa uma espécie de idade de ouro da fotografia na Alemanha, país para o qual se dirigem grandes artistas da Europa Central.[18] Para se ter uma ideia, o livro clássico de 1925, *Malerei Fotografie Film* [Pintura, fotografia, cinema], de László Moholy-Nagy, inaugura o que se chamou a Nova Visão. "Podemos afirmar que vemos o mundo com olhos totalmente diferentes", afirma o fotógrafo húngaro.[19] A obra é de um extraordinário experimentalismo tipográfico e inclui um roteiro inédito de *Dynamik der Großtadt* [Dinâmica da metrópole], esboço escrito em 1921-2, com páginas construídas com texto e imagem, chamadas "tipofoto". Considerado por Martin Parr um manifesto de vanguarda,[20] aí encontramos textos teóricos sobre a nova arte que haveriam inspirado o jovem Coppola. O livro representa o máximo em experimentalismo: os fotogramas de Man Ray e Moholy-Nagy, as fotomontagens de Hanna Höch e de Citröen, fotos microscópicas, fotos em câmera alta e em câmera baixa (as famosas fachadas do edifício da Bauhaus, de Moholy-Nagy), fotos invertidas, detalhes de materiais, espectros estelares, raios X, fotos absolutamente abstratas e construtivistas, sobreposição de fotos, fotos de publicidade, fotogramas de desenhos animados (Lotte Reiniger), efeitos de espelhos deformantes e até citações de filmes experimentais de Fernand Léger e Francis Picabia. No ano seguinte, em 1926, Germaine Krull publica seu extraordinário *Métal*, e em 1928 vem à luz *Unformen der Kunst* [Formas originais da arte], de Karl Blossfeldt. O ano culmina com a exposição, em Stuttgart, Film und Foto (FiFo), na qual foram expostas nada menos do que 1200 fotografias de mais de 150 fotógrafos. No ano seguinte, 1929, Germaine Krull publica *100 x Paris*, e Franz

Roh publica *Foto-auge / oeil et photo / photo-eye* [Olho e foto], com textos críticos fundamentais e 76 fotografias da exposição de Stuttgart, selecionadas por Roh e Jan Tschichold.[21] Essas fotos e os textos teóricos seriam decisivos no desenvolvimento do olhar de Coppola, contemporâneo desse período experimental. Esse é o caso, por exemplo, de *Ângulo de escada*, a mesma foto ampliada em positivo e em negativo, com data de 1929. Ou da foto *Vitrine. La Plata*, de 1938, com dupla exposição. Eram técnicas comuns do período (Franz Roh e Man Ray, por exemplo, com suas fotos em negativo); em Horacio Coppola, em compensação, essas experimentações técnicas são raras, quase excepcionais (figura 75).

As sombras alongadas em um grande número de fotografias de Coppola, especialmente aquelas que podem ser interpretadas como estilemas da Nova Visão, são imagens fixadas em superfícies opacas e impalpáveis, que se desdobram em projeções de corpos e objetos longitudinais, sempre maiores que as matrizes de três dimensões. São fotos diurnas ao ar livre, ou interiores com luz natural, no final da tarde, para conseguir o efeito desejado de prolongamento horizontal. Entre elas, as linhas das projeções no Hipódromo de Palermo chegam quase à abstração de um desenho de extensas e finas listras horizontais, projetadas por um grande conjunto de pequenos corpos verticais. Sua vontade de dar autonomia a essas sombras provoca a ilusão de corpos autônomos. *Mateo e seu tílburi* é um manifesto da sombra. Coppola inverte a fotografia, de modo que a projeção sobre o asfalto, convertida agora em uma parede no primeiro plano, faz com que o cocheiro, inclinado a noventa graus, menor que sua própria sombra, seja um verdadeiro desafio à lei da gravidade. Uma das poucas fotos que despertam no leitor certo senso de humor, ao ver-se obrigado a se deter diante da estranheza da imagem. Outro exemplo, o autorretrato em sombra, é o redescobrimento de seu corpo monumentalizado no instante da fotografia. A força dessa imagem recorda o poema "Apunte callejero" [Anotação de rua], de Oliverio Girondo, de 1922, em que afirma que *"al llegar a una esquina, mi sombra se separa de mí, y de pronto se arroja entre las ruedas de un tranvía"*[22] [ao chegar a uma esquina, minha sombra se separa de mim, e de repente se atira entre as rodas de um bonde]. A Bauhaus faz um amplo uso de fotos de sombras. Umbo, um dos grandes fotógrafos da escola alemã, consegue a proeza de autorretratar sua sombra projetada sobre seu próprio corpo (figuras 76 a 78).

Os céus de Coppola representam a história da própria cidade: por um lado, ocupam a maior parte do espaço da fotografia, com uma fina linha do horizonte que os sustenta, suportando todo o peso superior da imagem. *Um céu de Buenos Aires* ou *Avenida Juan B. Justo*, ambas de 1936, são céus que projetam um amplo olhar para o campo e que recuperam a iconografia do uruguaio Pedro Figari, na qual os céus do sul sempre trazem a marca de uma memória de costumes *criollos* e rurais do século XIX, não muito distantes da infância e da juventude de Coppola, e ainda mais próximos das recordações de seus familiares. São céus cujo peso desaba sobre o horizonte pampiano. Por outro lado, no caso das fotos urbanas, são céus e nuvens construídos, recortados pela geometria dos edifícios. No caso da foto *Toldos*, vemos o desenho de um quadrilátero celeste. "Coppola geometriza os céus de um modo tão extraordinariamente deliberado que é como se não os aceitasse como referente e quisesse transformá-los, formalizando sua indeterminação abstrata", comenta Beatriz Sarlo.[23] É a mesma linha de reflexão de Rosalind Krauss, em sua brilhante análise dos *Equivalentes*, de Stieglitz, nuvens obsessivamente fotografadas entre 1922 e 1930, algumas das quais, verticalizadas pelo artista, adquirem total autonomia e se transformam em abstrações desvinculadas de seus próprios referentes. "A incrível verticalidade daquelas nuvens se elevando em direção à parte superior da imagem cria uma extraordinária impressão de desorientação, quase de vertigem", afirma a crítica.[24] As duas fotos que Stieglitz ofertou a Victoria Ocampo em 1929, pertencentes a essa série clássica, dificilmente passaram despercebidas ao olhar do jovem Coppola. Mas, seis anos antes de Stieglitz, um de seus maiores discípulos, Paul Strand, já havia desconstruído um céu, com a casa e as nuvens inclinadas de *Twin Lakes* (1916). Moholy-Nagy também não escapa ao fascínio transcendental de céus com recortes geométricos; em *Der Sturm*, afirmaria que "devemos substituir a representação da arte clássica pela representação dinâmica da universalidade clássica", o que realiza na monumental foto de 1933, *Acrópole* (figuras 79 a 82).[25]

A cidade fundadora culmina com a construção do obelisco por ocasião das comemorações dos quatrocentos anos da fundação de Buenos Aires. É o ano do alargamento da Calle Corrientes, cuja memória histórica é recuperada por Leopoldo Marechal no livro *Historia de la Calle Corrientes* (1937), com fotografias de Coppola. Infatigável nos registros iconográficos da obra em andamento, Coppola deve ter se sentido fascinado pelo obelisco, representação a toda prova da geometria e da abstração — "a paixão pela geometria", como define Gonzalo Aguilar.[26] Uma das fotografias — inédita até a exposição de 2008 — é notável: uma série de colunas clássicas verticais e uma fragmentária parede de tijolos também vertical, vestígios de um passado muito recente, rodeiam a pureza da imagem central, um obelisco que transcende todos os espaços ao seu redor, perfura o céu e se projeta olímpica e verticalmente sobre os escombros do tempo, como gesto triunfal da geometria moderna (figura 83).

Coppola faz também um registro fílmico da construção. Os títulos manuscritos a giz no início e no final do filme — "Assim nasceu o obelisco 1936" e "Fim" — conferem-lhe um toque de fugacidade, uma escrita de uma eternidade captada no transitório que Baudelaire definira em "O pintor da vida moderna".[27] As vigas externas que sustentam e cobrem o obelisco delineiam a própria estrutura, com linhas horizontais, verticais e diagonais, que Coppola capta na totalidade, à distância, em close-ups construtivos, em câmera alta e em câmera baixa, e na câmera que sobe pela estrutura tubular interna. Blocos quadrados de madeira e mármore, geometria pura *in progress*. É como se Coppola houvesse concentrado todo o seu conhecimento sobre cinema e fotografia modernos nesse filme magistral, definido pelo transitório e por uma montagem que põe em primeiro plano a vertigem construtiva das cenas. O fotograma congelado na fotografia recupera-se aqui no movimento dos homens que perfuram e serram, enquanto alguns espectadores servem como contraponto. O jogo de sombras do obelisco se projeta e duplica sua própria imagem estrutural. Das alturas, Coppola fixa as diagonais, que se projetam no desenho urbano e nos fragmentos geométricos móveis do círculo da plataforma da gigantesca escultura. Se a Bauhaus aproveitou como poucos a possibilidade de transformar em objeto artístico detalhes que jamais pertenceram à esfera do estético — especialmente os novos materiais e objetos da indústria —, Coppola potencializa as vigas, os ganchos, os pregos, os arames, a broca de aço da britadeira em movimento helicoidal, penetrando no asfalto. Os sete minutos de filmagem são virtualmente extraordinários.[28]

A série dos obeliscos em Coppola, tanto nas fotografias quanto no filme, não pode ser desvinculada do olhar sobre edifícios monumentais e das perspectivas grandiosas. Encontramos essa busca em várias das paisagens aéreas, em que os pontos de fuga se dirigem para novos infinitos. O olhar moderno contradiz o princípio da perspectiva renascentista centralizada, para modificá-la e dar-lhe uma direção imposta não pelo referente, mas pelo fotógrafo. A foto de urbanismo geométrico mais emblemática de

Coppola é sem dúvida *Avenida Presidente Roque Sáenz Peña*, "moscovitamente rodchenkiana", segundo a expressão de Juan Manuel Bonet.[29] Do último andar ou da varanda de um edifício, Coppola desloca o ponto de fuga, cria com a imagem uma espécie de flecha vertiginosa desviada para a direita. O efeito de prolongamento reitera-se nas sombras muito alongadas na calçada (a foto deve ter sido tirada no final de uma dessas radiosas tardes de verão portenhas); ao pé do edifício, há um cartaz, ao lado do metrô, de proporções reduzidas, cuja inscrição poderia servir de título para a própria fotografia: "Metrópole". Desde a iconografia da Torre de Babel, e a partir da prodigiosa Torre Eiffel (1889), os arranha-céus serviram de tema e desafio para arquitetos utópicos e artistas de vanguarda, como Sant'Elia, o mais surpreendente deles. Um dos projetos não realizados, sobre uma superfície triangular, pertence a Mies van der Rohe, diretor da Bauhaus de 1930 a 1933, justo no período em que Coppola a frequentou. O olhar em câmera baixa monumentaliza o edifício prismático, projetado para Berlim em 1916.[30] As fotografias de arranha-céus triangulares foram o tema de vários fotógrafos, com resultados magníficos. Vemo-los em uma das esquinas parisienses de Atget e nas variantes do Flatiron (Fuller Building, um dos primeiros arranha-céus de Nova York, de 1902), localizado no vértice triangular formado pela Quinta Avenida, a rua 23 e a Broadway.[31] Os olhares mais precoces e impressionistas sobre a fachada do Flatiron pertencem a Stieglitz e a Steichen; ambas as imagens entraram para a história da fotografia. De efeito muito mais dramático que as desses dois fotógrafos é a imagem vertiginosa de Berenice Abbott, realizada alguns anos mais tarde (figuras 84 a 90).

Certamente, o vínculo do olhar moderno com a arquitetura e com a cidade foi o que marcou a carreira de alguns gigantes da fotografia e do cinema, que traçaram o perfil dessas cidades no imaginário moderno: a Paris de Atget, Brassaï, Krull e Kertész;

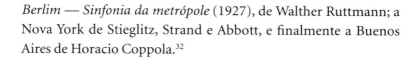

Berlim — Sinfonia da metrópole (1927), de Walther Ruttmann; a Nova York de Stieglitz, Strand e Abbott, e finalmente a Buenos Aires de Horacio Coppola.[32]

[Texto original em espanhol. Publicado em *Horacio Coppola: Fotografía*. Madri: Telefónica, 2008, pp. 22-33 (catálogo de exposição com curadoria de Jorge Schwartz). Tradução de Gênese Andrade.]

12. Horacio Coppola: metrópole em preto e branco[*]

> *Somos os bárbaros, os belos e rudes bárbaros da civilização.*
> Alberto Gerchunoff[1]

> *Somos na realidade os primitivos duma era nova.*
> Mário de Andrade[2]

Em dezembro de 1996, fui surpreendido ao ver, pela janela do ônibus, monumentais banners verticais anunciando a exposição El Buenos Aires de Horacio Coppola, no Instituto Valenciano de Arte Moderno, na Espanha. Levei um tempo para entender que se tratava do mesmo fotógrafo que, em 1930, tinha publicado aquelas duas imagens dos subúrbios bonaerenses no livro de Jorge Luis Borges, *Evaristo Carriego*, numa rara tiragem de trezentos exemplares. Por sinal, essas fotos nunca mais foram reincorporadas às sucessivas reedições dessa obra de Borges. Muito maior foi

[*] Agradeço as atentas leituras de Berta Waldman e Beatriz Sarlo.

minha surpresa ao ver presentes, na noite do vernissage, o próprio Coppola e sua segunda esposa, Raquel Palomeque, ele com noventa anos de idade e muito entusiasmado com sua primeira retrospectiva fotográfica em um país europeu[3] (figura 91).

Nascido em Buenos Aires, em 1906, Coppola testemunhou as grandes transformações do século. Relendo a revista *Martín Fierro* (1924-7), a mais multifacetada de todas as publicações das vanguardas históricas latino-americanas, percebemos o peso que os movimentos europeus tiveram no imaginário argentino do período, especialmente na literatura, nas artes plásticas e na arquitetura. A cidade como tema seria retomada com intensidade pelas vanguardas expressionistas e cubo-futuristas. O cinema não demorou a incorporar esse discurso, no clássico *Metropolis* (1926), de Fritz Lang, e em *Berlim — Sinfonia da metrópole* (1927), de Walther Ruttmann.[4] A urbe como imagem gravada na memória, como vertigem e como aposta no futuro não demora a integrar o cânone lírico portenho. Trata-se de um período de mitificação da cidade, em suas mais variadas formas, especialmente nas poéticas de Borges, Oliverio Girondo, Norah Lange e Raúl González Tuñón, e mais tarde na prosa de Roberto Arlt e do próprio Borges.

Embora a fotografia na Europa e nos Estados Unidos já tivesse atingido status artístico, a antológica *Martín Fierro* não incorpora ainda o fotograma como forma de arte. O jovem Coppola acompanhou o sucesso barulhento e aguerrido dessa publicação, que chegou a ter tiragens de 5 mil exemplares, e aqueles que posteriormente foram seus próprios companheiros de geração: Borges, Leopoldo Marechal e depois o arquiteto e crítico de arte Alberto Prebisch. Este último foi responsável, junto ao radicalismo de Girondo, por um dos discursos mais consistentes em *Martín Fierro*, em favor da nova arquitetura. Leitor de *L'Esprit Nouveau* (dirigida por Le Corbusier e Amédée Ozenfant, e também revista de cabeceira de Mário de Andrade), Prebisch empreende uma verdadeira batalha contra os cânones decorativos, em favor de uma arquitetura geométrica e funcional. Galpões, hangares, silos, banheiras, mictórios são estetizados e ressemantizados em objetos de arte (projeto diverso do *ready-made* de Marcel Duchamp). São os mesmos silos tubulares, monumentais em sua geometria volumétrica, que aparecem na pintura dos anos 1920 de Alfredo Guttero, também amigo de Coppola. Aliás, o próprio casal Coppola-Grete Stern, que se uniu em 1935, residiu e teve estúdio fotográfico numa casa de design moderno projetada por Wladimiro Acosta (*c.* 1940).

No fim de 1929, Le Corbusier (que incluiu em seu roteiro Montevidéu, Rio de Janeiro e São Paulo) dá início em Buenos Aires a um importante ciclo de conferências. Coppola estava, então, com 23 anos de idade. O arquiteto francês tenta inventar um novo centro para a capital, invertendo a direção do olhar: lábeis arranha-céus construídos sobre uma plataforma flutuante no rio da Prata, defronte ao "Centro velho". "A análise que Le Corbusier fez de Buenos Aires foi decisiva para minha carreira", afirma Coppola.[5] No projeto corbusieriano, o moderno dialoga frontalmente com o núcleo histórico. Essa utopia urbana não se concretiza, e o centro bonaerense desfralda-se aos poucos pelos bairros, avançando cada vez mais em direção ao sul. Adrián Gorelik não vê contradição na confluência do passado e do presente, mas uma relação de complementação:

> Essa tradição vai encontrar sua possibilidade através das harmônicas formas modernistas. Na sensibilidade da elite, que Le Corbusier capta magnificamente, trata-se de um modernismo que se direciona para o passado, para o popular *criollo*, em direção às formas não contaminadas pela "civilização". Por isso, as formas simples modernistas serão também capazes de remeter à simplicidade da construção popular tradicional: cúbica, sem detalhes, branca, simples.[6]

A vocação para a síntese, para a geometria e para todas as características que definem a chamada "modernidade" germina em Horacio Coppola, em seu período de formação em Buenos Aires, no final dos anos 1920. Antes de sua primeira viagem à Europa, ele fundara o primeiro cineclube de Buenos Aires (1929), e é na segunda viagem a Berlim, de outubro de 1932 a abril de 1933, que ele se integra ao departamento de fotografia da Bauhaus, antes de seu fechamento pelos nazistas. Sem dúvida, a passagem pela Bauhaus deixará marcas, consolidando o olhar moderno do artista. Essa longa trajetória, iniciada na infância com seu irmão mais velho, Armando,[7] encerra-se com a publicação de *Buenos Aires 1936 — Visión fotográfica* (publicado pela municipalidade da cidade de Buenos Aires, por ocasião do quarto centenário de sua fundação), do próprio Coppola, com textos introdutórios dos arquitetos Alberto Prebisch e Ignacio B. Anzoátegui.

A Buenos Aires dos anos 1930 é uma cidade em que o geometrismo se impõe. A maior parte das fotografias reproduzidas no livro pertence a uma série encomendada pela municipalidade para comemorar os quatrocentos anos da primeira fundação de Buenos Aires. Com essa obra magnífica, Coppola entende que um período chegara ao fim: "O livro de 1936 de alguma maneira foi o fim de um ciclo em minha relação com Buenos Aires e sua fotografia".[8] Isso também revela o perfil programático de seu trabalho, como bem apontara Adrián Gorelik, processo semelhante ao caráter documental sistemático que fotógrafos pioneiros — como Marc Ferrez no Rio de Janeiro e Eugène Atget em Paris — desenvolveram no século xix. Já foram também apontadas por Juan Manuel Bonet as coincidências visuais entre Coppola e Hildegard Rosenthal.[9] Hoje, é Cristiano Mascaro quem converte a cidade de São Paulo em geometria pura.

Outras das grandes iniciativas das comemorações do quarto centenário foram a construção do obelisco e o alargamento da

Calle Corrientes. Com essa finalidade, foi também encomendado a Leopoldo Marechal (que doze anos mais tarde, em 1948, publicaria *Adán Buenosayres*) o livro *Historia de la Calle Corrientes*, com uma iconografia multifacetada, selecionada por Coppola.

Nessas cartografias urbanas, vamos ao encontro de duas cidades cujas visões antípodas se complementam. O sul e o norte de Buenos Aires, o subúrbio e o centro, o olhar para o horizonte e para a massa urbana recortada pela verticalização dos edifícios, a luz natural e o artificialismo do neon, o vazio de um pampa quase místico em contraste com a passagem — sob o recorte geométrico dos toldos que protegem as vitrines com manequins — da *foule* baudelairiana de uma cidade com vocação europeizante e cosmopolita. Se Buenos Aires nunca antes fora tão amplamente documentada como em 1936, existem antecedentes importantes: as magníficas fotografias do início do século xx de Harry Grant Olds (não seria exagero considerá-lo um Atget argentino) e as esquinas sistemáticas de David Mazziotti[10] (figuras 92 e 93).

A parceria Borges-Coppola, com duas fotografias na primeira edição de *Evaristo Carriego* (1930), marcou inicialmente o olhar do fotógrafo voltado para o subúrbio, para o *barrio*.[11] Em fotos nas quais os paralelepípedos terminam (como *Avenida Juan B. Justo*), percebemos horizontes com céus capazes de cobrir a maior parte da superfície do fotograma.[12] É um olhar que, em 1930, se volta para as marcas do passado, numa geografia que tenta resistir à modernidade. Uma urbe que se identifica com o primeiro livro de poemas de Borges, *Fervor de Buenos Aires* (1923): casas baixas, com balaustradas nos terraços, tradicionais janelas espanholas engradadas, lençóis estendidos nas açoteias, em que a ausência de pessoas ou de figurantes (tanto na poesia de Borges quanto no olhar borgiano de Coppola) transforma a cidade numa cartografia do desejo, congelada no tempo. "As ruas de Buenos Aires/ já são minhas entranhas" são os versos que inauguram *Fervor de Buenos*

Aires. Nas fotografias noturnas, como a do Café Victoria, não há *compadritos* nem *gauchos*. Se há veículos, são carroças. A subjetividade da memória entra em ação, sobrepondo-se à função referencial de uma cidade que se modifica a olhos vistos (figuras 91 e 94).

A essa visão das margens e dos arrabaldes impõe-se a monumentalidade do obelisco, na confluência das avenidas Corrientes e Nueve de Julio. Assim como a Torre Eiffel em 1889, a construção de 1936 não deve ter passado isenta de polêmicas: "O obelisco da Plaza de la República, primeiro monumento inteiramente abstrato oferecido ao estupor, à pilhéria e, finalmente, à aceitação dos cidadãos", lembra Ernesto Shóo.[13] Coppola — que no início da carreira foi também cineasta —, além de fotografar magnificamente o monumento, filma a construção (*Así nace el obelisco*, 16 mm), com um olhar dinâmico, construtivista, verticalizante; "uma geometria rodchenkiana", como reconheceria Juan Manuel Bonet[14] (figura 83).

Coppola, ao contrário de Grete Stern, nunca trabalhou com fotomontagens ou com imagens representativas do subconsciente. Isso não quer dizer que não haja certos vínculos com o surrealismo, como acontece com a sequência das vitrines e dos manequins, tema tão caro aos bretonianos, e que os levou a incorporar Atget às fileiras surrealistas. Nesse sentido, chama muito a atenção o tratamento excepcional dado por Coppola à fotografia *Mateo e seu tílburi*. A imagem, em sua versão positiva, foi propositalmente invertida, conseguindo um efeito que hoje poderia ser considerado uma instalação conceitual. O deslocamento da foto leva a uma inevitável inversão de papéis. A sombra, projetada numa aparente parede vertical, renasce desterritorializada de seu hábitat horizontal, os paralelepípedos da rua, duplicando as dimensões do cavalo e adquirindo um protagonismo inusitado. A carruagem, o cocheiro e o cavalo em três dimensões deixam de ser o foco principal da foto e estão agora suspensos verticalmente no ar, em ângulo reto, num desafio bem-humorado à lei da gravidade. A silhueta planimétrica do cavalo projetada na parede, que passa a ser a imagem central da fotografia, cria uma ambiguidade magnífica e lembra o trabalho contemporâneo de Regina Silveira. Mais uma vez o fotógrafo submete a ilusão realista ao seu olhar e ao seu desejo (figura 76).

O binômio "primitivo/moderno", que forjou as vanguardas europeias das primeiras décadas do século XX e ao qual não escapou grande parte dos artistas da modernidade periférica sul-americana, como Joaquín Torres García, Pedro Figari, Vicente do Rego Monteiro e Tarsila do Amaral, também faz parte do imaginário visual de Horacio Coppola. A estetização dos objetos pré-históricos inclui-se em seus anos de formação: "Em Berlim, descobri o mundo pré-colombiano"[15] (1934-5). O breve período da passagem pela Bauhaus, onde conheceu sua futura companheira, a também fotógrafa Grete Stern, deve ter confirmado essa atração pela linearidade e pela síntese despojada e geométrica que caracterizaria a sensibilidade de toda uma geração, a chamada Nova Visão. Desse olhar sobre o universo das artes primeiras ficam alguns registros importantes: o extraordinário livro *L'Art de la Mésopotamie*,[16] com farta iconografia fotografada por Coppola da escultura suméria dos acervos do Museu Britânico e do Louvre, e, anos mais tarde, a partir da coleção do Museo de La Plata, *Huacos — Cultura chimú* e *Huacos — Cultura chancay*.[17] É possível que Coppola tenha reconhecido no desenho quadriculado da cidade, elemento marcante no plano fundacional de Buenos Aires, o molde de uma iconografia simultaneamente primitiva e moderna, caracterizada ao mesmo tempo pelo rigor geométrico ortogonal e pela síntese. O arquiteto Alberto Prebisch, em seu artigo introdutório ao livro clássico de Coppola, de 1936, afirma:

Tinha razão o urbanista alemão [Werner] Hegeman quando disse que nestas cidades rio-pratenses não foi uma novidade o cubismo importado do pós-guerra, pois ele tinha se formado sozinho aqui, em consequência da boa tradição, e que, ao contrário, foram em essência as influências europeias que incomodaram e confundiram essa relação anterior.[18]

Sem dúvida, a *polis* geométrica imposta pelo imaginário do colonizador espanhol significou uma *cosa mentale*, à qual a história teve de se adequar, resultando no hibridismo, na mestiçagem, ou na chamada *cultura de mezcla* que a fotografia de Coppola registrou nos anos 1920 e 1930, e que ainda hoje podemos testemunhar em Buenos Aires.[19]

Se os banners europeus me surpreenderam, mais surpreso fiquei, dez anos depois, ao acompanhar as homenagens pelo centenário de Coppola, em Buenos Aires (2006), com duas mostras retrospectivas simultâneas: no Museo Nacional de Bellas Artes e no Museo de Arte Latinoamericano de Buenos Aires (Malba), com o próprio autografando livros e posando para os fotógrafos. Hoje, aos 101 anos de idade, em seu apartamento na Calle Esmeralda, Horacio Coppola está informado da inauguração de sua primeira exposição individual no Brasil, país que ele visitou em 1945, tendo fotografado apaixonadamente as esculturas do Aleijadinho (figura 95).[20]

Podemos considerar esta retrospectiva, voltada para as várias visões de Buenos Aires dos anos 1920 e 1930, como uma terceira passagem de Coppola pelo Brasil.[21] A primeira delas concentra-se com intensidade no barroco mineiro que a "caravana modernista" de São Paulo, em 1924, cerca de vinte anos antes da visita de Coppola, escolheu como o lugar por excelência para revelar o Brasil a Blaise Cendrars. A segunda levou-o ao Rio de Janeiro e à Bahia. Este terceiro retorno de Horacio Coppola, sob a forma de exposição itinerante (Rio de Janeiro, Belo Horizonte, Poços de Caldas, São Paulo e Porto Alegre), completa uma trajetória de que ninguém suspeitara quando ele registrou com visível entusiasmo a obra do grande escultor barroco.

[Texto original em português. Publicado com o título "Horacio Coppola: Uma metrópole em branco e preto", em *Horacio Coppola: Visões de Buenos Aires*. São Paulo: Instituto Moreira Salles, 2007, pp. 6-11 (catálogo de exposição com curadoria de Jorge Schwartz).]

13. Coppola, entre Bandeira e o Aleijadinho

> [...] *minha viagem a Minas Gerais (1945) onde me esperava "meu Aleijadinho". No Rio festejava-se o fim da guerra. O Carnaval me doeu. Voltei com minhas fotos e na garagem-laboratório fiz as ampliações.*
>
> Horacio Coppola[1]

Nascido em Buenos Aires em 31 de julho de 1906, Horacio Coppola descobriu a fotografia com seu irmão mais velho, Armando. O gosto pelas artes persistiu durante os anos em que estudou direito: ainda na universidade, presidiu, em 1929, o primeiro cineclube argentino e, durante uma viagem de estudos, em 1931, comprou sua primeira câmera Leica. Um ano antes, em 1930, publicara duas fotos dos arrabaldes de Buenos Aires na primeira edição de *Evaristo Carriego*, de Jorge Luis Borges, então uma figura-chave do grupo que editava a revista *Sur*, na qual Coppola divulgou, de volta da viagem de 1931, seu primeiro ensaio fotográfico mais extenso. Ao longo da década de 1930, completou sua formação artística com duas importantes viagens ao estrangeiro.

Na primeira, entre 1932 e 1933, foi à Alemanha, frequentou o curso de Walter Peterhans na Bauhaus, fez o curta-metragem *Traum*, em parceria com Walter Auerbach, e colaborou com as fotógrafas Ellen Auerbach e Grete Stern, do estúdio ringl+pit. Na segunda, entre 1934 e 1935, foi a Paris e a Londres, onde se casou com Grete Stern. De volta à Argentina, o jovem casal realizou a primeira exposição de arte moderna no país, nos salões da Editorial Sur, em 1935. Fixando-se então definitivamente em Buenos Aires, Coppola desenvolveu uma longa carreira de fotógrafo, professor e editor, sem contudo deixar de empreender expedições fotográficas pela Argentina, onde se interessou pelas culturas pré-colombianas e também pelo Brasil.

Com efeito, sabíamos que Coppola estivera no Brasil em 1945, com a finalidade de documentar extensivamente a obra do Aleijadinho. Ele aguardou dez anos para divulgar os resultados da viagem a Minas Gerais, no belíssimo e hoje raro *Esculturas de Antonio Francisco Lisboa, O Aleijadinho*, publicado em 1955, por sua própria editora, Ediciones de La Llanura, com capa ilustrada pelo artista galego Luis Seoane. Em seu extenso "Texto autobiográfico", que publicou aos 88 anos de idade, não há nenhuma outra menção ao Brasil afora a da viagem de 1945[2] (figura 95).

Contudo, percorrendo o arquivo de contatos fotográficos — verdadeiro caderno de viagens —, organizado por Coppola com a ajuda de sua segunda esposa, Raquel Palomeque, encontramos registradas passagens por Santos, pelo Rio de Janeiro e por Salvador. Entre essas anotações aparecem dois fotogramas inéditos até hoje: Manuel Bandeira, de pijama, à beira de uma janela de treliça que dá diretamente para a calçada, numa casa ou pensão de número 51, na rua do Curvelo, em Santa Teresa* — conforme informação de Davi Arrigucci Jr.[3] Em uma das fotos, ele está com

---

* A editora não obteve autorização para reprodução destas fotografias.

a expressão sorridente; na outra, Bandeira estende a mão para uma moça. As fotos foram tiradas de cima, provavelmente pela inclinação da própria rua do Curvelo. São típicas fotos de viagem, de circunstância.

Em um primeiro momento, tive certeza de que Coppola fizera essas fotos durante a viagem de 1945 ao Brasil, quando certamente passou pelo Rio de Janeiro para chegar a Minas Gerais. Mas a cronologia dos domicílios de Bandeira mostra que Coppola esteve na baía de Guanabara bem antes disso, pois em 1945 o poeta já vivia em um apartamento no quarto andar de um prédio na avenida Beira-Mar. Como nas memórias de Coppola não há registro de uma temporada no Brasil antes de 1945, eu tinha razões para pensar que as várias cidades brasileiras presentes no caderno de contatos tinham sido meras e rápidas escalas durante viagens de navio — difíceis de datar, pois o caderno mistura fotos feitas na Argentina, no Brasil e na Europa, sem ordem aparente.[4]

No entanto, precisar as datas dos retratos de Manuel Bandeira, cruzando a biografia do poeta com a do fotógrafo, conduz a alguns dados instigantes. As páginas do caderno em que figuram vêm encabeçadas pela palavra "LEI", confirmando que as fotos foram feitas com a máquina Leica adquirida em 1931, na Alemanha.[5] No vaivém dos contatos, aparecem fotos da cidade de San Gimignano; a única fotografia dessa cidade da Itália que Coppola publicou foi datada por ele mesmo como sendo de 1931. É possível, então, que as fotografias feitas no Brasil tenham sido realizadas na volta da viagem de 1931 à Europa, ao sabor das diferentes escalas: Salvador, Rio de Janeiro e Santos (há também alguns contatos feitos em Teresópolis). Os nomes das cidades, assim como o de Manuel Bandeira, aparecem manuscritos ao lado dos fotogramas. Há ainda um bom número de fotos de navio, de chaminés, de cais, de convés, de cordas de barcos. Tudo isso prova que Coppola já pusera os pés no Brasil antes da viagem mineira de 1945.

As relações culturais entre a Argentina e o Brasil na primeira metade do século XX nunca foram intensas. Pelo contrário. Assim, esse fugaz encontro de Coppola com Bandeira e posteriormente com a obra do Aleijadinho nos leva a algumas suposições. As primeiras notícias sobre o escultor na Argentina no século XX passam pela revista *Sur*, de Victoria Ocampo, em cujo número inaugural, de 1931, apareceram dois longos ensaios que chamam a atenção: "Notas de viaje a Ouro Preto", de Jules Supervielle, e "La selva", dedicado ao Brasil, de Waldo Frank. Supervielle detém-se no Aleijadinho, "um grande escultor, glória de seu país e da arte barroca". Nesse mesmo ano, como já dissemos, Coppola publicou, na edição de primavera da revista, seu primeiro ensaio fotográfico mais extenso, "Siete temas de Buenos Aires"; é difícil imaginar que não tivesse lido os dois artigos anteriores. Dez anos mais tarde, saiu em *Saber Vivir*, revista mensal de cultura, o texto de M. Vila-Nova Santos, "El barroco en el trópico".[6] Em 1944, pouco antes da grande viagem de Coppola ao Brasil, publicou-se um artigo ilustrado de Ramón Gómez de la Serna, que residia em Buenos Aires, "El maestro Antonio Francisco El Aleijadinho".[7] Mas o que deve ter sido decisivo para o amadurecimento dos planos de viagem de Coppola foi a publicação, nesse mesmo ano de 1944, do livro de Newton Freitas, *El "Aleijadinho"* (Buenos Aires: Editorial Nova, coleção Mar Dulce, direção de arte de Luis Seoane), com uma iconografia das esculturas. Newton Freitas, companheiro de Lidia Besouchet, exilou-se durante o Estado Novo em Buenos Aires, onde passou a residir em 1938, e se transformou no maior divulgador da cultura e da arte brasileiras na Argentina, por meio de vários livros e inúmeros artigos. Em depoimento pessoal, Coppola confirmou ter sido muito próximo de Newton Freitas (que inclusive fora retratado por Grete Stern, de quem Coppola se separou em 1943). Embora não tenha sido possível comprovar a informação, suspeito que Newton Freitas tenha estimulado o fotógrafo a empreender a viagem a Minas e sugerido, quem sabe, o nome de Rodrigo M. Franco de Andrade, diretor do Sphan, para auxiliá-lo na pesquisa sobre o artista mineiro, como indicam os agradecimentos do livro de Coppola.

Em 1974, no final do folheto de quatro páginas da primeira exposição de quarenta fotos sobre o Aleijadinho, na Fundação Lowe de Buenos Aires, aparecem reproduzidos fragmentos do *Guia de Ouro Preto* (1938), de Manuel Bandeira, além de um poema de Oswald de Andrade, "Ocaso" (da seção "Roteiro das Minas", de *Pau Brasil*), transcrito integralmente por Bandeira em seu guia. Com essa inclusão, o poeta referendava o interesse dos modernistas pelo barroco mineiro. Pode ser que o próprio Coppola, que sempre cuidou com esmero e generosidade de suas edições e exposições, tenha selecionado os fragmentos do livro de Bandeira. Embora o encontro tenha ocorrido mais ou menos uma década antes de sua passagem por Minas Gerais, não fica afastada a hipótese de que o poeta tenha contribuído, direta ou indiretamente, para essa viagem, que considero histórica na trajetória fotográfica de Horacio Coppola. Uma pesquisa na alentada biblioteca do fotógrafo argentino poderia dirimir essas dúvidas — quem sabe até não depararíamos com algum livro de poemas bandeirianos ou com o *Guia de Ouro Preto*, dedicado e datado por Manuel Bandeira?

Mas a intrigante questão de como foi que Coppola fotografou Bandeira esclareceu-se, bem mais tarde, graças a informações a mim enviadas por Elvia Bezerra. Os argumentos da pesquisadora são reveladores e convincentes. Em primeiro lugar, uma explicação sobre a topografia da rua do Curvelo: o lado par é bem mais alto do que o lado ímpar, no qual morava Bandeira. Isso explica a visão fotográfica quase aérea do poeta à janela da residência. Mas o que definitivamente esclarece as razões desse encontro, por meio da fotografia, está registrado na declaração do poeta argentino

Raúl González Tuñón, que naquele momento era correspondente do jornal argentino *Crítica*:

> Morávamos no casarão de um casal de inquietos médicos jovens, Nise [da Silveira] e Mário Magalhães, em frente à casa do grande poeta Manuel Bandeira. Com frequência vinha se reunir à noite uma jovem romancista, Rachel de Queiroz, e com ela contemplávamos desde a altura, uma vez que a casa estava situada no morro de Santa Teresa, no Curvelo, a distante Curva noturna da baía.[8]

O encontro de Coppola com Tuñón, e consequentemente com Manuel Bandeira no Rio de Janeiro, era praticamente inevitável.

[Texto original em português. Publicado com o título "O poeta entre profetas", em *serrote*, 1½, edição especial para a Flip 2009, pp. 7-11. Publicado em espanhol, "Horacio Coppola, entre Manuel Bandeira y El Aleijadinho", em *Hispamérica*, 39.115, Maryland, University of Maryland, pp. 71-7, 2010.]

14. Um *flâneur* em Montevidéu: *La ciudad sin nombre*, de Joaquín Torres García

Para Emir Rodríguez Monegal
In memoriam

Embora o reconhecimento e a fama internacional de Joaquín Torres García se devam sem dúvida a sua obra pictórica, seus estreitos vínculos com a escrita acompanharam-no praticamente em toda a sua produção artística e das mais variadas formas: as fecundas reflexões teóricas, em seus ensaios e conferências;[1] os textos-manifestos,[2] nos quais se misturam a escrita e a ilustração; o "letrismo", incorporado a boa parte de suas pinturas desde seus primeiros quadros; e finalmente *La ciudad sin nombre* [A cidade sem nome], espécie de romance ilustrado que mereceu pouca atenção por parte da crítica especializada.

Desde o início de sua produção artística em Barcelona, o elemento urbano é um dos temas principais da obra pictórica de Torres García. A cidade — exaltada por boa parte das vanguardas históricas — adquire traços específicos no pintor uruguaio. O "letrismo", compreensível ou não, integra o cenário urbano de Torres García. É como se a paisagem da cidade e a escrita fizessem parte de uma mesma experiência plástica. A cidade aparece sempre fragmentada, justaposta e sobreposta. A ruptura com a tradicional perspectiva renascentista ajuda-o a compor os primeiros planos que posteriormente serão a base da pintura ortogonal do construtivismo. Em sua pintura urbana, predominam, insistentemente, os temas da rua, os edifícios erguidos uns sobre os outros, os indivíduos ou grupos de pessoas sempre anônimas, o café, o bonde, a locomotiva, o vapor, o calendário ou o relógio. Enfim, elementos que, conjugados, provocam uma ilusão de aceleração temporal devido à verticalização espacial sintetizada em um primeiro plano simultâneo. As palavras incompletas, e na maior parte das vezes indecifráveis, assim como os números soltos, revelam-nos um mundo que se atomiza e cuja unidade só pode ser obtida pela percepção fragmentada e justaposta. A temática urbana é profícua em Torres García tanto na etapa catalã (1892-1920) quanto na nova-iorquina (1920-2) e na parisiense (1926-32). E se as palavras e as letras constituem uma constante nos quadros desses períodos, qual é o sentido de misturar ou de juntar códigos tão diferenciados? O intenso paralelismo pintura/escritura faz-me pensar que Torres García tem, por trás desses dois códigos, um pensamento único: o universalismo construtivo, o qual permite a ele expressar, de forma sempre coerente, linguagens diferenciadas, mas pertencentes a uma mesma matriz reflexiva. A imagem, analógica e motivada, convive com a palavra, arbitrária e fruto da norma e da convenção linguística e social. Na realidade, a própria palavra de Torres García é quase um desenho ideogramático e compõe assim um projeto estético unificado, no qual é impossível separar os dois códigos.

Poderíamos dizer que Torres García incorpora os elementos imediatamente perceptíveis na paisagem urbana: as imagens da rua e as palavras que apresentam uma sintaxe à qual se soma a subjetividade do pintor, ou seja, reflexos de seu pensamento, em forma de letreiros e cartazes que proliferam na cidade moderna. Essa escrita *em* e *sobre* a imagem é uma espécie de *grafitto*. Fragmentos do pensamento, sinais estilhaçados de uma sintaxe linear que de repente se espacializa, como se fossem ideogramas urbanos, índices de um discurso que se desagrega e que se decompõe.

Em *Figura con paisaje de ciudad* [Figura com paisagem de cidade] (1917), um homem anônimo aparece em primeiro plano, mergulhado em sombras e na solidão de uma mesa de café. Ele ocupa a metade inferior da tela e aparece cercado por imagens justapostas e fragmentadas: casas, livros, uma ponte, um trem. Os três textos (o do calendário, o da garrafa e a palavra horizontal) estão truncados: "*junio 20*", "*vino*" e "*opio*". O tempo, a bebida e o narcótico são manifestações fracionadas de um universo que perdeu a unidade. Torres García encontrará mais tarde, na filosofia do universalismo construtivo, pensamento de base pré-hispânica, a superação desse universo fragmentado, como forma de oposição ao mundo moderno (figura 52).

El descubrimiento de sí mismo [O descobrimento de si mesmo] (1917), composto em Gerona, exacerba na bela capa a subjetividade do eu fragmentado, representado por intermédio do título e de seu próprio nome. As letras em quadrícula deslocam-se no arco de um relógio (antecipação de *Cercle et carré*?). O binômio eu/tempo tem como pano de fundo a urbe de seres anônimos, com sua geometria de edifícios verticais cortados pela horizontalidade do trem e do viaduto. A qualidade do design gráfico faz-nos concluir que tanto o título do livro quanto a autoria ultrapassam a intenção meramente referencial para constituírem-se em grafismos estruturadores da imagem (figura 99).

Da etapa nova-iorquina (1920 a 1922), que inclui quadros pintados posteriormente a essa época, nos quais Torres García rememora sua experiência naquela cidade, destacamos dois momentos. Em *Calle de Nueva York* [Rua de Nova York] (1923), prevalecem a horizontalidade do bonde, os seres anônimos, os negócios. Em um espaço coberto de letreiros, o próprio bonde

— espécie de totem da modernidade — aparece em primeiro plano, e, opondo-se a ele, uma carroça puxada por dois cavalos ostenta a palavra "*colors*". Confrontados, podem ser interpretados como o encontro de dois momentos históricos, em oposição dialética. Por um lado, a carroça puxada por cavalos é a reminiscência de um universo rural e agrícola, detido no relógio da modernidade; por outro, o bonde no primeiro plano constitui a representação da máquina moderna. A palavra "*colors*" está totalmente dissociada do eventual conteúdo da carroça. Apontar para uma mercadoria irreal e deslocada talvez seja a forma encontrada por Torres García para escapar do previsível e acentuar a alienação do mundo moderno. Além disso, a palavra "*colors*" também desvia a atenção do leitor para a construção cromática do próprio quadro. O foco dessa cena, vista de cima, nos faz pensar em um Torres García que observa e pinta de uma janela no alto na mesma rua, semelhante ao observador do conto "O homem da multidão", de Edgar Allan Poe, analisado por Walter Benjamin (figura 53).[3]

Essa mesma *Calle de Nueva York* (poucos anos depois, visitada e registrada pela imaginação surrealista de Federico García Lorca) está repleta de cartazes que ocupam o quadro horizontalmente, de ponta a ponta. Aqui há duas palavras legíveis ("*delicatesen*" e "*colors*"), enquanto os outros signos são indecifráveis. A desaparição da escrita poderia ser vista como o efeito de um pós-impressionismo, em que a velocidade emergente e sugerida da máquina do bonde desfaz os contornos, transformados agora em manchas.[4] Torres García põe o espectador do quadro diante de uma cidade que não é só para ser vista, mas também para ser lida. Provavelmente sem ter conhecido Ferdinand Saussure nem Charles Sanders Peirce, pai da semiótica, Torres García nos recorda, anos depois, em *La ciudad sin nombre*, que "*nuestro arte es un arte de signos*" [nossa arte é uma arte de signos] (p. 61). A leitura dessas cidades está ameaçada pela ideia de caos, de ausência de ordem, recuperada posteriormente no projeto construtivista. Nesse sentido, as palavras opacas e fragmentadas transformam-se em ruídos que inundam a paisagem urbana de Torres García.

Um momento exacerbado dessa visão caótica da cidade aparece em *Paisaje de Nueva York* [Paisagem de Nova York] (1920). Apesar da aglutinação de imagens sobrepostas, aqui as palavras são legíveis e a mensagem é muito clara. A concentração de imagens exacerba a ideia de caos. Há uma perda total de direcionamento. A visão da cidade e a leitura do quadro conduzem a um dramático simultaneísmo. A apresentação sem hierarquia e em primeiro plano, muito longe de um primitivismo naïf, tem uma intencionalidade que se traduz claramente na leitura das palavras. De cima para baixo, "Camel" (a marca de cigarros), "Times" (com o logotipo do tradicional jornal nova-iorquino na letra "T"), "*shop*", "*business*", "*paper*". Os símbolos do capitalismo norte-americano — pintados quase uma década antes da quebra da Bolsa de Nova York — disseminam-se na escrita suspensa dessa tela. A escada em zigue-zague, que cruza o centro do quadro, não sai de nenhum lugar e não conduz a nada (ao contrário do que ocorre na obra de Xul Solar, em que as escadas têm uma conotação mística de ascensão e de libertação do indivíduo). O caos renova-se nessa ostensiva ausência de direção. O mesmo poderia ser dito do relógio — do lado esquerdo — e de uma espécie de semáforo equidistante. Em vez de organizar o espaço e o tempo do quadro, aparecem como ex-signos, devorados pela selva urbana. Literalmente engarrafados no trânsito da própria imagem, os meios de transporte — uma carroça sem cavalo, vagões de um trem, bonde ou metrô e um transatlântico —, vistos de baixo para cima, surgem sobrepostos, sem hierarquia, com o navio sobre todos eles. Em cima de tudo, e com irônica discrição, a bandeira norte-americana. Os seres opacos que habitam essa cidade são mais visíveis na base desse quadro, como se suportassem todo o peso da *ville tentaculaire* (figura 54).

Duas décadas mais tarde, encontramos o pintor em Montevidéu, onde escreve *La ciudad sin nombre* — uma obra de ficção de pouco mais de cem páginas, não numeradas, na qual se inserem ilustrações que servem de referente e suporte icônico para o discurso escrito.[5] Torres García regressa a sua cidade natal depois de 43 anos de ausência, enriquecido por sua experiência catalã, nova-iorquina e parisiense dos anos 1920 e 1930. Em seu discurso crítico, percebe-se o pensamento de alguém que superou as vanguardas históricas, que viu a crise da Bolsa de Nova York, o surgimento do fascismo, a Guerra Civil Espanhola e finalmente a Segunda Guerra Mundial, contemporânea à produção de seu livro. Escrito aos 67 anos, *La ciudad sin nombre* traz na última página a data 16 de dezembro de 1941. Ou seja, o livro foi elaborado em meio às seiscentas conferências e 253 ilustrações que compõem o monumento teórico *Universalismo constructivo* (textos que datam de 1934 a 1942, 150 lições no total). Em Montevidéu, vive os anos mais fecundos de sua carreira, quando funda a Escuela del Sur e o Taller Torres García. Seu retorno à cidade natal tem certa semelhança com o de Jorge Luis Borges no que se refere ao caráter *fundador* de seu país de origem. Mas, diversamente de Borges, que se compraz no poema como gesto em que a memória culmina e se cristaliza, Torres García tem um projeto de transformação da cultura por intermédio da arte construtiva. Em uma entrevista concedida a Juan Carlos Onetti, publicada na revista *Marcha* de 23 de junho de 1939, dois anos antes da publicação do livro, Torres García afirmava (figura 100):

> Pensei então em estender a arte construtiva a toda a América, voltando às formas da arte pré-colombiana. E não somente porque considerei que essa é a nossa arte, mas também porque o cataclismo

que ameaça a Europa acabará com o que resta de sua cultura. E os artistas americanos estariam então sem modelos estrangeiros para copiar. O que, indubitavelmente, seria muito grave. Pensei, pois, que o destino da América era constituir um refúgio para a cultura em perigo. Porém, essa ideia deve ser bem entendida: não se trata de construir aqui um gigantesco museu, mas de iniciar uma nova cultura com novo sangue, outra etapa, em uma palavra.[6]

Penso que a enumeração desses dados históricos é importante para a compreensão do complexo sistema simbólico de Torres García, no qual prevalece a recusa da civilização industrial e a fundação de uma estética cósmica, total, abrangente, cuja base primitiva busca retomar um pensamento *americanista* de fundo asteca e incaico (por alguma razão, Torres García exclui a cultura maia de seu sistema). Um pensamento indígena pré-colombiano que resgate para o homem moderno a dimensão histórica, sagrada, quase religiosa, sem que isso signifique um retorno ao primitivo.

Deter-me-ei brevemente em alguns elementos básicos de *La ciudad sin nombre*: 1) o elemento urbano como crítica da modernidade; 2) a estética como discurso crítico; 3) o projeto fundador--construtivista montevideano.

La ciudad sin nombre apresenta-se como uma *fábula em movimento*: a chegada de um personagem a uma cidade desconhecida, uma viagem em um vapor, a visita a outras cidades, a viagem final como despedida do Velho Mundo e o retorno à América para fundar uma nova cultura e civilização. O título da obra desdobra-se em duas possíveis singularidades: por um lado, o caráter fundador de uma cidade, a qual *é preciso nomear* — gesto do demiurgo, do conquistador ou do pai, detentor do poder da palavra que inaugura um universo; por outro, a falta de palavra também se traduz no princípio de ausência, silêncio e vazio, produto do caráter seriado e monótono da urbe moderna.

Embora em um de seus ensaios Beatriz Sarlo recomende esquecer Walter Benjamin,[7] devido à banalização que ocorreu de sua leitura do *flâneur*, é praticamente inevitável interpretar o personagem-narrador dessa ficção como percepção ou consciência pura em meio à multidão urbana, da *fourmillante cité* pela qual perambula. A narrativa inicia-se com o anonimato, condição essencial do *flâneur*:

Acabo de llegar a una ciudad de la cual desconozco su nombre [...].
¿Qué me liga a todo esto? Nada, y todo. Nada, porque a nadie conozco
ni sé de nadie; pero todo, porque yo también soy un hombre.* [p. 3]

A mesmice, o discurso diferenciado e a repetição como um dos problemas trazidos pela modernidade aparecem retratados pelo *flâneur*-narrador:

Siempre por las mismas puertas, cada día, salen y entran las mismas
personas. Se dispersan por la ciudad, haciendo el mismo recorrido.**
[pp. 4-5]

Torres García, mais filósofo que poeta, e quase mais filósofo que pintor, descreve um momento ao chegar a outra cidade:

Los [barrios] modernos son como en todas partes: sin carácter. El comercio hoy ha unificado las ciudades. Los mismos anuncios luminosos y los mismos afiches; el mismo gusto en tiendas y vitrinas; los mismos vehículos en la calle; y el mismo tipo estandarizado en los transeúntes.*** [p. 9]

---

* Acabo de chegar a uma cidade da qual desconheço o nome [...]. O que me liga a tudo isso? Nada, e tudo. Nada, porque não conheço ninguém nem sei de ninguém; mas tudo, porque eu também sou um homem.
** Sempre pelas mesmas portas, a cada dia, entram e saem as mesmas pessoas. Dispersam-se pela cidade, fazendo o mesmo percurso.
*** Os [bairros] modernos são como em todos os lugares: sem caráter. O comércio

O olho do artista-*flâneur* não pode deixar de observar plasticamente a paisagem urbana, recordando-nos imagens do *vibracionismo* de Barradas, seu companheiro de juventude:

> *Impresión plástica que sería interesantísima para un artista moderno. Mil formas en movimiento incesante. Superficies enormes con miles de agujeros rectangulares. Anuncios...*
>
> *Atravesamos una gran plaza; árboles, tranvías, colores al sol, tiendas, autos...*
>
> *Más anuncios: fijos, móviles, luminosos, acústicos* — vibrando siempre — *sin dejar reposo a la sensibilidad. Y el incontable número de vehículos: autos, tranvías, autobuses, camiones. Y el hormiguero humano en las aceras.** [p. 11, grifos meus]

As páginas finais do livro relatam a viagem derradeira e fundadora. Mas o reencontro com a cidade natal lhe reserva surpresas:

> *Este es el Banco de la República. Parece un poco el National City Bank de Nueva York.*** [p. 98]

Para concluir mais adiante:

---

hoje unificou as cidades. Os mesmos anúncios luminosos e os mesmos cartazes; o mesmo gosto em lojas e vitrines; os mesmos veículos na rua; e o mesmo tipo padronizado nos transeuntes.

* Impressão plástica que seria interessantíssima para um artista moderno. Mil formas em movimento incessante. Superfícies enormes com milhões de orifícios retangulares. Anúncios...

Atravessamos uma grande praça; árvores, bondes, cores ao sol, lojas, carros...

Mais anúncios: fixos, móveis, luminosos, acústicos — *vibrando sempre* — sem deixar repouso à sensibilidade. E o incontável número de veículos: carros, bondes, ônibus, caminhões. E o formigueiro humano nas calçadas.

** Este é o Banco de la República. Parece um pouco o National City Bank, de Nova York.

*Me encuentro en Montevideo como en cualquier otra gran ciudad.** [p. 100]

A redundância planetária e os efeitos da hoje denominada política de mercado, da globalização e do neoliberalismo já aparecem nesse livro com espírito visionário, mesmo anos antes do término da Segunda Guerra Mundial. A ilusória ampliação de um espaço acaba se reduzindo ao efeito de vazio, pelo próprio discurso da indiferenciação. A modernidade traz consigo a abolição do espaço e do senso do tempo.

Assim como os surrealistas viam no manequim um totem da modernidade, Torres García introduz como interlocutor um homem-anúncio. O homem como objeto coisificado materializa-se na imagem do homem-sanduíche, presente em vários momentos da narração (pp. 11, 36, 74, 77 e 83):

— *Pero, diga ¿no le importa sentarse junto a un hombre anuncio?*
— *Pero si yo soy otro anuncio! Todos somos anuncios de una misma empresa.*** [p. 36]

Poucos anos antes da publicação desse romance, Walter Benjamin escreve sua última obra, inacabada, *Passagens*, sobre o papel social das galerias de Paris, em total processo de decadência naquele momento. A degradação e o desaparecimento do *flâneur* nas primeiras décadas do século XX dão lugar ao homem-sanduíche. Segundo Walter Benjamin:

---

* Encontro-me em Montevidéu como em qualquer outra cidade grande.
** — Mas, diga, o senhor não se importa de se sentar junto a um homem-anúncio?
— Mas se eu sou outro anúncio! Todos somos anúncios de uma mesma empresa.

Basicamente, a empatia pela mercadoria é empatia pelo próprio valor de troca. O *flâneur* é o virtuose desta empatia. Ele leva para passear o próprio conceito de venalidade. Assim como sua última passarela é a loja de departamentos, sua última encarnação é o homem-sanduíche.[8]

A reiterada presença do homem-sanduíche na narrativa de Torres García é pouco menos que surpreendente. O pintor uruguaio deixa Paris rumo a Montevidéu em 1935, e Benjamin toma como referência o mesmo espectro urbano, um ano mais tarde. O brilhante ensaio de Susan Buck-Morss mostra-nos que o homem-sanduíche era um personagem comum nas ruas de Paris daquela época:

Desprezado, o homem-sanduíche era uma figura muito familiar para a maior parte dos cidadãos de Paris dos anos 1930. Cartazes humanos, eles anunciavam e faziam a publicidade dos produtos e eventos (cinemas, liquidações) da cultura e do consumo burguês, de forma que, embora seu uniforme lhes desse uma aparência apresentável, eles eram associados de muito perto à miséria.[9]

Longe de pretender fazer uma análise marxista do romance, surpreende-nos a presença desse insólito personagem em ambos os textos. Para Torres García, esse dândi degradado aparece disfarçado de texto ambulante. Uma escritura móvel dentro da cidade moderna, um cartaz ambulante, vítima das novas leis do mercado. Apesar da profusão de imagens que o livro contém, o homem-anúncio não aparece desenhado. A presença da escrita na cidade ganha vitalidade aqui nos corpos coisificados pela própria palavra, que ele veste e veicula. Palavra encarnada, literalmente, embora não no sentido poético de Octavio Paz, mas nos corpos escritos e prostituídos pelo mercado da nova paisagem urbana. A certa altura do romance, o homem-anúncio pede:

[...] *quíteme el letrero ese de la espalda.** [p. 37]

O que é que Torres García propõe em seu sistema, de forma geral, e nesse romance, em particular? Uma visão cósmica, totalizadora, capaz de superar a fragmentação vigente e o senso de perda da individualidade e a alienação na cidade moderna. Torres García vai na contramão do projeto cubista, que destaca justamente a fragmentação.

O artista uruguaio opõe-se radicalmente a dois conceitos básicos impostos pela modernidade. O primeiro deles se baseia na ideia do *novo* como possibilidade de renovação ou de redenção. Responde a eles com a retomada de uma tradição americana. O novo para Torres García significa a indiferenciação: em *Universalismo constructivo*, mais precisamente na lição 30 ("La Escuela del Sur"), afirma: "[...] nossa própria e típica cidade, embora esteja em todos os lugares, está menos e quase nada em certos bairros novos ou modernizados".[10]

Outro aspecto combatido ferozmente é a representação fragmentária da arte moderna a partir do cubismo. Torres García propõe e desenvolve uma arte totalizadora, capaz de ajudar o indivíduo a superar o sentimento de alienação, a recuperar sua dimensão cósmica no mundo moderno:

> Se pintarmos qualquer aspecto da cidade, uma rua, um parque etc., ou um pedaço da praia ou um canto do porto, dando à obra todo o verismo possível, pouca coisa teremos feito com relação à vida já intensa da urbe, a seus mil variados mecanismos intelectuais, morais, artísticos e industriais; e também de aspectos opostos que há nela; e mais que isso, quanto à *ideia* que temos de sua

---

* [...] tire esse letreiro das minhas costas.

importância. Porque por tal meio *fragmentário* jamais podemos chegar a dar isso, e menos ainda o conceito que temos da cidade. Daí a razão de ser uma arte esquemática e *simbólica*.[11] [grifos do autor]

Na "Advertencia" a *La ciudad sin nombre*, Torres García deixa muito claro seu propósito: fazer uma espécie de painel, de mural social em que

> *Los personajes que intervienen, simples muñecos sin realidad humana, solo sirven para materializar el drama que se juega en el mundo actual, entre los valores ideales del espíritu, universales y eternos, y los intereses materiales, individuales o colectivos, en lo histórico. Y siendo el único propósito del autor, destacar únicamente estos dos ambientes en lucha* [...]*

O caráter fundador do retorno a Montevidéu aparece de forma clara:

> *Explico lo que me trae al país: levantar al arte, crear una nueva conciencia, buscar la tradición profunda.*** [p. 19]

O construtivismo universal de Torres García — que nada tem a ver com a escola russa de mesmo nome, liderada por Malevitch — busca unir o discurso místico e ritualístico anterior

---

* Os personagens que intervêm, simples bonecos sem realidade humana, só servem para materializar o drama que se vive no mundo atual, entre os valores ideais do espírito, universais e eternos, e os interesses materiais, individuais ou coletivos, no histórico. E sendo o único propósito do autor destacar unicamente esses dois ambientes em luta.

** Explico o que me traz ao país: erguer a arte, criar uma nova consciência, buscar a tradição profunda.

ao descobrimento da América, sem desprezar as vanguardas. Para isso, Torres García propõe uma espécie de utopia metafísica por intermédio de uma arte que refute a arte naturalista imitativa em prol de uma arte abstrata absoluta, sem figuração.[12] O design ortogonal (verticais e horizontais) é a solução plástica (que, segundo Torres García, se opõe ao conceito de pintura) em que a superfície se reduz a duas dimensões (elimina-se a perspectiva) e se limita todo caráter narrativo (o que o afasta do típico muralismo mexicano). A capa do livro e alguns exemplos internos (como nas pp. 65 e 70) nos dão uma amostra bastante cabal da arte construtiva. A última página termina com um esboço que pretende ser o "*primer monumento constructivo de la República*" [primeiro monumento construtivo da República], retomando assim a arte dos monólitos pré-colombianos (pp. 69 e 71) (figuras 100, 96 e 63).

Escrito à mão, com letra de fôrma, somente vinte páginas não possuem ilustração. Qual é a função das ilustrações nesse livro? Por um lado, nos dão a pauta de um pintor que escreve e, consequentemente, que pensa em imagens. Como interagem nesse livro palavra e imagem? Estamos diante do lema "*Ut pictura poesis*"? Não exatamente. Penso que Torres García, ao inserir ou intercalar as imagens, incorpora-as ao sintagma narrativo como forma de sintaxe. Desenho, sim, mas sem perder a linearidade convencional da escrita. O traço rápido, aparentemente inacabado, dos desenhos sugere uma estrutura de croqui, de acordo com o estilo do diário de viagem e com o efeito de vertigem provocado pela cidade moderna. Um quase *graffitto* dessa cidade.

Se em algum momento o anúncio do Cinzano em cima de um bonde (p. 96) antecipa-nos o caráter irreversível da poluição visual das estratégias de mercado na cidade moderna (p. 66), por outro lado encontramos uma espécie de pontuação local — por exemplo, no Teatro Solís de Montevidéu (p. 94) — como forma de resgate de um cosmopolitismo avassalador e despersonalizador. Da mesma forma, encontramos aqui e ali, e em contraposição, restos do bairro, da cultura periférica e do pitoresquismo local, como uma carroça (p. 98). Na paisagem urbana de *La ciudad sin nombre*, esses elementos são uma espécie de relíquia, uma rememoração quase romântica de um passado irreversível (figuras 97 e 98).

[Texto original em espanhol. Conferência apresentada no "Coloquio Internacional Peinture et Écriture 3: Frontières éclatées", Paris, Universidade de Paris 8/ Colegio de España, 22-23 jan. 1999. Publicado em *Cuadernos Hispanoamericanos*, 589.590, Madri, pp. 209-18, jul.-ago. 1999. Tradução de Gênese Andrade.]

Notas

1. TARSILA E OSWALD NA SÁBIA PREGUIÇA SOLAR [pp. 15-33]

1. "Pau Brasil". *O Jornal*, Rio de Janeiro, pp. 1-2, 13 jun. 1925; reproduzido em Oswald de Andrade, *Os dentes do dragão* (org.: Maria Eugenia Boaventura). 2. ed. rev. e ampl. São Paulo: Globo, 2009, pp. 31-40.

2. "Confissão geral". *Jornal de Letras*, 2.18, Rio de Janeiro, dez. 1950; reproduzido em *Tarsila*. São Paulo: Art Editora/Círculo do Livro, 1991, pp. 11-5.

3. "Tarsiwald — Tarsila e Oswald, no chamar amigo de Mário de Andrade — representaram, de fato, em suas atitudes e em sua obra, o verdadeiro espírito do modernismo brasileiro dândi dos anos 20", afirma Aracy A. Amaral em *Tarsila: Sua obra e seu tempo* (1975). 3. ed. rev. e ampl. São Paulo: Editora 34/Edusp, 2003, p. 17.

4. Id., ibid., p. 118.

5. Nesse mesmo ano de 1923, Tarsila pinta, em Paris, *A negra* e *A caipirinha*. Consta que, ao regressar de Paris nesse ano, ela afirmou: "Sou profundamente brasileira e vou estudar o gosto e a arte de nossos caipiras". In: "Tarsila do Amaral, a interessante artista brasileira, dá-nos as suas impressões". *Correio da Manhã*, Rio de Janeiro, 25 dez. 1923; reproduzido em id., ibid., p. 419.

Ver também a correspondência do período dirigida a Mário de Andrade, in: Aracy Amaral (Org.), *Correspondência Mário de Andrade & Tarsila do Amaral*. São Paulo: Edusp/IEB, 2001.

6. "Confissão geral", op. cit., p. 12.

7. "Em outubro [de 1922, Tarsila] retrata seus novos amigos, Mário e Oswald: *fauves* na cor, como na inusual ousadia da aplicação da tinta sobre a tela, pincelada em staccato, breve, rápida, nervosa, cores puras justapostas ou mescladas numa mesma pincelada, Tarsila aqui 'desenha' com a tinta", afirma Aracy Amaral em *Tarsila: Sua obra e seu tempo*, op. cit., p. 69.

8. Tarsila do Amaral, "Confissão geral", op. cit., p. 13.

9. In: *Tarsila do Amaral*. São Paulo: Fundação Finambrás, 1998, p. 15.

10. Oswald deixou pouquíssimos manuscritos de sua poesia; excepcionalmente, há oito versões manuscritas do poema "Atelier". Para o estudo detalhado das variantes dos diversos manuscritos, cf. Gênese Andrade, "Nota filológica: poesia", em Oswald de Andrade, *Obra incompleta*. Paris: ALLCA XX/Archivos, no prelo. Ver, também, Maria Eugenia Boaventura, "O Atelier de Tarsiwald", in: *I Encontro de Crítica Textual: O manuscrito moderno e as edições*. São Paulo: FFLCH-USP, 1986, pp. 27-40.

11. Oswald de Andrade, *Pau Brasil*. São Paulo: Globo, 2010, p. 164.

12. Id., ibid., p. 114.

13. A palavra "atelier", puro galicismo, poderia apontar mais para Paris do que para São Paulo, embora uma das versões manuscritas contenha a variante "Atelier paulista". Oswald, que oralizava tanto as grafias, manteve, nas variantes de todos os manuscritos do poema, o original francês intacto, evitando a forma abrasileirada "ateliê".

Na abertura do importante depoimento de 1950, Tarsila rememora o papel do ateliê paulista: "Para esse ateliê da rua Vitória convergiria mais tarde, em 1922, três meses após a Semana de Arte Moderna, todo o grupo modernista, inclusive Graça Aranha. Formou-se ali o Grupo dos Cinco, com Mário de Andrade, Oswald de Andrade, Menotti Del Picchia, Anita Malfatti e eu. Parecíamos uns doidos em disparada por toda parte na Cadillac de Oswald, numa alegria delirante, à conquista do mundo para renová-lo. Era a 'Pauliceia desvairada' em ação". Em "Confissão geral", op. cit., p. 11.

14. *A Gazeta*, São Paulo, 3 set. 1918; reproduzido em Marta Rossetti Batista; Telê Porto Ancona Lopez; Yone Soares de Lima (Org.), *Brasil: 1º tempo modernista — 1917-29. Documentação*. São Paulo: IEB, 1972, pp. 181-3.

15. *Pau Brasil*, op. cit., p. 156.

16. Os dois óleos em que a temática da locomotiva aparece mais representada na pintura de Tarsila são *EFCB*, de 1924, e *La Gare*, de 1925.

17. In: "*Primeiro caderno do aluno de poesia*. São Paulo, 1927". *Jornal do Brasil*, Rio de Janeiro, 24 ago. 1927; reproduzido em *Crítica: Os modernos*. Rio de Janeiro: Academia Brasileira de Letras, 1952, pp. 90-4. Apud Haroldo de

Campos, "Uma poética da radicalidade", em Oswald de Andrade, *Pau Brasil*, op. cit., p. 29.

18. *Pau Brasil*, op. cit., p. 131.

19. Elementos preciosos para a vanguarda cubista e construtivista. Lembremos de *Cercle et carré*, fundada em Paris, por Torres García e Michel Seuphor, em 1930.

20. Embora na leitura dessa estrofe não fique claro que a poeira vermelha seja o efeito da passagem de um carro, isso sem dúvida se explicita nos vários manuscritos deixados por Oswald: "Quando a gente chega de Ford/ Cansado da poeira vermelha" e variantes semelhantes apontavam no mesmo sentido. Cf. Maria Eugenia Boaventura, "O Atelier de Tarsilwald", op. cit., pp. 34, 38.

21. Um de seus diretores, Antônio de Alcântara Machado, três anos mais tarde, dirigiria a antológica *Revista de Antropofagia*.

22. Carta de Tarsila a Dulce (sua filha), São Paulo, 23 fev. 1924. Apud Aracy A. Amaral, *Tarsila: Sua obra e seu tempo*, op. cit., p. 146.

23. "Confissão geral", op. cit., p. 13.

24. Ver o item "Chave de ouro e *camera eye*", de Haroldo de Campos, "Uma poética da radicalidade", em Oswald de Andrade, *Pau Brasil*, op. cit., pp. 30-3.

25. "O caminho percorrido", conferência realizada em Belo Horizonte em 1944; reproduzida em Oswald de Andrade, *Ponta de lança* (1945). São Paulo: Globo, 2004, pp. 162-75.

26. Id., ibid., p. 165.

27. Ao analisar a pintura de Tarsila, mas sem se deter nesse poema de Oswald, Carlos Zílio observa que: "No modernismo a relação interior-exterior perde sentido, uma vez que há uma continuidade entre o *atelier* e o exterior. Essa inexistência de divisão faz com que a pintura absorva a luz e o espaço tropicais. A inversão da pintura ao ar livre, isto é, o fato de que é a paisagem que vai ao *atelier*, demonstra também a postura contemporânea do modernismo, para quem a paisagem existe enquanto possibilidade metafórica de uma visão cultural transposta em termos pictóricos". In: *A querela do Brasil. A questão da identidade da arte brasileira: A obra de Tarsila, Di Cavalcanti e Portinari — 1922-1945*. 2. ed. Rio de Janeiro: Relume-Dumará, 1997, p. 78.

28. Poema escrito possivelmente por ocasião do falecimento de Tarsila. In: *As impurezas do branco: Poesia completa*. Rio de Janeiro: Nova Aguilar, 2004, pp. 764-5.

29. "Fernand Léger". *Diário de S. Paulo*, 2 abr. 1936; reproduzido em Aracy Amaral, *Tarsila cronista*. São Paulo: Edusp, 2001, pp. 52-3. Para a edição completa das crônicas de Tarsila, cf. Laura Taddei Brandini (Org.), *Crônicas e outros escritos de Tarsila do Amaral*. Campinas: Editora da Unicamp, 2008.

30. In: *Miramar de Andrade*. São Paulo: TV2 Cultura, 1990 (vídeo).

31. Cf. Maria Eugenia Boaventura, "O Atelier de Tarsilwald", op. cit., p. 33. Ao relacionar as diversas variantes, a crítica assinala com razão que "o poeta certamente estava ainda sob o efeito da impressão que lhe causara a tela pré-antropofágica *A negra*".

32. Para outra análise desse quadro, ver, de Sônia Salztein, "A audácia de Tarsila", in: *XXIV Bienal de São Paulo: Núcleo histórico. Antropofagia e histórias de canibalismos*. São Paulo: Fundação Bienal, 1998, pp. 356-63. A crítica detém-se no caráter precursor e antecipatório de Tarsila no ideário Pau Brasil e Antropofágico.

33. O cacto parece ser um tema por excelência em pintores como Diego Rivera e Frida Kahlo. Ver Davi Arrigucci Jr., "Cactos comparados", in: *O cacto e as ruínas: A poesia entre outras artes*. São Paulo: Duas Cidades, 1997, pp. 21-76.

34. "Tarsila do Amaral", in: *Tarsila do Amaral*. São Paulo: Fundação Finambrás, 1998, p. 23. Ainda sobre o cubismo em Tarsila, Haroldo de Campos, por ocasião da retrospectiva de Tarsila em 1969, afirma que "Do cubismo soube Tarsila extrair essa lição não de coisas, mas de relações, que lhe permitiu fazer uma leitura estrutural da visualidade brasileira". "Tarsila: uma pintura estrutural", in: *Tarsila: 50 anos de pintura*. Rio de Janeiro: MAM-RJ, 1969, p. 35 (catálogo de exposição com curadoria de Aracy Amaral, inaugurada em 10 de abril de 1969); reproduzido em Aracy A. Amaral, *Tarsila: Sua obra e seu tempo*, op. cit., p. 463.

35. *A trilogia do exílio: I. Os condenados*. São Paulo: Monteiro Lobato e Cia. Ed., 1922.

Raul Bopp registra justamente essa etapa ainda romântica: "Oswald de Andrade, [...] de resíduos românticos, leu, debaixo de vaias, trechos do seu romance inédito *Os condenados*". Cf. Raul Bopp, *Vida e morte da Antropofagia*. Rio de Janeiro: Civilização Brasileira, 1977, p. 27; 2. ed. Rio de Janeiro: José Olympio, 2008, p. 41.

36. Aracy A. Amaral, *Tarsila: Sua obra e seu tempo*, op. cit., nota 19, p. 51.

2. REGO MONTEIRO, ANTROPÓFAGO? [pp. 34-46]

1. Apud Antônio Bento, "Apresentação em 1920 no Recife", in: Jean Boghici, *Vicente do Rego Monteiro: Pintor e poeta*. Rio de Janeiro: Quinta Cor, 1994, p. 72.

2. Para uma análise detalhada de *Quelques Visages...*, ver Maria Luiza Guarnieri Atik, *Vicente do Rego Monteiro: Um brasileiro da França*. São Paulo: Edições Mackenzie, 2004, pp. 97-105.

3. Em 1928, ano de intensa produção de Rego Monteiro em Paris, inaugura-se a grande exposição Les Arts Anciens de l'Amérique, no Museu do Louvre, organizada por Alfred Métraux e Georges Rivière. Nesse mesmo ano, o grande etnógrafo Métraux publicaria *La Civilisation matérielle des tribus tupi-guarani*. Dificilmente Rego Monteiro teria ignorado esses fatos.

4. Wilhelm Worringer, *Abstracción y naturaleza* (trad.: Mariana Frenk). México: Fondo de Cultura Económica, 1953.

5. Estou me referindo aos catálogos de Dore Ashton, *Abstract Art Before Columbus*. Nova York: Andre Emmerich Gallery, 1957; *"Primitivism" in 20th Century Art* (org.: William Rubin). Nova York: Museum of Modern Art/Thames and Hudson, 1984, 2 v. Também Barbara Braun, *Pre-Columbian Art and the Post--Columbian World*. Nova York: Harry N. Abrams, 1993; *Abstracción: El paradigma amerindio* (org.: César Paternosto). Valência: Ivam, 2001.

6. Em *Aspectos da literatura brasileira*, s.d. Apud M. Cavalcanti Proença, *Roteiro de Macunaíma* (1950). 6. ed. Rio de Janeiro: Civilização Brasileira, 1987, p. 35.

7. Em 1923, um admirado Gilberto Freyre publicaria um artigo na *Revista do Brasil*, afirmando que "desde pequeno que esse Rego Monteiro é um verbo irregular da gramática da vida". "Notas a lápis sobre um pintor independente", reproduzido em Jean Boghici, *Vicente do Rego Monteiro: Pintor e poeta*, op. cit., p. 197.

8. "Restituição de Vicente do Rego Monteiro", in: *Vicente do Rego Monteiro*. São Paulo: Museu de Arte Moderna, 1997, pp. 10-1. Numerosos desenhos e estudos de figuras, motivos e pictogramas indígenas, a maior parte deles datados como sendo do início da década de 1920, aparecem fartamente reproduzidos em Walter Zanini. *Vicente do Rego Monteiro: Artista e poeta*. São Paulo: Empresa das Artes/Marigo, 1997.

9. Cf. *Catálogo da exposição da Semana de Arte Moderna*. São Paulo, 1922. Edição fac-similar, in: *Caixa modernista* (org.: Jorge Schwartz). São Paulo: Edusp/Imprensa Oficial; Belo Horizonte: Editora UFMG, 2003.

10. Couto de Magalhães, *O selvagem*. Rio de Janeiro: Typographia da Reforma, 1876. I. Curso de língua geral, segundo Ollendorf. Compreendendo o texto original de lendas tupis.

11. Jean Boghici, *Vicente do Rego Monteiro: Pintor e poeta*, op. cit., p. 249. Não podemos deixar de lembrar aqui o poema-piada de Oswald de Andrade, "Erro de português", de 1925: "Quando o português chegou/ Debaixo duma bruta chuva/ Vestiu o índio/ Que pena!/ Fosse uma manhã de sol/ O índio tinha despido/ O português". Sobre a índia Paraguaçu, diz Leyla Perrone-Moisés: "Em 1547, nossa famosa Paraguaçu foi apresentada à corte em Paris. Mas Paraguaçu não foi levada nas mesmas condições que os outros índios. Foi como turista,

acompanhada pelo marido Diogo Álvares Correia, o Caramuru, a convite de Henrique II e Catarina de Médicis. Na França, onde permaneceu por dois anos, ela foi batizada e se casou com Diogo Álvares". In: *Vinte luas*. São Paulo: Companhia das Letras, 1992, p. 167.

12. Ferdinand Denis, *Uma festa brasileira* (1859) (trad.: Cândido Jucá Filho). Rio de Janeiro: Epasa, 1944, p. 22. Bibliotecário de profissão, Ferdinand Denis passou quatro anos no Brasil. Na introdução a *Uma festa brasileira*, comenta Basílio de Magalhães: "Não foi perdido o tempo que passou no Brasil, onde colheu informações que de muito lhe serviram posteriormente [...]. Ferdinand Denis, arguto observador dos usos e costumes do nosso povo (além do Rio de Janeiro, esteve ele ainda na cidade de Salvador), foi um dos precursores do abolicionismo, pois que já em 1829 verberava, daqui do Brasil, o infando instituto de escravidão africana" (p. IV). Ver excelente análise da iconografia de época dessa festa lendária em Ana Maria de Moraes Belluzzo, "O índio brasileiro na França", e, também sobre essa festa, Leyla Perrone-Moisés, "Outros índios brasileiros na França", in: *O Brasil dos viajantes*. São Paulo: Metalivros/ Objetiva, 1994, vol. I, pp. 26-35, 166-75.

13. Ver nota 1 do "Prefácio" a *Légendes...*

14. *Vinte luas*, op. cit., p. 162. Sobre outros relatos de índios brasileiros na Europa, ver pp. 166-70.

15. Afirma Montesquieu na introdução: "Uma coisa me causou muita estranheza: foi ver esses persas tão informados às vezes quanto eu sobre os costumes e modos da nação, a ponto de conhecer suas menores circunstâncias e de notar coisas que, tenho certeza, terão escapado a muitos alemães que viajaram pela França. Atribuo isso a sua longa permanência entre nós; sem contar que é mais fácil um asiático se instruir em um ano sobre os costumes dos franceses do que um francês conhecer os modos asiáticos em quatro — porque uns se abrem tanto quanto os outros se calam". In: *Cartas persas* (1721) (trad.: Renato Janine Ribeiro). São Paulo: Pauliceia, 1991, p. 14.

16. Os huronianos, da Hurânia, são uma tribo indígena encontrada pelos franceses ao chegar ao Canadá, hoje no sul de Ontário. M. L'Ingénue é o personagem criado por Voltaire para fazer uma crítica feroz aos abusos da monarquia no *Ancien Régime*. Assim como em Montaigne, o "primitivo" é utilizado para criticar o "civilizado". *L'Ingénue: Histoire véritable tirée des manuscrits du P. Quesnel* foi publicado por Voltaire em 1767, de forma anônima, em Genebra. Censurado, o livro teve 37 edições entre 1767 e 1785. Voltaire, *L'Ingenu*. Paris: Éditions Sociales, 1955. Edição anotada por Jean Varloot.

17. Agradeço a informação a Leyla Perrone-Moisés.

18. "A tipografia, cuja história, no Brasil — a ser escrita —, não poderá, com toda a certeza, omitir seu nome", afirma Walter Zanini em "Introduzindo Monteiro", em *Vicente do Rego Monteiro (1899-1970)*. São Paulo: Museu de Arte Contemporânea da Universidade de São Paulo, 1971, s.p.

19. Acreditamos que, pela precisão da data, Rego Monteiro tenha assistido à conferência na Sorbonne "O esforço intelectual do Brasil contemporâneo", reproduzida em Oswald de Andrade, *Estética e política* (org.: Maria Eugenia Boaventura). 2. ed. rev. e ampl. São Paulo: Globo, 2011, pp. 39-53.

20. A carta vem intercalada pela reprodução, em formato reduzido, de três imagens. Esses óleos, de abstração geométrica marajoara, aparecem reproduzidos em Walter Zanini, *Vicente do Rego Monteiro: Artista e poeta*, op. cit., pp. 170-2.

21. Reproduzida, em fac-símile, em Paulo Bruscky et alii, *Vicente do Rego Monteiro: Poeta tipógrafo pintor*. Recife: Cepe, 2004, p. 507.

22. Esse desenho, inédito até 2000, foi exposto pela primeira vez na mostra De la Antropofagia a Brasília (Ivam, Valência).

23. Jean Boghici, *Vicente do Rego Monteiro: Pintor e poeta*, op. cit., pp. 254-5.

24. Id., ibid., p. 283.

25. Nem no clássico *Roteiro de Macunaíma*, de M. Cavalcanti Proença, nem na edição crítica organizada por Telê Ancona Lopez, *Macunaíma*. 2. ed. Madri: Archivos/ALLCA XX, 1996. O segundo livro de Rego Monteiro pertencente à biblioteca de Mário de Andrade é *A Chacun sa Marotte*. Recife: Renovação, 1943, com dedicatória do autor assinada em 16 de setembro de 1943, data de publicação do livro.

26. Entre outros, *La Comédie italienne* (1925), *L'Imagerie populaire; les images de toutes les provinces françaises du XVe siècle au Second Empire* (1925), *L'Imagerie parisienne* (1944), *L'Imagerie bretonne* (1952).

27. Jean Boghici, *Vicente do Rego Monteiro: Pintor e poeta*, op. cit., p. 252.

28. Paulo Bruscky et alii, *Vicente do Rego Monteiro: Poeta tipógrafo pintor*, op. cit., p. 508.

29. Dessa relação pessoal, existe a reprodução do óleo extraviado *Retrato da senhora P. L. Duchartre*, de 1922, em Walter Zanini, *Vicente do Rego Monteiro: Artista e poeta*, op. cit., p. 163.

30. "O poeta Vincent Monteiro", em *Vicente do Rego Monteiro (1899-1970)*, op. cit., s.p.

Não é esse o caso de alguns escritores latino-americanos que, em certo momento de suas produções literárias, motivados por uma veleidade de perfil colonialista — e não por ser fruto de uma vivência bicultural, como foi o caso de Rego Monteiro — resolveram escrever literatura em um francês canhestro.

Penso, por exemplo, nos casos de Vicente Huidobro ou de Oswald de Andrade. Diferente também foi o caso de Sérgio Milliet, que, ainda na revista *Klaxon* (1922-3), publica poemas em francês e assina *Serge Milliet*.

31. "Era sob sugestões orientais [de um então emergente pintor japonês: Foujita] que Vicente, irredutivelmente brasileiro, e como brasileiro, bem eurotropical, estava pintando. Pintando em seda. Um paradoxo e até uma contradição." Gilberto Freyre, "Introdução", em Jean Boghici, *Vicente do Rego Monteiro: Pintor e poeta*, op. cit., p. 24.

32. Houve um momento excepcional, em que Rego Monteiro, Torres García, Pedro Figari, Diego Rivera e José Clemente Orozco, entre outros, se encontraram, na Iere Exposition du Groupe Latino-Américain de Paris, de 11 a 24 de abril de 1930. Ver reprodução do catálogo da Galerie Zak de Paris, com a participação de 21 artistas latino-americanos, em Walter Zanini, *Vicente do Rego Monteiro: Artista e poeta*, op. cit., p. 120. Aliás, o único latino-americano de quem Rego Monteiro se aproximou, conforme as cronologias, foi o escultor argentino Pablo Curatella Manes.

3. SURREALISMO NO BRASIL? DÉCADAS DE 1920 E 1930 [pp. 47-64]

1. Ver Martica Swin, "El surrealismo etnográfico y la América indígena", in: *El surrealismo entre Viejo y Nuevo Mundo*. Gran Canaria: Centro Atlántico de Arte Moderno, 1989, p. 81 (catálogo de exposição com curadoria de Juan Manuel Bonet). O artigo não menciona a passagem de Péret pelo Brasil, apenas sua estadia no México.

2. Ver Aracy Amaral, *Blaise Cendrars no Brasil e os modernistas*. 2. ed. rev. e ampl. São Paulo: Editora 34/Fapesp, 1997; Alexandre Eulalio, *A aventura brasileira de Blaise Cendrars*. 2. ed. rev. e ampl. por Carlos Augusto Calil. São Paulo: Imprensa Oficial/Edusp/Fapesp, 2001.

3. Ver *Elsie Houston — A feminilidade do canto*. Catálogo com CD que acompanha a exposição Negras Memórias, Memórias de Negros. São Paulo: Galeria de Arte do Sesi, 2003. Sobre o interesse de Péret pelas culturas pré-colombianas, em 1955, ele publicou a tradução para o francês do *Libro de Chilam Balam de Chumayel*. Um ano após sua morte, sai sua *Anthologie des mythes, légendes et contes populaires d'Amérique*. Paris: Albin Michel, 1960.

4. *Revista de Antropofagia*, 1, 2ª dentição, *Diário de S. Paulo*, 17 mar. 1929. Edição fac-similar. São Paulo: Metal Leve, 1978.

5. "É curioso notar que, afora algumas exceções, tão pouco se sabia do surrealismo no Brasil que nem mesmo o nome do movimento tinha escrita

regular. Esta ia desde a manutenção do nome em francês [*surréalisme*] até 'super-realismo'. Vinte e cinco anos depois, a escrita permanece irregular (ao menos na imprensa), assim é que em edição de 18-9 de junho de 1955, por ocasião da segunda vinda de Péret ao Brasil, a *Tribuna da Imprensa* publica o seguinte título para sua entrevista com o poeta: 'Benjamin Péret faz o balanço do supra-realismo'." Embora já exista certa bibliografia sobre Péret no Brasil, extraímos nossas informações preferencialmente de Maria Rita Rigaud Soares Palmeira, "*Poeta, isto é, revolucionário*": *Itinerários de Benjamin Péret no Brasil (1929-1931)*. Dissertação de mestrado. Campinas: IEL-Unicamp, 2000, nota 21, p. 39. Para uma síntese da experiência brasileira do poeta surrealista francês, ver Carlos Augusto Calil, "Tradutores de Brasil", in: *Da Antropofagia a Brasília*. São Paulo: Faap/Cosac Naify, 2002, pp. 325-49 (catálogo de exposição com curadoria geral de Jorge Schwartz); ver a iconografia reproduzida, pp. 183, 353; nas pp. 498-9, reproduz-se um dos treze artigos sobre rituais afro-brasileiros publicados por Péret nesse período: "Candomblé e makumba", *Diário da Noite*, São Paulo, 25 nov. 1930.

Sobre as relações entre Antropofagia e surrealismo, ver Benedito Nunes, "Anthropophagisme et Surrealisme", in: Luis do Moura Sobra (Org.), *Surréalisme périphérique*. Montreal: Université de Montréal, 1984.

6. São vários os testemunhos sobre o difícil temperamento de Péret. Reproduzo esta vívida rememoração de Murilo Mendes: "Ismael Nery provava dia a dia sua atitude de cristão militante. Alguns episódios ficaram célebres. Em 1929 realizava-se na casa do conhecido poeta uma reunião a que comparecia todo o mundo literário e artístico do Rio e de São Paulo. De repente surge uma discussão sobre assuntos religiosos e um escritor surrealista francês, de passagem pelo Rio, tipo fisicamente forte, arrogante, insulta o Cristo. Ismael aplica-lhe uma bofetada no rosto. Produz-se uma enorme confusão. Os dois contendores são apartados, e a reunião é dissolvida. Foi o apogeu do modernismo". Não temos a menor dúvida de que se tratava de Péret. Ver Murilo Mendes, *Recordações de Ismael Nery*. São Paulo: Edusp, 1996, p. 140.

7. Antônio Bento, "O pintor maldito", 1966; reproduzido em *Ismael Nery. 50 anos depois*. São Paulo: Museu de Arte Contemporânea da Universidade de São Paulo, 1984, pp. 176, 178 (catálogo de exposição com curadoria de Aracy Amaral).

8. Ver a série de dezessete crônicas publicadas por Murilo Mendes, entre 1946 e 1949, em *Recordações de Ismael Nery*, op. cit.

9. Ver meu ensaio "Xul/Brasil. Imaginários em diálogo", incluído neste livro.

10. Reproduzida em Cícero Dias, *Anos 20 / Les Années 20*. Rio de Janeiro: Index, 1993, p. 30.

11. A partir dos anos 1940, Cícero Dias inaugura no Brasil a abstração geométrica. Em 1948, participa de uma exposição coletiva em Paris, Tendances de l'art abstrait, na Galerie Denise René.

12. Afirma o pintor pernambucano: "Veja bem, naqueles comentários todos que havia sobre mim na década de 20, ninguém nunca falou do Chagall. Foi só na década de 30 que começaram a me comparar com o Chagall. [...] Eu jamais havia visto um quadro do Chagall no tempo em que pintei essas aquarelas dos anos 20". Em Cícero Dias, *Anos 20 / Les Années 20*, op. cit., p. 62.

13. Ver Mário de Andrade, "A divina preguiça" (1918), in: Marta Rossetti Batista; Telê Porto Ancona Lopez; Yone Soares de Lima (Org.), *Brasil: 1º tempo modernista — 1917-1929*. Documentação. São Paulo: IEB, 1972, pp. 181-3.

14. A maior parte das informações aqui citadas pertence a Walter Zanini, *Vicente do Rego Monteiro: Artista e poeta*. São Paulo: Empresa das Artes/Marigo, 1997. "A mostra de Rego Monteiro e Géo-Charles era a mais universal das trazidas até aquela data ao país e era devida, essencialmente, aos sólidos relacionamentos parisienses do artista brasileiro, no principal os mantidos com o marchand Léonce Rosenberg" (p. 261).

15. Id., ibid., pp. 170-2.

16. Id., ibid., pp. 244-5. Três desses óleos encontram-se no Museu de Arte Moderna Aloísio Magalhães (Mamam), Recife. Décadas mais tarde, no início dos anos 1960, Rego Monteiro faz uma série de objetos e *assemblages* surrealistas.

17. A poesia completa, acompanhada de dois CDs, está publicada em formato bilíngue em Paulo Bruscky et alii, *Vicente do Rego Monteiro: Poeta Tipógrafo Pintor*. Recife: Cepe, 2004.

18. Em correspondência sem data, do fim dos anos 1960, dirigida a Pietro Maria Bardi, seu primeiro marchand no Brasil, registra Monteiro: "Trouxe vários quadros de pequeno formato e formato médio, período pré-Antropofagista, que abriram caminho à famosa 'Antropofagia' do Oswald de Andrade 'Tupi or not tupi'", em id., ibid., p. 507.

19. Sérgio Milliet, "Artistas de nossa terra". *O Estado de S. Paulo*, 17 jun. 1943; reproduzido em Aracy A. Amaral, *Tarsila: Sua obra e seu tempo*. 3. ed. rev. e ampl. São Paulo: Editora 34/Edusp, 2003, p. 452.

20. Id., ibid., p. 453. Ver também Marta Rossetti Batista. *Artistas brasileiros na Escola de Paris, anos 20*. Tese de doutorado. São Paulo: ECA-USP, 1987.

21. Em "Confissão geral", no catálogo da primeira grande retrospectiva *Tarsila 1918-1950*. São Paulo: Museu de Arte Moderna de São Paulo, 1950, s.p.;

reproduzido em *Tarsila*. São Paulo: Art Editora/Círculo do Livro, 1991, pp. 11-5. Ver também Aracy Amaral, "Cronologia biográfica e artística", in: *Tarsila do Amaral*. São Paulo: Fundação Finambrás, 1998.

22. *Correio da Manhã*, Rio de Janeiro, 25 dez. 1923; reproduzida em Aracy A. Amaral, *Tarsila: Sua obra e seu tempo*, op. cit., p. 419.

23. Raul Bopp, *Vida e morte da Antropofagia*. Rio de Janeiro: Civilização Brasileira, 1977, p. 69; 2. ed. Rio de Janeiro: José Olympio, 2008, p. 99.

24. Aracy Amaral, "Tarsila. La magia y lo racional en el modernismo brasileño", in: *Tarsila Frida Amelia*. Barcelona: Sala de Exposicións de la Fundación La Caixa, 1997, p. 49 (catálogo de exposição com curadoria de Irma Arestizábal).

25. Oswald de Andrade, "Manifesto Antropófago". *Revista de Antropofagia*, 1, São Paulo, pp. 3, 7, maio 1928.

26. Tarsila do Amaral, "Pintura Pau-Brasil e Antropofagia". *RASM — Revista Anual do Salão de Maio*. São Paulo, 1939. Edição fac-similar. São Paulo: Metal Leve, 1984, s.p.

27. "Ismos". *Diário de S. Paulo*, 12 maio 1936; reproduzida em Aracy Amaral (Org.), *Tarsila cronista*. São Paulo: Edusp, 2001, p. 70.

28. *Diário de S. Paulo*, 22 mar. 1936; reproduzida em id., ibid., p. 48.

29. Reproduzidas em *Tarsila Frida Amelia*, op. cit., pp. 105-16.

30. Aracy Amaral, *Tarsila do Amaral*, op. cit., p. 23.

31. Artigo publicado no *Diário da Noite*, São Paulo, 19 jul. 1930; reproduzido em *Flávio de Carvalho: 100 anos de um revolucionário romântico*. Rio de Janeiro: Centro Cultural Banco do Brasil; São Paulo: Faap, 1999, pp. 79-82 (catálogo de exposição com curadoria de Denise Mattar).

32. Duchampianamente, Flávio de Carvalho deixa à posteridade a incumbência de adivinhar o que seria a ainda desconhecida *Experiência nº 1*.

33. Flávio de Carvalho. *Experiência nº 2. Realizada sobre uma procissão de Corpus-Christi: Uma possível teoria e uma experiência* (1931). Edição fac-similar. Rio de Janeiro: Nau, 2001, p. 16.

34. *Flávio de Carvalho: 100 anos de um revolucionário romântico*, op. cit., p. 80.

35. *Flávio de Carvalho, o comedor de emoções*. São Paulo: Brasiliense; Campinas: Editora da Unicamp, 1994, p. 276. Ver também Rui Moreira Leite, *Flávio de Carvalho (1899-1973) entre a experiência e a experimentação*. Tese de doutorado. São Paulo: ECA-USP, 1994, nota 21, p. 66. As entrevistas com Herbert Read, Tzara, Man Ray, Roger Caillois e Marinetti estão reproduzidas em *Flávio de Carvalho: 100 anos de um revolucionário romântico*, op. cit., pp. 86-92. Ver também Rui Moreira Leite, "Flávio de Carvalho: Modernism and the Avant-Garde in São Paulo, 1927-1939", *The Journal of Decorative and Propaganda Arts*, 21 (número especial dedicado ao Brasil), 1995, pp. 196-217; nesse artigo, belamente

ilustrado, Moreira Leite aponta, entre outras coisas, os vínculos de Flávio de Carvalho com as culturas pré-colombianas.

36. *RASM — Revista Anual do Salão de Maio*, op. cit., s.p.

37. Jorge de Lima, *A pintura em pânico*. Rio de Janeiro: Tipografia Luso--Brasileira, 1943, s.p. Ver Ana Maria Paulino, *O poeta insólito: Fotomontagens de Jorge de Lima*. São Paulo: IEB-USP, 1987, em que se reproduzem onze fotomontagens. Ver também o item "Impulsos surrealizantes e temática negrista", de Jorge Schwartz, "Tupi or not tupi", em *Da Antropofagia a Brasília*, op. cit., pp. 152-4, e respectiva iconografia, pp. 186-9. Para análise detalhada das fotomontagens, ver o item "Poesia fotoplástica", de Gênese Andrade, "Jorge de Lima e as artes plásticas". *Teresa, Revista de Literatura Brasileira*, 3, São Paulo: FFLCH-USP/Editora 34, pp. 84-91, 2003.

38. Afirma o biógrafo de Duchamp, Calvin Tomkins: "Essa mulher extraordinariamente dinâmica continuou a trabalhar como escultora após o retorno ao Brasil. Executou várias obras de grandes dimensões e tornou-se uma das principais organizadoras da Bienal de São Paulo, a exposição que inseriu o Brasil na rota da arte moderna internacional". "Maria", in: *Duchamp: Uma biografia* (trad.: Maria Theresa de Resende Costa). São Paulo: Cosac Naify, 2004, p. 407.

39. *Surrealism: Desire Unbound* (org.: Jennifer Mundy). Londres: Tate Modern; Nova York: The Metropolitan Museum of Art, 2001, pp. 296-7.

40. *O surrealismo no Brasil*. São Paulo: Pinacoteca do Estado, 1989, s.p. Para uma visão diferente da minha, ver: Sergio Lima, *A aventura surrealista*. Campinas: Editora da Unicamp; São Paulo: Unesp; Rio de Janeiro: Vozes, 1995, v. 1; Robert Ponge, "Sobre a chegada e a expansão do surrealismo na América Latina", in: *Surrealismo*. Rio de Janeiro: Centro Cultural Banco do Brasil, 2001, pp. 42-87; Valentim Facioli, "Modernismo, vanguardas e surrealismo no Brasil", e Sergio Lima, "Surrealismo no Brasil: Mestiçagem e sequestros", in: Robert Ponge (Org.), *Surrealismo e Novo Mundo*. Porto Alegre: Editora da UFRGS, 1999, pp. 293-307, 309-21.

4. SEGALL: *CASAL NA REDE* [pp. 65-8]

1. Roger Bastide, "O oval e a linha reta: A propósito de algumas pinturas de Lasar Segall". *O Estado de S. Paulo*, 29 abr. 1944; reproduzido em *Segall realista*. São Paulo: Museu Lasar Segall, 2008-9, p. 224 (catálogo de exposição com curadoria de Tadeu Chiarelli), e no regiamente ilustrado Roger Bastide, *Impressões do Brasil* (org.: Fraya Frehse & Samuel Titan Jr.). São Paulo: Imprensa Oficial, 2011, pp. 72-85.

5. LASAR SEGALL: UM PONTO DE CONFLUÊNCIA DE UM ITINERÁRIO AFRO-LATINO-AMERICANO NOS ANOS 1920 [pp. 69-95]

1. Stephanie D'Alessandro, "Vagando com a lua: Uma introdução às emigrações artísticas de Lasar Segall"; Vera d'Horta, "Com o coração na terra: A arte brasileira de Lasar Segall como 'Ressonância da Humanidade'", in: *Still More Distant Journeys / Por caminhadas ainda mais distantes: As emigrações artísticas de Lasar Segall*. Chicago: The David and Alfred Smart Museum of Art/ University of Chicago; Nova York: The Jewish Museum, 1998, pp. 110-63, 164-232.

2. Em Pierre Daix, *Dictionnaire Picasso*. Paris: Ed. Robert Laffont, 1995, p. 54.

3. Petrine Archer-Straw, *Negrophilia. Avant-Garde Paris and Black Culture in the 1920s*. Nova York: Thames & Hudson, 2000, pp. 179, 183.

4. Emanoel Araújo, *Negro de corpo e alma: Mostra do redescobrimento*. São Paulo: Fundação Bienal de São Paulo, 2000, p. 53.

5. Oswald de Andrade, "O esforço intelectual do Brasil contemporâneo", in: Marta Rossetti Batista; Telê Porto Ancona Lopez; Yone Soares de Lima, *Brasil: 1º tempo modernista — 1917-29. Documentação*. São Paulo: IEB, 1972, p. 210. Antonio Candido também formula essa questão, de forma lapidar: "No Brasil as culturas primitivas se misturam à vida cotidiana ou são reminiscências ainda vivas de um passado recente. As terríveis ousadias de um Picasso, um Brancusi, um Max Jacob, um Tristan Tzara eram, no fundo, mais coerentes com a nossa herança cultural do que com a deles". Em "Literatura e cultura de 1900 a 1945 (Panorama para estrangeiros)" (1953), in: *Literatura e sociedade*. 10. ed. Rio de Janeiro: Ouro sobre Azul, 2008, p. 128.

6. Cf. *El indigenismo en diálogo: Canarias-América 1920-1950*. Canárias: Centro Atlántico de Arte Moderno, 2001 (catálogo de exposição com curadoria de María Candelaria Hernández Rodríguez).

7. "[...] os figurinos de Alfredo González Garaño para o balé *Ollantay* com argumento de Ricardo Güiraldes e música de Pascual de Rogattis. Seu autor [Güiraldes], familiarizado com a arte modernista por frequentar os artistas e os ateliês do Velho Mundo, era também um colecionador de arte africana e pré-colombiana." Cf. Adriana Armando e Guillermo Fantoni, "El 'primitivismo' martinfierrista: De Girondo a Xul Solar", in: Oliverio Girondo, *Obra completa* (coord.: Raúl Antelo). Madri: ALLCA XX/Archivos; São Paulo: Scipione Cultural, 1999, p. 483.

8. Ver o caderno de viagem de Girondo, *Expedición a Quilmes II*, em Oliverio Girondo, *Obra completa*, op. cit., pp. LXXI-LXXV.

9. Afirma Mercedes López-Baralt, em *El barco en la botella: La poesía de Luis Palés Matos*. Porto Rico: Ed. Plaza Mayor, 1997, p. 95: "'Danzarina africana' é

um marco na história literária caribenha, pois converte Palés no iniciador indiscutível do negrismo nas Antilhas hispânicas: nosso poeta precede Guillén, Pereda, Guirao, Tallet, Carpentier e Ballagas; inclusive antecede livros importantes do norte-americano Langston Hughes e do jamaicano Claude McKay".

10. Para uma visão mais detalhada da questão poética e política, ver o capítulo "Negrismo e negritude", in: Jorge Schwartz, *Vanguardas latino-americanas: Polêmicas, manifestos e textos críticos*. 2. ed. rev. e ampl. São Paulo: Edusp, 2008, pp. 655-89.

11. *Línea de color: Ensayos afroamericanos* (1938), *El negro rioplatense y otros ensayos* (1937) e *Negros esclavos y negros libres* (1941). Pereda Valdés compilou também a *Antología de la poesía negra americana* (1936).

12. Ver, de minha autoria, "Lenguajes utópicos. 'Nwestra ortografía bangwardista': tradición y ruptura en los proyectos lingüísticos de los años veinte", in: Ana Pizarro (Org.), *América Latina: Palavra, literatura e cultura*. Campinas: Editora da Unicamp; São Paulo: Memorial da América Latina, 1995, pp. 31-55. Em português, com o título "As linguagens imaginárias", constitui um item da "Introdução" de *Vanguardas latino-americanas*, op. cit., pp. 63-80.

13. Vicente Rossi, *Cosas de negros: Rectificaciones y revelaciones de folklore y de historia* (1926). Buenos Aires: Taurus, 2001, com estudo preliminar de Horacio Jorge Becco. Borges dedicou-lhe duas resenhas: a primeira, sobre *Cosas de negros*, é de 1926; a segunda, sobre *El idioma nacional rioplatense*, é de 1928. Nesta última, Borges afirma: "[...] estou prevendo que este agora inaudito e solitário Vicente Rossi vai ser *descoberto* algum dia, com desprestígio de nossa parte, seus contemporâneos, e escandalizada comprovação de nossa cegueira" (grifo do autor). Em Jorge Luis Borges. *Textos recobrados 1919-1929*. Buenos Aires: Emecé, 1997. Ambas as resenhas estão reproduzidas nessa obra, pp. 254-5; 373-4.

14. Estima-se que de 9 milhões a 18 milhões de africanos foram transportados para o Novo Mundo. Entre 1811 e 1870, 3% de escravos se encontravam na América do Norte, 32% na América espanhola e 60% no Brasil. Cf. *Os herdeiros da noite: Fragmentos do imaginário negro*. São Paulo: Pinacoteca do Estado de São Paulo, 1995, s.p. (catálogo de exposição com curadoria de Emanoel Araújo).

15. Embora muito ocasional, houve um contato entre Segall e Oliverio Girondo e Norah Lange, sua esposa, confirmado nos vários livros que se encontram na biblioteca do pintor (Arquivo Lasar Segall, Museu Lasar Segall, Ibram-MinC, São Paulo). O encontro pessoal ocorreu durante a viagem de seis meses que o casal fez pelo Brasil. Fruto dessa passagem são os exemplares de *Persuasión de los días*, de Girondo, e *Cuadernos de infancia*, de Norah Lange, ambos com dedicatória datada de São Paulo, 25 set. 1943. Anos mais tarde, Girondo lhe enviaria *Campo nuestro*, de Buenos Aires, com dedicatória de 31 jan. 1947.

16. In: *Poesia completa de Raul Bopp* (org.: Augusto Massi). Rio de Janeiro: José Olympio; São Paulo: Edusp, 1998, p. 218.

17. Sua obra mais importante é *Invenção de Orfeu*, poema épico em dez cantos, de 1952.

18. Gilberto Freyre, prefácio a *Poemas negros*. Rio de Janeiro: Ed. Revista Acadêmica, 1947; reproduzido em Jorge de Lima, *Poesia completa*. Rio de Janeiro: Nova Aguilar, 1997, p. 91.

19. Em Jorge de Lima, *Poesia completa*, op. cit., pp. 255-6.

20. Para um excelente estudo dessas relações, ver, de Gênese Andrade, "Jorge de Lima e as artes plásticas". *Teresa, Revista de Literatura Brasileira*, 3, São Paulo: FFLCH-USP/Editora 34, 2003, pp. 69-95.

21. Reproduzimos aqui a seguinte observação de Frederico Morais, da qual também deriva a nossa: "É possível, portanto, que a forma gótica do *Navio de emigrantes* tenha nascido quando ele se deparou com a favela, que é também uma ogiva miserável a pairar sobre a paisagem, como a proa do navio sobre as águas do mar. Os dois arcos góticos estão ali, face a face, navio e montanha, na ponta-seca de 1930". "O Rio de Segall", in: *Lasar Segall e o Rio de Janeiro*. Rio de Janeiro: MAM-RJ, 1991, p. 64.

22. Jorge de Lima, "A noite desabou sobre o cais", em *Poesia completa*, op. cit., p. 322.

23. Jorge de Lima, em carta dirigida a Lasar Segall, em que lhe encomenda os desenhos, apressa-o: "[...] tenho pressa de publicar os *Poemas negros* [...] quanto mais depressa você me mandar as ilustrações, melhor. Creio que você já está ambientado com os poemas. Demais: o assunto deve ser apenas a representação do negro em todos os ambientes em que demorou desde a sua vinda para o Brasil, isto é: o negro (quando digo o negro, digo negra também, não fazendo distinção de sexo) nos navios negreiros, milhares de cabindas de guinés, de todas as tribus africanas apinhados [sic] nos porões dos veleiros; o negro rebelado refugiado nas serras guerreando o branco; a sereia negra que habita o mar; o negro feiticeiro; cenas de macumba; a negrinha penteando a sinhá branca nas redes; a negra vendedora de doces; a negra amamentando o menino branco; a negra contando histórias nos terreiros das casas brancas; etc., etc.". Datiloscrito datado de 10 fev. 1944. Arquivo Lasar Segall, Museu Lasar Segall, Ibram-MinC, São Paulo.

24. "Kandinsky afirmou que seu interesse 'etnográfico' foi despertado a partir 'da perturbadora impressão que me causou a arte negra que vi [em 1907] no Museu Etnográfico de Berlim'." Apud Donald E. Gordon, "German Expressionism", in: William Rubin (Org.), *Primitivism in 20th Century Art: Affinity of the Tribal and the Modern*. Nova York: The Museum of Modern Art, 1984, v. II, p. 375.

25. Até Emilio Pettoruti teve seu momento "primitivista". Graças à pesquisa de Patricia Artundo, inteiramo-nos da seguinte declaração feita por Pettoruti em Berlim, em fevereiro de 1923, ou seja, três meses antes de sua exposição na galeria Der Sturm: "É meu maior desejo [...] tentar [na Argentina] a formação de uma arte decorativa americana.

"Pensa o artista, inspirado no que nos pertence e que deveríamos fazer mais nosso levando-o à forma bela, em realizar uma arte decorativa baseada na utilização dos elementos de nossa arte primitiva. Na arte incaica, na asteca, existe uma veneração inesgotável de motivos pictóricos. O *gaucho* é essencialmente decorativo. Suas roupas enfeitam pitorescamente sua figura. O facão é uma adaga maravilhosa, original. Tudo é decorativo também na vida do personagem legendário. E nada mais generoso que sintetizá-lo e exaltá-lo artisticamente. Assim embelezaríamos museus e lares com nossa própria tradição, e o culto americanista alcançaria seu apogeu, ao nos identificarmos com amor com nossa história". Entrevista concedida a Julio de la Paz, "Argentinos en Berlín: El pintor Emilio Pettoruti". *Atlántida*, Buenos Aires, 8 fev. 1923 (Álbum de recortes 1923-5, Arquivo Pettoruti, Fundación Pettoruti). Apud Patricia Artundo, *Mário de Andrade e a Argentina: Um país e sua produção cultural como espaço de reflexão* (trad.: Gênese Andrade). São Paulo: Edusp/Fapesp, 2004, p. 98.

26. *Dessins* (1930), reproduzido em fac-símile em *Primer manifiesto del constructivismo* (acompanhado de estudo de Guido Castillo). Madri: Cultura Hispánica, 1976, s.p.

27. Cf. Mario H. Gradowczyk, *Alejandro Xul Solar*. Buenos Aires: Ediciones Alba, 1994, pp. 30-1.

28. Id., ibid., p. 29. W. Kandinsky e Franz Marc (Org.), *O Cavaleiro Azul* (trad.: Flávia Bancher). São Paulo: Edusp, no prelo.

29. Cf. *La biblioteca de Xul Solar*. Buenos Aires: Fundación Pan-Klub — Museo Xul Solar, 2001, pp. 4-5 (catálogo de exposição com curadoria de Patricia Artundo).

30. De um texto de Segall de 1924, inédito até 1958 e publicado em Vera d'Horta (Beccari). *Lasar Segall e o modernismo paulista*. São Paulo: Brasiliense, 1984, p. 269.

31. Pedro Figari, "El gaucho". *Pegaso*, 10, Montevidéu, p. 367, abr. 1919; reproduzido em Jorge Schwartz, *Vanguardas latino-americanas*, op. cit, pp. 647-8.

32. Cf. *Figari 1861-1938*. Montevidéu: Museo Nacional de Bellas Artes Juan Manuel Blanes, 1999, p. 19 (catálogo de exposição com curadoria de Gabriel Peluffo). As datas prováveis dessas pinturas seriam 1917-8 (cf. informação de Pablo Rocca). Ver, nesse catálogo, os importantes artigos de Gabriel Peluffo,

"La construcción de una leyenda rioplatina", e de Juan Fló, "Pedro Figari: Pensamiento y pintura".

33. Pedro Figari, *El arquitecto*. Paris: Le Livre Libre, 1928. Edição fac-similar. Montevidéu: Vintén Editor, 1998. Do repertório de "primitivistas" aqui mencionado, talvez Figari seja o único com certo traço de humor em sua obra. Afirma a respeito Jorge Romero Brest: "[...] diferentemente dos pintores franceses com os quais todo mundo se empenha em vinculá-lo, o fantástico dr. Figari foi um humorista de corte americano. Não por ter pintado cenas com negros, *chinas* e *gauchos*, que nem a recordação pôde inspirar, pois provavelmente jamais foram como ele as pintou, mas por ter dado com elas a nota entre sarcástica e sentimental, primitiva, popular, desses povos americanos quase virgens". Em *Figari*. Buenos Aires: Instituto Torcuato di Tella, 1967; reproduzido parcialmente em *Seis maestros de la pintura uruguaya*. Buenos Aires: Museo Nacional de Bellas Artes, 1987, p. 81.

34. Dados extraídos de "Cronología biográfica 1861-1938", organizada por Patricia Artundo e Marcelo Pacheco, in: *Figari — XXIII Bienal de São Paulo*. Buenos Aires: Banco Velox, 1996.

35. Em *Seis maestros de la pintura uruguaya*, op. cit., p. 58.

36. Frederico Morais, "O Rio de Segall", em *Lasar Segall e o Rio de Janeiro*, op. cit., p. 63. Interpretação contrária é a de Gilda de Mello e Souza, em um fundamental artigo, em que se pergunta: "Seria o quadro um retrato simbólico de um jovem par europeu no país exótico, acuado em seu isolamento, mas procurando o apoio mútuo, ela resistindo à integração (como testemunham a recusa do perfil, a pose seca, a caracterização quase simbólica do tipo físico europeu); ele, persuasivo, tomando as mãos da companheira entre as suas, e *já se sentindo na pele de um brasileiro?*" (grifos da autora). Em "Vanguarda e nacionalismo na década de vinte", in: *Exercícios de leitura* (1975). São Paulo: Duas Cidades/Editora 34, 2009, pp. 323-4.

37. Referindo-se a *Bananal* (1927), estruturalmente muito semelhante a *Menino com lagartixas* (1924), escreve Mário de Andrade: "Lasar Segall [...] realiza o valor plástico da touceira em inundações de verde que são de uma variedade de entretom e de uma tapeçaria gostosíssima". Em uma resenha à exposição individual de 1927, na rua Barão de Itapetininga, 50 (São Paulo), publicada no *Diário Nacional*, São Paulo, 31 dez. 1927; reproduzida em Marta Rossetti Batista; Telê Porto Ancona Lopez; Yone Soares de Lima. *Brasil: 1º tempo modernista — 1917-29*. Documentação, op. cit., p. 152.

38. Trecho traduzido de *Juedische Rundschau*, Berlim, 1º jun. 1926; reproduzido em id., ibid., p. 145.

39. Antes que o substantivo "mangue" fosse identificado com a zona

carioca de baixa prostituição, sempre significou uma região lamacenta, com árvores denominadas "mangues", conhecida também como "manguezal". Manuel Bandeira descreve a história dessa região no texto introdutório ao famoso álbum de Segall, *Mangue* (1943). Região pantanosa e insalubre, em 1860 o barão de Mauá propôs-se a dar-lhe um destino industrial de grande gasômetro. Sua deterioração foi inevitável, assim como sua transformação posterior no bairro mais famoso de prostituição do Rio de Janeiro.

40. Norberto Frontini, que não havia conseguido publicar em Buenos Aires o texto de Mário de Andrade sobre Segall, do catálogo da exposição no Rio de Janeiro, em 1943, consegue, ao contrário, publicar a tradução do texto "Do desenho" ("El dibujo") de Mário, no *Correo Literario*, 14, Buenos Aires, 1º jun. 1944, pp. 4-5. Chama muito a atenção que nesse texto introdutório ao álbum *Mangue*, que já havia sido publicado no jornal *O Estado de S. Paulo*, em abril-maio de 1939 — como informa Patricia Artundo em *Correspondência Mário de Andrade & Escritores/ artistas argentinos* (trad.: Gênese Andrade). São Paulo: Edusp, no prelo, nota 278 —, não se mencione absolutamente nada sobre a obra de Segall.

41. A tiragem da edição original do álbum *Mangue* foi de apenas 135 exemplares e por iniciativa de Murilo Miranda, fundador e diretor da *Revista Acadêmica*, que, no ano seguinte, publicaria o número especial da revista dedicado a Segall. Em 1977, como homenagem aos vinte anos de sua morte, a editora Philobiblion, do Rio de Janeiro, fez uma reedição de 2 mil exemplares, numerados, acrescentando no final a versão integral do poema de Vinicius de Moraes, "Balada do Mangue".

42. Stephanie D'Alessandro, "A assimilação do espetacular e do inédito. O Brasil na obra de Lasar Segall", em *Still More Distant Journeys / Por caminhadas ainda mais distantes: As emigrações artísticas de Lasar Segall*, op. cit., p. 148.

43. Di Cavalcanti, reconhecido boêmio da vida noturna carioca, também escolhe a prostituição como um de seus temas, junto com o cabaré. Em 1929, produz o quadro *Mangue* e várias obras de temática semelhante. "Boêmio inveterado, amigo da noite, amigo dos amigos, mulherengo, perdulário e generoso", assim o define Aracy Amaral em "As três décadas essenciais no desenho de Di Cavalcanti", em Aracy Amaral (Org.), *Desenhos de Di Cavalcanti na coleção do MAC*. São Paulo: CNEC Engenharia de Projetos Ltda./Museu de Arte Contemporânea da Universidade de São Paulo, 1985, p. 10.

44. Antonio Candido, "Literatura e cultura de 1900 a 1945 (Panorama para estrangeiros)", em *Literatura e sociedade*, op. cit., p. 117.

45. Ver também, de Claudia Valladão de Mattos, *Lasar Segall. Expressionismo e judaísmo: O período alemão (1906-1923)*. São Paulo: Perspectiva/Fapesp, 2000.

46. Cf. *Les Demoiselles d'Avignon*, em Pierre Daix, op. cit., pp. 246-54.

47. Jorge Coli, "A escultura de Lasar Segall", in: *A escultura de Lasar Segall*. São Paulo: Museu Lasar Segall; Campinas: Museu de Arte Contemporânea de Campinas, 1991, p. 6.

48. Carta de Segall a Will Grohmann, datada de São Paulo, 10 fev. 1924; reproduzida em Vera d'Horta (Beccari), *Lasar Segall e o modernismo paulista*, op. cit., pp. 228-9.

49. "Minhas recordações", in: *Lasar Segall: Textos, depoimentos e exposições* (1985). São Paulo: Museu Lasar Segall, 1993, p. 29.

50. Gilda de Mello e Souza, "Vanguarda e nacionalismo na década de vinte", op. cit., p. 328. Ver também, de Aracy Amaral, "Tarsila revisitada", em que desenvolve, de forma muito detalhada, essa questão. In: *Tarsila: Anos 20*. São Paulo: Galeria de Arte do Sesi, 1997, pp. 25-32 (catálogo de exposição com curadoria de Sônia Salzstein).

51. E. Di Cavalcanti, "A minha Lapa carioca dos vinte anos", in: *Viagem da minha vida (memórias). I. O testamento da alvorada*. Rio de Janeiro: Civilização Brasileira, 1955, pp. 95-104.

52. Nota inédita de Renato Cordeiro Gomes para o poema "O santeiro do Mangue", in: Oswald de Andrade, *Obra incompleta* (coord.: Jorge Schwartz). Paris: ALLCA XX/Archivos, no prelo.

53. Nesse ensaio, Davi Arrigucci Jr. analisa "certa inclinação primitivista [de Manuel Bandeira], que tivera sua origem no estudo da arte negra, em voga na Europa no princípio do século e provavelmente reativada pela presença entre nós do autor da *Anthologie nègre*, o poeta franco-suíço Blaise Cendrars". "A beleza humilde e áspera", in: *O cacto e as ruínas: A poesia entre outras artes* (1997). 2. ed. São Paulo: Duas Cidades/Editora 34, 2000, pp. 34, 29.

54. In: Manuel Bandeira, *Libertinagem. Estrela da manhã* (coord.: Giulia Lanciani). Paris: ALLCA XX/Archivos; São Paulo: Scipione Cultural, 1998, p. 43. Os poemas de Bandeira citados pertencem a essa edição.

55. Id., ibid., p. 24.

56. Na realidade, estamos diante de exemplos do "humilde cotidiano" de Bandeira, estudado por Davi Arrigucci Jr. em *Humildade, paixão e morte: A poesia de Manuel Bandeira*. São Paulo: Companhia das Letras, 1990.

57. Não pudemos localizar a data de composição do poema. Tudo indica que foi composto no início dos anos 1940, antes de 1943, quando Manuel Bandeira menciona alguns versos em seu ensaio para o álbum *Mangue*, de Segall.

58. In: Oswald de Andrade, *O santeiro do Mangue e outros poemas*. São

Paulo: Globo, 1991. Francisco Alvim, em uma nota de uma página, nessa edição, aproxima o texto poético ao artístico. Cf. "O *Mangue* de Segall e Oswald", p. 17.

59. Em artigo publicado no *Correio da Manhã*, Rio de Janeiro, 14 jan. 1945. Apud "O santeiro do Mangue", em *O santeiro do Mangue e outros poemas*, op. cit., p. 11.

60. Tema associado ao poema satírico alemão, de Sebastian Brant, *Das Narrenschiff*, 1494. Edição em inglês: *The Ship of Fools* (trad.: Edwin H. Zeydel). Nova York: Dover Publications, Inc., 1962.

6. SEGALL, UMA AUSÊNCIA ARGENTINA (NOTAS PARA A PRIMEIRA RETROSPECTIVA EM BUENOS AIRES) [pp. 96-108]

1. Há um retrato a óleo de Berta Singerman, da fase parisiense de Segall (1929-32), e ainda sete desenhos e uma litografia, do mesmo período e posteriores, do rosto da famosa declamadora. Incluídos em *A aventura modernista de Berta Singerman: Uma voz argentina no Brasil* (trad.: Gênese Andrade). São Paulo: Museu Lasar Segall, 2003 (catálogo de exposição com curadoria de Patricia Artundo).

Quanto à relação com Pettoruti, no catálogo on-line do Arquivo Lasar Segall (www.museusegall.org.br/als), é possível resgatar e visualizar doze documentos, inclusive importante correspondência entre os dois pintores.

2. Cf. Vera d'Horta, "With a Heart Tied to the Land. Lasar Segall's Brazilian Oeuvre as an 'Echo of Humanity'", in: *Still More Distant Journeys: The Artistic Emigrations of Lasar Segall*. Chicago: The David and Alfred Smart Museum/University of Chicago; Nova York: The Jewish Museum, 1997, p. 196 (catálogo de exposição).

3. Carta de Lasar Segall a Freitas Valle, Dresden, 11 maio 1921, datiloscrito, 2 folhas. Arquivo Lasar Segall, Museu Lasar Segall, Ibram-MinC, São Paulo. Agradeço a João Azenha Jr. a tradução do original em alemão. O senador Freitas Valle, mais conhecido como o mecenas da Villa Kyrial, foi o responsável pela primeira exposição individual de Segall em São Paulo, em março de 1913. Cf. Vera d'Horta Beccari, "1913: O primeiro encontro com o Brasil", in: *Lasar Segall e o modernismo paulista*. São Paulo: Brasiliense, 1984, pp. 48-64; Marcia Camargos, *Villa Kyrial; Crônica da Belle Époque paulistana*. São Paulo: Senac, 2001.

4. Patricia Artundo, *Mário de Andrade e a Argentina: Um país e sua produção cultural como espaço de reflexão* (trad.: Gênese Andrade). São Paulo: Edusp/Fapesp, 2004, pp. 114, 177-8. Sabemos também pela autora que, "entre os vinte artistas, encontravam-se representados Tarsila, Portinari, Burle Marx, Pancetti, Guignard, Graciano, e algumas de suas obras passaram a integrar o patrimônio

do museu platense e do Museo Nacional de Bellas Artes" (p. 178). Ver também Raúl Antelo, "Coleccionismo y modernidad: Marques Rebelo, *marchand d'art*", in: *Epílogos y prólogos para un fin de siglo: VIII Jornadas de Teoría e Historia de las Artes*. Buenos Aires: Caia, 1999, pp. 125-40.

5. Jorge Romero Brest, *La pintura brasileña contemporánea*. Buenos Aires: Poseidón, 1945, p. 7. Apud Patricia Artundo, *Mário de Andrade e a Argentina*, op. cit., p. 178.

6. Patricia Artundo, *Mário de Andrade e a Argentina*, op. cit., pp. 111-2. Ver especialmente o capítulo "Novo Mundo/Velho Mundo: Pettoruti e o Brasil", pp. 95-118.

7. Id., ibid., p. 105.

8. Patricia Artundo, "Emilio Pettoruti. Cronología biográfica y crítica", in: Edward Sullivan e Nelly Perazzo, *Pettoruti (1892-1971)*. Buenos Aires: Fundación Pettoruti/Asociación Amigos del Museo de Bellas Artes/La Marca, 2004, pp. 227-8.

9. "Correspondência Emilio Pettoruti", in: Patricia Artundo (Org.), *Correspondência Mário de Andrade & Escritores/ artistas argentinos* (trad.: Gênese Andrade). São Paulo: Edusp, no prelo.

10. Id., ibid.

11. Pettoruti recorda: "Graças a minha exposição [em Der Sturm], conheci muitos artistas alemães e estrangeiros. No vaivém da multidão que comparecia à galeria, e sem conhecimento da língua alemã, esqueci a maior parte dos nomes dos artistas". In: *Un pintor ante el espejo*. Buenos Aires: Solar/Hachette, 1986, p. 152.

12. Esse catálogo encontra-se hoje na biblioteca de Alejandro Xul Solar, Fundación Pan Klub — Museo Xul Solar, Buenos Aires.

13. Trata-se justamente da importante exposição inaugurada no ano anterior em São Paulo, da qual Mário de Andrade havia lhe enviado um catálogo, com introdução de sua autoria. "Segall mostra os trabalhos feitos no Brasil entre 1924 e 1928, produção que ficou conhecida — conforme a expressão de Mário de Andrade — como 'fase brasileira'. Essa nova pintura exibia forte influência do país, tanto na escolha dos temas — figuras de negros, plantas tropicais, favelas — quanto no uso de cores mais vivas e iluminadas." Cf. Vera d'Horta, "Cronologia biográfica e artística", in: *Lasar Segall*. Buenos Aires: Banco Velox, 1999, p. 343; reproduzida em *Lasar Segall: Un expresionista brasileño*. São Paulo: Museu Lasar Segall/ Takano, 2002, p. 299.

14. Patricia Artundo (Org.), *Correspondência Mário de Andrade & Escritores/ artistas argentinos*, op. cit.

15. "Pettoruti publicara até um estudo sobre Segall em *La Argentina* [sic], de La Plata." In: "Opiniões e palavras de três artistas de vanguarda. Entrevista com Pettoruti, Segall e Palomar". *O Jornal*, Rio de Janeiro, 15 jul. 1928.

16. São eles: *Guilherme de Almeida, Baby de Almeida, Natureza-morta* e *Mário de Andrade*. Essa seleção chama bastante a atenção: é pouco ou nada representativa de um Segall expressionista ou de sua etapa brasileira, exceto o retrato de Mário de Andrade, por se tratar da importante figura paulista. Artigo reproduzido em *Lasar Segall: Un expresionista brasileño*, op. cit., pp. 286-7.

17. Segundo Patricia Artundo, "durante 1931, Pettoruti doou quinze obras ao patrimônio do museu, entre elas, as três de Guignard mencionadas: *Las amigas* (desenho), *Composición* (aquarela) e *Paisaje de Río de Janeiro* (desenho)". Em *Mário de Andrade e a Argentina*, op. cit., nota 41, p. 116.

18. Carta de Guido Valcarenghi a Paulo Rossi Osir, Buenos Aires, 28 dez. 1938, datiloscrito, papel timbrado da casa G. Ricordi. Arquivo Lasar Segall, Museu Lasar Segall, Ibram-MinC, São Paulo. Por essa mesma carta, inteiramo-nos de que havia uma exposição individual de Portinari programada para maio ou junho de 1939 na Asociación Amigos del Arte, que também não chegou a se realizar.

19. Carta de Elena Sansisena de Elizalde a Lasar Segall, Buenos Aires, 14 jun. 1939, manuscrito. Arquivo Lasar Segall, Museu Lasar Segall, Ibram-MinC, São Paulo.

20. "Ouvindo Lasar Segall". *Diário da Noite*, São Paulo, 1º jul. 1939; reproduzido em *Lasar Segall: Textos, depoimentos e exposições*. 2. ed. rev. e ampl. São Paulo: Museu Lasar Segall, 1993, p. 63.

21. Carta de Emilio Pettoruti a Lasar Segall, s.l., 14 out. 1939, datiloscrito. Arquivo Lasar Segall, Museu Lasar Segall, Ibram-MinC, São Paulo.

22. Há ainda uma segunda e última carta de Pettoruti a Segall, datada de 22 de fevereiro de 1941, mas é um contato formal, em que o pintor argentino lhe apresenta Grace MacCann Morley, diretora do Museu de Belas-Artes de San Francisco. Arquivo Lasar Segall, Museu Lasar Segall, Ibram-MinC, São Paulo.

23. Cf. Emilio Pettoruti, *Un pintor ante el espejo*, op. cit., pp. 317-8. Portinari, por alguma razão, também teve sua primeira exposição individual em Buenos Aires cancelada. Na carta que Guido Valcarenghi dirige a Osir, citada, comenta: "Soube assim que 'Amigos del Arte' está há algum tempo negociando com Portinari uma exposição individual que será feita entre maio ou junho de 1939". Aproveito para reproduzir o seguinte comentário de Artundo: "Em seu livro de memórias, *Un pintor ante el espejo* (p. 220), o argentino recordava que foi com Tarsila e Oswald que conviveu durante sua estadia no Rio. No jornal portenho *La Prensa*, ao ocupar-se de resenhar a Exposição Geral de Belas-Artes, Pettoruti aproveitou a oportunidade para destacar as exposições que havia podido visitar durante esse ano: as de Ismael Nery e Di Cavalcanti, a de Tarsila, ao mesmo tempo que assinalava a importância de Lasar Segall e de Osvaldo Goeldi. Cf. Emilio Pettoruti, 'XXXVI Exposición General de Bellas Artes del Brasil', *La Prensa*, Buenos Aires, 19 set. 1929, sec. segunda, p. 27. Por outra parte, e segundo

se depreende de sua correspondência com Alberto da Veiga Guignard, Pettoruti, durante 1931, deve haver tido a ideia de levar a Buenos Aires uma exposição de pintores brasileiros, entre os quais estaria incluída Tarsila, além de Paulo Rossi Osir e Guignard. Cf. Correspondência Alberto da Veiga Guignard-Emilio Pettoruti. Carta sem data [posterior a outubro de 1930]. Archivo Fundación Pettoruti". Em Patricia Artundo (Org.), *Correspondência Mário de Andrade & Escritores/ artistas argentinos*, op. cit., nota 158.

24. *Sur*, 96, Buenos Aires, set. 1942.

25. "Norberto A. Frontini (1899-1985) foi um dos que, no início de 1943, visitou Mário na rua Lopes Chaves como representante da Fondo de Cultura Econômica, do México, e o recomendou, perante essa editora, para que lhe encomendasse o volume dedicado à cidade de São Paulo. Foi a partir desse encontro que o argentino se tornou um dos mais fervorosos admiradores de sua obra." Patricia Artundo. *Mário de Andrade e a Argentina*, op. cit., p. 164.

26. In: *Correo Literario*, 4, Buenos Aires, pp. 5, 7, 1º jan. 1944. Há ainda um segundo ensaio, publicado oito meses depois do primeiro, no qual Frontini aparece como tradutor, mas que traz a assinatura do próprio Segall e se dedica a transcrever exclusivamente ideias do pintor: "Sobre Arte (Ideas del pintor Lasar Segall, recogidas de sus artículos, entrevistas y conferencias)", *Correo Literario*, Buenos Aires, 15 set. 1944.

27. É importante registrar ainda uma última iniciativa de Frontini: ele chegou a traduzir a introdução de Mário de Andrade para o catálogo da exposição de Segall de 1943, com a ideia de publicá-la na revista *De Mar a Mar* (dirigida por Arturo Serrano Plaja e Lorenzo Varela), mas o fechamento da revista impediu essa importante publicação. Cf. Patricia Artundo, *Mário de Andrade e a Argentina*, op. cit., p. 166.

28. Entre muitos outros, há artigos e notas de Mário de Andrade, João Cabral de Melo Neto, Manuel Bandeira, Jorge Amado, Roberto Burle Marx, Flávio de Carvalho, Gilberto Freyre etc.

29. Agradeço a Patricia Artundo pela cópia do catálogo da exposição. A obra exposta é *Criança doente*, ou seja, a aquarela adquirida por Norberto Frontini.

30. Para um estudo comparativo das duas obras, ver o artigo de Gonzalo Aguilar, "Heimatlos: Antropofagia, montagem e alegoria (Oswald de Andrade leitor de *Navio de emigrantes*, de Lasar Segall)", em <www.museusegall.org.br/pdfs/texto_gonzalo_aguilar.pdf>.

31. Patricia Artundo, "Emilio Pettoruti. Cronología biográfica y crítica", op. cit., p. 240.

32. Não há como evitar aqui os comentários de Oswald de Andrade

referentes a seu encontro tardio com Oliverio Girondo, os quais poderiam ser aplicados também com relação a Segall (já que este também se encontrou com Girondo em São Paulo, em setembro de 1943): "Agora mesmo, acabo de levar à estação o casal argentino Oliverio Girondo. E nesse gaúcho perfeito, como em sua suave companheira Norah Lange, senti que os intelectuais conseguem nas horas de suspeição estender os braços por cima dos interesses oportunistas. Outro seria o panorama americano, se conhecêssemos melhor as letras que produzimos, numa mesma expressão de virilidade nova e de terra acordada e num secular anseio de libertação". In: "Sol da meia-noite". *O Estado de S. Paulo*, 9 out. 1943; reproduzido em *Ponta de lança* (1945). São Paulo: Globo, 2004, pp. 123-4.

33. Mauricio Segall confirma esse dado no prefácio ao catálogo publicado por ocasião de sua retrospectiva nos Estados Unidos, em 1997: "Ao longo de sua vida, Lasar Segall buscou estabelecer uma relação com o cenário artístico norte-americano. Já em 1935, participou da Exposição Internacional de Pintura, do Instituto Carnegie de Pittsburgh, e, no ano seguinte, em Nova York, ao lado de companheiros do Grupo Secessão de Dresden 1919. Em março de 1940, realiza sua primeira exposição individual nos Estados Unidos, na galeria Neumann Williard, de Nova York. Em março de 1948, expõe mais uma vez em Nova York, na galeria Associated American Artists, quando sua obra *Êxodo I* (1947) é adquirida pelo Jewish Museum da mesma cidade. Em maio daquele ano, a exposição segue para Washington D. C., na Pan American Union". Em *Still More Distant Journeys*, op. cit., p. 6.

7. VER/LER: O JÚBILO DO OLHAR EM OLIVERIO GIRONDO [pp. 109-30]

1. "Rêve parisien", in: *Les Fleurs du mal* (1857). Paris: Gallimard, 1961, p. 124.

2. Reproduzido em Jorge Schwartz, *Oliverio: Nuevo homenaje a Girondo*. Buenos Aires: Beatriz Viterbo, 2007, p. 172.

3. Os diversos ensaios de Vautier e Prebisch antecipam e preparam a visita de Le Corbusier a Buenos Aires em 1929. Um dos números da revista reproduz a "Ville" de Le Corbusier em Vancresson e repete a clássica definição da casa como "máquina para habitar".

4. Cf. Jorge Schwartz, *Oliverio: Nuevo homenaje a Girondo*, op. cit., p. 173.

5. Artigo reproduzido em Oliverio Girondo, *Obra completa* (org.: Raúl Antelo). Madri: ALLCA XX/Archivos; São Paulo: Scipione Cultural, 1999, pp. 490-4. Não consideramos, para efeitos de nossa análise, o balanço final do *martinfierrismo*: "El periódico *Martín Fierro*, 1924-1929: Memoria de sus antiguos

directores", de 1949, reproduzido em Jorge Schwartz, *Oliverio: Nuevo homenaje a Girondo*, op. cit., pp. 201-33.

6. Em *Retratos contemporáneos*. Buenos Aires: Sudamericana, 1941; reproduzido em Jorge Schwartz, *Oliverio: Nuevo homenaje a Girondo*, op. cit., p. 301.

7. *Obra completa*, op. cit., p. 301.

8. Um ano antes do ensaio de Girondo, Neruda — em Madri, às vésperas da Guerra Civil Espanhola — publica, em *Caballo Verde para la Poesía*, a fundamental introdução "Por una poesía sin pureza".

9. *Obra completa*, op. cit., p. 279.

10. Esta nota de Girondo deixa clara sua predileção pela vanguarda parisiense em detrimento de qualquer outra: "Sem a gravitação que Paris exerceu, durante o meio século que se inicia, paradoxalmente, poucos anos antes da derrota de 70 e termina algum tempo depois da vitória de 18, nem sequer se conceberia a existência do movimento pictórico que comentamos. Conhecido demais para destacá-lo, esse fato explica a complexidade dos grupos e das tendências que o formam, tanto quanto o número e a importância dos artistas estrangeiros que intervêm nele". *Obra completa*, op. cit., nota 4, p. 286.

11. *Obra completa*, op. cit., p. 280.

12. Id., ibid., p. 284. As especulações existencialistas de Girondo diante do nada começam com o caligrama do espantalho e reaparecem em vários momentos de sua poesia, até a etapa final de *En la masmédula*.

13. "Hacia el fuego central o la poesía de Oliverio Girondo", em *Obras de Oliverio Girondo*, op. cit., p. 30. Desaparecida durante muitos anos, a ilustração *Soy la mujer etérea* ressurge como capa do catálogo *Oliverio Girondo: Exposición homenaje 1967-2007* (org.: Patricia Artundo). Buenos Aires: Fundación Pan Klub/Fundación Eduardo Costantini, 2007.

14. Vicente Martínez Cuitiño, "Oliverio Girondo y sus *Veinte poemas*". *Vida Nuestra, Publicación Mensual Israelita*, 3, Buenos Aires, p. 50, set. 1923. Agradeço a Patricia Artundo a cessão dessa extensa, entusiasmada e hoje totalmente esquecida resenha pioneira, publicada quando, com toda a certeza, eram pouquíssimos os exemplares de *Veinte poemas...* que circulavam em Buenos Aires.

15. Um ano mais tarde, em 1927, Guillermo de Torre, na revista *Proa*, também destacará a visualidade de Oliverio Girondo. Ver o ensaio de Trinidad Barrera, "El gaucho que atrapa a lazo...", em *Obra completa*, op. cit., nota 18, p. 450.

16. "Oliverio Girondo". *Martín Fierro*, 1.2, Buenos Aires, 20 mar. 1924. Edição fac-similar. Buenos Aires: Fondo Nacional de las Artes, 1995, pp. 12-4. As três páginas dedicadas à primeira edição dos *Veinte poemas...* reproduzem oito deles, a caricatura de Centurión e a inédita "Carta aberta a La Púa", datada de

Paris, dez. 1922, e incorporada posteriormente à "*edición tranviaria*", publicada pela editora Martín Fierro, de Buenos Aires, em 1925.

17. Ramón Gómez de la Serna, "Oliverio Girondo", em *Retratos contemporáneos*, op. cit.; reproduzido em Jorge Schwartz, *Oliverio: Nuevo homenaje a Girondo*, op. cit., p. 288.

18. Os inúmeros *membretes* dedicados a pintores e pinturas, escritos ao longo de toda a vida, aparecem reproduzidos em *Membretes: Obra completa*, op. cit., pp. 61-74.

19. Antes tarde do que nunca, Enrique Anderson Imbert, no ato em homenagem ao centenário de nascimento de Girondo, realizado em 22 de agosto de 1991, faz uma espécie de mea-culpa: "Em vista do fato de que eu, em minha *Historia de la literatura hispanoamericana*, não havia sabido reconhecer em Girondo suas virtudes de mago [...] devo dizer por que não entendi Girondo". In: *Boletín de la Academia Argentina de Letras*, 56 221-2, Buenos Aires, pp. 504-5, jul.-dez. 1991.

20. "Entrevista de Francisco Urondo". *Leoplán*, Buenos Aires, 19 set. 1962; reproduzida em Jorge Schwartz, *Oliverio: Nuevo homenaje a Girondo*, op. cit., pp. 159-60.

21. Juan Manuel Bonet, "El aporte de la poesía al arte moderno", in: *El poeta como artista*. Las Palmas de Gran Canaria: Centro Atlántico de Arte Moderno, 1995, p. 18.

22. Norah Lange recorda, em um de seus inesquecíveis discursos: "Responsivo como uma sineta em uma casa bem organizada, Oliverio Girondo, dinâmico na cortante retilínea de um tango, em fulminantes revides, em esmeradas pinceladas em sua ressoante mímica de narrador perfeito, deixou uma marca vertiginosa na imprensa de Francisco A. Colombo. Seu potencial simpatizante dominou o monotipista, os tipógrafos, San Antonio de Areco. Seu modo de compensar ausências ou desfalecimentos na equipe de trabalho carece de precedentes na história da imprensa. Portador de austera cesta que encobria saca-rolhas e invólucros que traduziam empanadas, desenvolvia sua paciência entre os dedicados à minerva que lubrificavam com um vinho subterrâneo as correias da prancha, enquanto o autor de *Calcomanías* permanecia vários dias de pé, procurando reprimir a teimosia de um milímetro em estimulada margem, confessando a Lino Spilimbergo o inoportuno capricho de uma página que, humilhada pela água, obstinava-se a não voltar a seu tamanho habitual". In: "En la comida con que se celebró la aparición de su libro *Interlunio*, ilustrado por Lino Spilimbergo, 1937", *Estimados congéneres*. Buenos Aires: Losada, 1968; reproduzido em Jorge Schwartz, *Oliverio: Nuevo homenaje a Girondo*, op. cit., pp. 286-7.

23. Vicente Martínez Cuitiño também destaca esse aspecto: "A simples

apresentação do livro, em papel Velin puro fio Lafuma, com seus claríssimos tipos de imprensa e suas ilustrações coloridas pelo próprio autor, que concretizam ainda mais os motivos tratados pelo poeta, já é uma obra de arte". Em "Oliverio Girondo y sus *Veinte poemas*", op. cit., p. 50.

24. *Veinte poemas para ser leídos en el tranvía. Obra completa*, op. cit., p. 12; tradução de Jorge Schwartz, in: *Vanguarda e cosmopolitismo na década de vinte: Oliverio Girondo e Oswald de Andrade*. São Paulo: Perspectiva, 1983, p. 125.

25. Charles Baudelaire, *Lo cómico y la caricatura*. Madri: Visor, 1988.

26. A análise da relação entre os desenhos e os textos de *Veinte poemas*... foi realizada de forma detida em Jorge Schwartz, *Vanguarda e cosmopolitismo na década de vinte*, op. cit.

27. *Veinte poemas para ser leídos en el tranvía. Obra completa*, op. cit., p. 9; tradução de Jorge Schwartz, em *Vanguarda e cosmopolitismo na década de vinte*, op. cit., p. 122.

28. *Veinte poemas para ser leídos en el tranvía. Obra completa*, op. cit., p. 11.

29. Para as relações de Girondo com a Espanha e com Gómez de la Serna, ver em particular o ensaio de Trinidad Barrera, "El gaucho que atrapa a lazo...", op. cit.

30. Graças à minuciosa descrição bibliográfica de Horacio Jorge Becco no final da primeira edição das *Obras de Oliverio Girondo*, op. cit., sabemos que as caricaturas de *Calcomanías* são de autoria de Girondo, coloridas por Biosca.

31. "Oliverio Girondo — *Calcomanías*". *Martín Fierro*, 2.18, Buenos Aires, 26 jun. 1925 (edição fac-similar: p. 122); reproduzida em Jorge Schwartz, *Oliverio: Nuevo homenaje a Girondo*, op. cit., p. 473.

32. Id., ibid.

33. "Buenos Aires (1920-1930): Fotografía y pintura en la construcción de una identidad moderna", in: Claudio Lobero e Diana B. Wechsler (Org.), *Ciudades: Estudios socioculturales sobre el espacio urbano*. Buenos Aires: Instituto Internacional del Desarrollo, 1996, v. I, p. 39.

Para um recorte borgiano da Buenos Aires dos anos 1920, ver Cristina Grau, *Borges y la arquitectura*. Madri: Cátedra, 1995.

34. *Obra completa*, op. cit., p. 342.

35. *Interlunio. Obra completa*, op. cit., p. 121.

36. "Nuestra actitud ante Europa", em Jorge Schwartz, *Oliverio: Nuevo homenaje a Girondo*, op. cit., p. 189.

37. Sobre o americanismo e o indigenismo em Girondo, ver o ensaio de Adriana Armando e Guillermo Fantoni, "El 'primitivismo' martinfierrista: De Girondo a Xul Solar", em *Obra completa*, op. cit., pp. 475-89.

38. "Nuestra actitud ante Europa", em Jorge Schwartz, *Oliverio: Nuevo homenaje a Girondo*, op. cit., p. 192.

39. Em *Causas y Azares*, 4.5, Buenos Aires, p. 130, outono 1997.

40. "Mi visión personal de Oliverio Girondo" (1964), in: Oliverio Girondo, *Antología*. Buenos Aires: Argonauta, 1986, p. 25.

41. "Nihilismo", em *Obra completa*, op. cit., p. 170.

42. Em id., ibid., pp. 187-8.

43. "Predilección evanescente", em id., ibid., p. 177; tradução de Jorge Schwartz, em *Vanguarda e cosmopolitismo na década de vinte*, op. cit., p. 229.

44. "Espera", em *Obra completa*, op. cit., p. 182.

45. Considero como experiências independentes a excepcional edição de *Topatumba*, 1958, com desenhos de Enrique Molina; a ilustração de Líbero Badí, reproduzida em Jorge Schwartz, *Oliverio: Nuevo homenaje a Girondo*, op. cit., pp. 486-7; as ilustrações de Regina Silveira e as três belas aranhas caligramatizadas de Guilherme Mansur, para a edição brasileira de *En la masmédula: A pupila do zero*. São Paulo: Iluminuras, 1995.

46. Desenvolvido em Jorge Schwartz, "Poesía inédita: La retaguardia poética en 'Dos nocturnos' y *Campo nuestro* de Oliverio Girondo", em *Obra completa*, op. cit., pp. 417-42.

47. A primeira expressão parece ser "Orillas del lago de Como", *Plus Ultra*, 3.22, Buenos Aires, fev. 1918; reproduzido em *Obra completa*, op. cit., pp. XLVIII-XLIX.

48. Para um detalhado levantamento da imagem da vaca na poesia de Girondo, ver Roxana Páez, "En la nuca del sueño", em *Obra completa*, op. cit., nota 21, p. 559.

49. Xul e Pettoruti regressam da Itália em 1924, e Figari instala-se em Buenos Aires de 1921 a 1925. Güiraldes inicialmente e Macedonio depois apresentam Figari em *Martín Fierro*, enquanto Xul o apresenta a Pettoruti.

50. Cf. carta de Figari a Girondo, datada de 27 dez. 1923, reproduzida em Jorge Schwartz, *Oliverio: Nuevo homenaje a Girondo*, op. cit., pp. 387-8.

51. Galería Müller, jun. 1921; Galería Witcomb, 1924; Comisión Nacional de Bellas Artes, 1925; Sociedad Amigos del Arte, 1925 e 1926; Exposición Permanente de Arte Argentino, 1927.

52. *Figari — XXIII Bienal de São Paulo*. Buenos Aires: Banco Velox, 1996, pp. 12, 34.

53. Pedro Figari, "El gaucho". *Pegaso*, 10, Montevidéu, pp. 367-9, abr. 1919; reproduzido em Jorge Schwartz, *Vanguardas latino-americanas: Polêmicas, manifestos e textos críticos*. 2. ed. rev. e ampl. São Paulo: Edusp, 2008, p. 647.

54. Jorge Castillo faz a seguinte afirmação: "Figari, que era admirador da modernidade, nunca pintou uma locomotiva, nem um carro, nem uma fábrica,

como fizeram os futuristas". Em "Pedro Figari: a formação de um estilo", em *Figari — XXIII Bienal de São Paulo*, op. cit., p. 14.

    55. In: *Figari*. Buenos Aires: Editorial Alfa, 1930.

    56. "Figari pinta", em *Obra completa*, op. cit., pp. 267-8.

8. QUEM O *ESPANTAPÁJAROS* ESPANTA? [pp. 131-47]

    1. Para este estudo, usamos a primeira edição de *Espantapájaros (Al alcance de todos)*. Buenos Aires: Editorial Proa/Imprenta de Francisco A. Colombo, 1932, s.p.

    2. A criação do Golem é resultado de uma experiência particularmente sublime do místico, que mergulhou nos mistérios das combinações alfabéticas no "Livro da Criação", cf. Gershom Sholem, *As grandes correntes da mística judaica* (trad.: Vários). São Paulo: Perspectiva, 1972, p. 100.

    3. Aldo Pellegrini, *Oliverio Girondo*. Buenos Aires: Ediciones Culturales Argentinas, 1964, p. 15.

    4. Beatriz de Nóbile, *Palabras con Norah Lange (Reportaje y antología)*. Buenos Aires: Carlos Pérez Editor, 1968, p. 19.

    5. Marta Scrimaglio, *Oliverio Girondo*. Santa Fé: Ediciones Culturales Argentinas, 1964, p. 29.

    6. Enrique Molina, "Hacia el fuego central o la poesía de Oliverio Girondo", in: *Obras de Oliverio Girondo*. Buenos Aires: Losada, 1968, pp. 9-40; Enrique Molina, "La casa y el espantapájaros". *Clarín*, Buenos Aires, p. 3, 27 nov. 1975; reproduzido em Jorge Schwartz, *Oliverio: Nuevo homenaje a Girondo*. Buenos Aires: Beatriz Viterbo, 2007, pp. 325-8.

    7. Beatriz de Nóbile, *El acto experimental*. Buenos Aires: Losada, 1972. E também Gaspar Pío del Corro, *Los límites del signo*. Buenos Aires: Fernando García Cambeiro, 1976, que dedica parte de seu estudo a *Espantapájaros*.

    8. "Hacia el fuego central o la poesía de Oliverio Girondo", op. cit., pp. 22-3.

    9. Stéphane Mallarmé, "Crise de vers", in: *Divagations* (1897). Paris: Bibliothèque de La Pléiade, 1951, pp. 360-8. Um grande número de críticos se detеve na análise do "eu" na poesia moderna, chegando a conclusões semelhantes, mas uma das formulações mais felizes pertence ainda a Mallarmé.

    Hugo Friedrich define o mesmo processo como "o eu pessoal do poeta, que não participa do poema como indivíduo particular, mas como inteligência que cria poesia, como operador da língua". In: *Estructura de la lírica moderna* (trad.: Joan Petit). Barcelona: Seix Barral, 1974, p. 23.

Também Michael Hamburger retoma a linha de pensamento de Friedrich, especialmente no primeiro capítulo de seu livro *The Truth of Poetry*. Nova York: Harcourt Brace Jovanovich, 1969; *A verdade da poesia* (trad.: Alípio Correia de Franca Neto). São Paulo: Cosac Naify, 2007.

No artigo "Lyric and Modernity", Paul de Man, também baseado em Friedrich e na poesia de Yeats, descreve a desaparição do tradicional "eu poético" na poesia moderna. Afirma que "a perda da função de representação na poesia caminha paralelamente à perda de uma noção do eu (*'the loss of a sense of selfhood'*). A perda da realidade representacional e a perda do eu caminham juntas... Em última instância, a função da representação fica totalmente invadida por efeitos de som, sem referência a qualquer significado". In: *Blindness and Insight*. Nova York: Oxford University Press, 1971, p. 172.

Vemos como esses conceitos inscrevem as diversas etapas da poesia de Girondo no contexto da modernidade. Durante a redação deste texto, chegou às nossas mãos o ensaio de Walter D. Mignolo, no qual aborda precisamente a passagem de um eu fenomenológico para um eu linguístico na poesia hispano-americana: Girondo, Paz e Huidobro. "La figura del poeta en la lírica de vanguardia". *Revista Iberoamericana*, 118-119, Pittsburgh, IILI, University of Pittsburgh, pp. 131-48, jan.-jun. 1982.

10. Em suas notas dedicadas a *Espantapájaros*, Gaspar Pío del Corro observa este traço evolutivo: "As repetições silábicas de Girondo, especialmente as de caráter aliterativo, vão preparando progressivamente um traço estilístico que ganhará seu mais puro perfil no último livro do poeta (*En la masmédula*)". Em *Los límites del signo*, op. cit., p. 58, nota 4.

11. Gostaria de chamar a atenção para o poema "Azotea", de Manuel Navarro Luna, poeta de vanguarda cubano, anterior ao poema de Girondo e publicado na conhecida *Revista de Avance*, 7, Havana, p. 166, 15 jun. 1927. Vemos, nesse texto, o efeito caligramático ascendente da escada que, além de reproduzir semanticamente o texto de Girondo, iconiza o movimento ascendente. Também Huidobro, anos mais tarde, em um dos cantos de *Altazor*, retoma o tema da queda, com a forma verbal "*cae*" iconizada.

12. Do ponto de vista de sua estrutura de prosa poética, *Espantapájaros* está totalmente vinculado à tradição vanguardista dos *Pequenos poemas em prosa*, de Baudelaire, e de *Iluminações*, de Rimbaud. Quando Enrique Molina alude a Rimbaud como um dos *ancêtres* de Girondo, cabe recordar que se deve a esses dois poetas argentinos a excelente e pouco divulgada tradução de seu poema: *Una temporada en el infierno*. Buenos Aires: Cía. Fabril Editora, 1959.

13. Georges Bataille, *El erotismo* (1957) (trad.: Toni Vicens). Barcelona: Tusquets, 1979.

14. Em seu estudo crítico sobre Bataille, que tem como subtítulo "A pequena morte", Severo Sarduy faz uma nota de rodapé que me permito transcrever: "Não conheço equivalentes dessa expressão em outras línguas e, ao menos em espanhol, não me parecem prováveis. Apesar de toda a riqueza metafórica que possui o espanhol para designar o ato sexual e seus momentos, nada evoca a ideia de uma 'pequena morte'. Por certo, nossa mitologia erótica está cheia de expressões como 'morrer de prazer' etc. Mas nada, quer me parecer, relaciona ejaculação e morte". In: *Escrito sobre um corpo* (trad.: Lígia Chiappini Moraes Leite e Lúcia Teixeira Wisnik). São Paulo: Perspectiva, 1979, nota 5, p. 19.

15. Georges Bataille, *El erotismo*, op. cit., pp. 24, 32, 201.

9. "SÍLABAS AS ESTRELAS COMPONHAM": XUL SOLAR E O *NEOCRIOLLO* [pp. 148-77]

1. "Xul Solar, el hombre increíble". *El Mundo*, Buenos Aires, 20 out. 1961; entrevista reproduzida em Alejandro Xul Solar, *Entrevistas, artículos y textos inéditos* (org.: Patricia M. Artundo). Buenos Aires: Corregidor, 2005, p. 93.

2. "Variações sobre a escrita", in: *Inéditos: Teoria* (trad.: Ivone Castilho Benedetti). São Paulo: Martins Fontes, 2004, v. I, p. 205.

3. "Buenos Aires estropiou e desnacionalizou a língua culta de seu próprio país, a língua digna que transparece na prosa de Sarmiento, de Avellaneda, Echeverría. De que serve que umas quantas famílias tradicionais tenham herdado aquele falar, melhorado hoje parcialmente, se isso não é mais que uma exígua minoria perdida no *mare magnum* — grande e confuso — de Buenos Aires? [...] Do que se tornou independente não foi do castelhano da Espanha, mas sim do bom castelhano daqui. Não é uma nacionalização, mas uma desnacionalização da língua." In: "El problema argentino de la lengua". *Sur*, 2.6, Buenos Aires, pp. 169-70, 1932.

4. "Xul del Solar: Un mago práctico". *Wells. Noticias*, 2.3, Buenos Aires, p. 6, set. 1956, reproduzido em Alejandro Xul Solar. *Entrevistas, artículos y textos inéditos*, op. cit., p. 91.

5. Não me interessa retomar aqui a discussão sobre as raízes andaluzas desta linguagem *agauchada*, nem sobre a utilização que se fez desses mesmos recursos na poesia do Século de Ouro espanhol.

6. Beatriz Sarlo e Carlos Altamirano, *Ensayos argentinos: De Sarmiento a la vanguardia*. Buenos Aires: Centro Editor de América Latina, 1983; Beatriz Sarlo, *Modernidade periférica: Buenos Aires 1920 e 1930* (trad.: Júlio Pimentel Pinto). São Paulo: Cosac Naify, 2010. Cf. Jorge Schwartz, "As linguagens imaginárias",

item da "Introdução" de *Vanguardas latino-americanas: Polêmicas, manifestos e textos críticos*. 2. ed. rev. e ampl. São Paulo: Edusp, 2008, pp. 63-80.

7. Não é estranha a atitude de Borges, em sua resenha de *Calcomanías*, com relação ao cosmopolita Oliverio Girondo: "É inegável que a eficácia de Girondo me assusta. Dos arrabaldes de meu verso cheguei a sua obra, a partir desse meu longo verso em que há pores do sol e ruazinhas e uma certa menina que é clara junto a uma balaustrada azul-celeste. Eu o vi tão hábil, tão apto para desgarrar-se de um bonde em plena largada e para renascer são e salvo entre uma ameaça de klaxon e um afastar-se de viandantes, que me senti provinciano junto a ele. Antes de começar estas linhas, tive que assomar-me ao pátio e certificar-me, em busca de ânimo, de que seu céu retangular e a lua sempre estavam comigo". In: *Martín Fierro*, 2.18, Buenos Aires, 26 jun. 1925. Edição fac-similar. Buenos Aires: Fondo Nacional de las Artes, 1995, p. 122. O melhor exemplo da evolução de uma linguagem *agauchada* (entenda-se argentinizante) em direção à normatização pode ser percebido no cotejo da primeira edição de *Fervor de Buenos Aires*, de 1923, com a última em vida do autor, de 1977 (Emecé). Ambas foram resgatadas graças à edição especial de *Fervor de Buenos Aires*. Buenos Aires: Alberto Casares, 1993, 2 v. Primeira e única edição fac-similar do primeiro livro de Jorge Luis Borges, trezentos exemplares numerados.

8. Patricia Artundo, "El Libro del Cielo", in: *Xul Solar*. Madri: Museo Nacional Centro de Arte Reina Sofía, 2002, p. 206 (catálogo de exposição com curadoria de Patricia Artundo).

Toda a correspondência de Xul mencionada neste ensaio, assim como outros artigos de sua autoria, pertencem ao Archivo Documental, Fundación Pan Klub — Museo Xul Solar.

9. "*Ya nos embarcamos para Italia contentos de París, y yo encantado del arte ruso del ballet. La compañía que lo representa irá a Buenos Aires y te recomiendo mucho que la veas, y la oigas, que su música es única entre todas. París es la ciudad más completa quizás. Las señoras han paseado por todo, y ya conocen mucho. Un abrazo de Oscar. Pronto te daremos detalles del viaje*" [Já embarcamos para a Itália contentes de Paris, e eu encantado com a arte russa do balé. A companhia que o apresenta irá a Buenos Aires e recomendo muito que você a veja, e ouça, que sua música é única entre todas. Paris é a cidade mais completa talvez. As senhoras passearam por tudo e já conhecem muito. Um abraço de Oscar. Logo lhe daremos detalhes da viagem]. Carta de 20 maio 1913. O plural se refere a sua mãe e sua tia Clorinda, que embarcaram para a Europa um ano depois de sua partida e chegaram em abril de 1913. Cf. a transcrição da importante carta em italiano dirigida ao pai Emilio Schulz, em Patricia Artundo, "El Libro del Cielo", op. cit., p. 204.

10. A invenção de uma nova língua como rejeição materna ou paterna,

com motivações psicológicas, poderia derivar em um caso semelhante ao de Louis Wolfson, cuja experiência aparece narrada em seu livro *Le Schizo et les langues*. Paris: Gallimard, 1970. Sendo norte-americano, Wolfson recusa o inglês e redige esse texto autobiográfico em francês. Gilles Deleuze, na introdução, afirma que "se trata de forma muito clara de destruir a língua materna. A tradução, que implica uma decomposição fonética da palavra, que não se faz em uma língua determinada, mas sim dentro de um magma que reúne todas as línguas *contra* a língua materna, é uma destruição deliberada".

11. "Conferencia sobre la lengua ofrecida por Xul Solar en el Archivo General de la Nación — 28 de agosto de 1962". Texto datilografado, folha 1, Archivo Documental, Fundación Pan Klub — Museo Xul Solar; reproduzido em Alejandro Xul Solar, *Entrevistas, artículos y textos inéditos*, op. cit., p. 198.

12. Lita Xul Solar, "Las grafías de Xul Solar". *Correo de Arte*, 5, Buenos Aires, p. 38, maio 1978.

13. Sobre o valor esotérico do número doze, comenta Wayne Shumaker, com relação a John Dee: "O número doze era o das tribos de Israel, dos discípulos, dos portões da Cidade de Deus na Revelação 21 e muito mais". In: "John Dee's Conversation with Angels", *Renaissance Curiosa*. Nova York: Center for Medieval and Early Renaissance Studies, 1982, p. 39.

14. Em novembro de 1939, Borges publica em *Sur* uma resenha do livro de George S. Terry, *Duodecimal Arithmetics*, Longman. O conhecimento de Borges sobre os diversos sistemas aritméticos surpreende, e ele termina a resenha defendendo o pintor: "Há mais de doze anos que Xul Solar predica (em vão) o sistema duodecimal de numeração; mais de doze anos que todos os matemáticos de Buenos Aires repetem a ele que já o conhecem, que jamais ouviram semelhante disparate, que é uma utopia, que é uma mera praticidade, que é impraticável, que ninguém escreve assim etc. Talvez este livro (que não é obra de um mero argentino) anule ou modere sua negação". In: *Sur*, 62, Buenos Aires, p. 77, nov. 1939.

15. "Explica", in: *Pinties y dibujos. A. Xul Solar*. Buenos Aires: Galería Van Riel, 1953; reproduzido em Alejandro Xul Solar, *Entrevistas, artículos y textos inéditos*, op. cit., pp. 158-60.

16. Jorge O. García Romero, *Alejandro Xul Solar*. Monografía inédita. La Plata: Universidad Nacional de La Plata, 1972, p. 35. Archivo Documental, Fundación Pan Klub — Museo Xul Solar.

17. Osvaldo Svanascini, *Xul Solar*. Buenos Aires: Ediciones Culturales Argentinas, 1962, p. 48.

18. "Recuerdos de mi amigo Xul Solar", Buenos Aires, Fundación San Telmo, 3 set. 1980. Texto do Museo Xul Solar, reproduzido na íntegra em <www.temakel.com/confborgesxul.htm>.

19. Imagens reproduzidas em Mario H. Gradowczyk, *Alejandro Xul Solar*. Buenos Aires: Alba/Fundación Bunge y Born, 1994, pp. 36-7.

20. *Martín Fierro*, 3.30-31, Buenos Aires, 8 jul. 1926 (edição fac-similar: pp. 219, 221).

21. Jorge O. García Romero, *Alejandro Xul Solar*, op. cit., p. 10.

22. Os processos "*neocriollizantes*" deste fragmento, por meio de alguns exemplos escolhidos ao acaso: contração fonetizante ("*pr'untu*", por "*le pregunto*" [lhe pergunto], "*me'ponde*" por "*me responde*"); *criollo* ou *agauchado* ("*too*" por "*todo*" [tudo]); português (sou e tolo); portunhol ("*entón*"); "normatização" de formas verbais irregulares ("*él dige*"); lunfardo ("*fiaca*" [preguiça]).

As traduções do *neocriollo* aqui apresentadas são feitas a partir da tradução para o castelhano realizada por Daniel Nelson. Para uma tradução completa dos *San Signos*, ver a relevante e muito recente publicação, *Los* San Signos. *Xul Solar y el* I Ching (Edición de Patricia Artundo. Transcripción, establecimiento del texto y traducción del neocriollo al español de Daniel Nelson). Buenos Aires: El Hilo de Ariadna/Fundación Eduardo F. Costantini/ Fundación Pan Klub, 2012.

23. Cf. *Libro de professiones y elecciones de prioras y vicarias del convento de San Gerónimo*, 1586-1713. Livro manuscrito e inédito. Coleção de Obras Raras, Benson Latin American Collection, University of Texas at Austin.

24. O procedimento lembra Cristóvão Colombo, que assinava *Cristus ferens*, convencido de que, como portador de Cristo, tinha o desígnio divino do descobrimento inserido no próprio nome.

25. Na história da pintura, o logotipo mais famoso pertence, sem dúvida, ao design da assinatura de Albert Dürer.

26. As assinaturas de Xul também passam por um claro processo evolutivo que culmina no "X", na etapa final das "grafias plasti-úteis". Em *Dos anjos* [Dois anjos], 1915, é clara a assinatura "Schulz Solari", fazendo do "s" um monograma maiúsculo que entrelaça os dois sobrenomes, uma espécie de sinuosidade orientalista, quase um arabesco, versão da assinatura que não voltaremos a encontrar nas obras posteriores que consultamos. Nos últimos anos, em muitas das "grafias plasti-úteis", Xul assina com um "X" e um ponto debaixo. Pode ser apenas uma abreviatura. Xul era conhecedor do hebraico, língua consonântica; essa solução poderia então ser lida como a consoante "X" acompanhada da vogal inferior, representada pelo ponto.

27. *Borges habla de Xul Solar*. Buenos Aires: Acqua Records, 1999, CD, 43'53". Universidad Nacional de Quilmes. Gravação realizada em 1975.

28. *Milicia* [Milícia], *Angel* [Anjo] e *Escenario* [Cenário], *Martín Fierro*, 3.30-31, Buenos Aires, 8 jul. 1926 (edição fac-similar: pp. 219, 221).

29. Do original *Stufen*, de 1918; in: *Martín Fierro*, 4.41, Buenos Aires, 28 maio 1927 (edição fac-similar: p. 347).

30. Cito, a título de exemplo, a epígrafe em questão: "*Nota del traductor. — Ya empiezan usarse el presente de indicativo i el presente de subjuntivo con sendas mismas desinencias (de 1ª cónjuga) unicónjuga i a las palabras largas se les amputa: ción i miento i a veces: dad, por inútiles y feos*".

31. Em Alejandro Xul Solar, *Entrevistas, artículos y textos inéditos*, op. cit., pp. 198-204.

32. "Algunos piensos cortos de Cristian Morgenstern" (tradução do alemão para o *neocriollo*), *Martín Fierro*, 4.41, Buenos Aires, 28 maio 1927 (edição fac-similar: p. 347); "Poema", *Imán*, Paris, p. 50, abr. 1931; "Apuntes de neocriollo", *Azul. Revista de Ciencias y Letras*, 2.11, Azul, pp. 201-5, ago. 1931; "Visión sobre el trilíneo", *Destiempo*, 1.2, Buenos Aires, p. 4, nov. 1936; "Explica", in: *Pinties y dibujos. A. Xul Solar*. Buenos Aires: Galería Van Riel, 1953; reproduzidos em Alejandro Xul Solar. *Entrevistas, artículos y textos inéditos*, op. cit.

33. Utilizo o conceito de transcriação, elaborado inicialmente como *recriação* por Haroldo de Campos em "Da tradução como criação e como crítica" (1963), em *Metalinguagem e outras metas*. São Paulo: Perspectiva, 2004, p. 35. Ver a lista completa das traduções de Xul na bibliografia elaborada por Teresa Tedin de Tognetti, em *Xul Solar*. Madri: Museo Reina Sofía, 2002, pp. 236-7.

34. Texto datilografado, inédito, em três partes, com correções manuscritas. Archivo Documental, Fundación Pan Klub — Museo Xul Solar.

35. "Pampa rojiza" (poema, 1920), em Patricia Artundo, "El libro del cielo", op. cit., p. 207.

36. "La Mort des amants": *Nous aurons des lits pleins d'odeurs légères,/ Des divans profonds comme des tombeaux,/ Et d'étranges fleurs sur des étagères,/ Ecloses pour nous sous des cieux plus beaux.// Usant à l'envi leurs chaleurs dernières,/ Nos deux coeurs seront deux vastes flambeaux,/ Qui réfléchiront leurs doubles lumières/ Dans nos deux esprits, ces miroirs jumeaux./ Un soir fait de rose et de bleu mystique,// Nous échangerons un éclair unique,/ Comme un long sanglot, tout chargé d'adieux;// Et plus tard un Ange, entr'ouvrant les portes,/ Viendra ranimer, fidèle et joyeux,/ Les miroirs ternis et les flammes mortes.* [Charles Baudelaire. *Les Fleurs du mal*. Paris: Gallimard, 1961, p. 151.]

37. Um dos quadros expostos tem justamente como título *Una drola* (1923).

38. Em Alejandro Xul Solar, *Entrevistas, artículos y textos inéditos*, op. cit., p. 201.

39. Sobre as relações entre Xul e a poesia, Borges afirmaria acertadamente: "Suspeito que [Xul] sentia menos a poesia que a linguagem, e que para ele o

essencial era a pintura e a música". "Laprida 1214", in: *Atlas* (com a colaboração de María Kodama). Buenos Aires: Sudamericana, 1984, p. 80.

40. Mitologias paralelas ocorrem com o índio antropófago de Oswald de Andrade ou com o *amauta* [chefe indígena] de José Carlos Mariátegui. Não me consta um *gaucho* expressionista ou cubista na iconografia rio-platense do período, diversamente do que ocorre com o olhar moderno de Diego Rivera sobre o indígena, ou o de Tarsila do Amaral sobre o afro-brasileiro.

41. Umberto Eco, *A busca da língua perfeita na cultura europeia* (1993) (trad.: Antonio Angonese). Bauru (SP): Edusc, 2001, p. 29. Capítulos desdobrados desse livro são encontrados em Umberto Eco, *Serendipities: Language and Lunacy* (trad.: William Weaver). Nova York: Harcourt Brace & Company, 1999.

42. Alejandro Xul Solar, *Entrevistas, artículos y textos inéditos*, op. cit., p. 199.

43. Théodore Flournoy, *From India to the Planet Mars. A Case of Multiple Personality with Imaginary Languages* (1899). Nova Jersey: Ed. Sonu Shamdasani/ Princeton University Press, 1994.

44. Em Patricia Artundo, "El libro del cielo", op. cit., p. 210.

45. "[...] o misticismo se refere à busca do estado de unidade ou integração com a realidade última. O ocultismo depende do secreto, de fenômenos ocultos que são acessíveis apenas àqueles que foram iniciados adequadamente. O oculto é misterioso e não é imediatamente compreensível para o entendimento comum ou o pensamento científico." Maurice Tuchman, "Hidden Meaning in Abstract Art", in: Wassily Kandinsky. *The Spiritual in Art: Abstract Painting 1890-1985* (org.: Maurice Tuchman). Los Angeles: Los Angeles County Museum of Art/ Abbeville Press, 1986, p. 19.

46. Reproduzo a nota da monografia de Jorge O. García Romero: "Xul Solar representou a si mesmo uma única vez, na aquarela intitulada *Desarrollo del Yi-Ching* [Desenvolvimento do I Ching]. Nela figuram os símbolos chineses Yan e Yin, os trigramas de *O livro das mutações*, o primeiro personagem histórico da China, Fu Hsi, o rei Wen e seu filho Tan, Confúcio e Xul Solar com uma inscrição sobre sua cabeça que diz 'NOW XUL' [Agora Xul]", em *Alejandro Xul Solar*, op. cit., nota 12, p. 127.

47. Umberto Eco, *A busca da língua perfeita na cultura europeia*, op. cit., p. 328. Cf. também o capítulo 14, "Desde Leibniz até a *Encyclopédie*", que inclui "O *I Ching* e a numeração binária". Segundo informação da Fundación Pan Klub, Xul possuía em sua biblioteca duas obras de Leibniz: *Correspondencia con Arnauld*. Buenos Aires: Losada, 1946, e *Tratados fundamentales* (1ª série). Buenos Aires: Losada, 1936 e 1946. Borges, além de conhecer os princípios da lógica binária, era conhecedor das relações entre Leibniz e os hexagramas do *I Ching*. Cf. sua única nota a "O idioma analítico de John Wilkins", em *Outras inquisições*

(trad.: Davi Arrigucci Jr.). *Obras completas*. São Paulo: Companhia das Letras, 2007, p. 122.

48. Jorge Luis Borges, "Sobre os clássicos", em *Outras inquisições*, op. cit., p. 220. Sobre as relações entre Leibniz e o missionário francês na China, Joachim Bouvet (1656-1730), que descobriu as relações entre o *I Ching* e o sistema aritmético binário ou diádico de Leibniz, cf. o excelente artigo de Frank K. Swetz, "Leibnitz, the *Yijing*, and the Religious Conversion of the Chinese", *Mathematics Magazine*, 76.4, Washington D. C., out. 2003, pp. 276-91. Xul, como o também sinólogo Leibniz, viu na numerologia, e na *ars combinatoria* do *I Ching*, um vínculo com a cosmologia, a metafísica e a teologia.

49. Embora o inglês esteja se convertendo cada vez mais na grande língua auxiliar de comunicação internacional, existe a Universala Esperanto-Ligo (UEL), à qual está associada a Argentina Esperanto-Ligo, com sede localizada não muito longe da Fundación Pan Klub, na Calle Paraguay 2357. Ver <www.uea.org e www.retkompaso.com.ar>. Ver Paulo Rónai, *Homens contra Babel. Passado, presente e futuro das línguas artificiais*. Rio de Janeiro: Zahar, 1964.

50. Gregory Sheerwood, "Gente de mi ciudad: Xul Solar, campeón mundial de panajedrez y el inquieto creador de la 'panlingua'". *Mundo Argentino*, Buenos Aires, p. 14, 1º ago. 1951; reproduzido em Alejandro Xul Solar, *Entrevistas, artículos y textos inéditos*, op. cit., p. 77. Cf. Umberto Eco, capítulo 16, "As línguas internacionais auxiliares", em *A busca da língua perfeita na cultura europeia*, op. cit., pp. 381-403.

51. Cf. *Do espiritual na arte* (trad.: Álvaro Cabral e Antônio de Pádua Danesi). São Paulo: Martins Fontes, 2000.

52. Em Paris, em 1926, "o músico maçom Luis Fernández inicia Torres García no ocultismo e na transcendência espiritual, incluindo a simbologia medieval, a cabala, o misticismo numérico pitagórico, que envolvia noções de que o espírito e os corpos celestiais eram regidos por números, e que os valores numéricos apropriados à consonância musical derivavam da música das esferas. O conhecimento esotérico revelou-se muito atrativo para Torres García, que possivelmente já estava predisposto a ele durante sua experiência anterior com a filosofia neoplatônica e a educação progressiva (cujo líder espiritual era o teósofo Rudolf Steiner)". Barbara Braun, *Pre-Columbian Art and the Post-Columbian World: Ancient American Sources of Modern Art*. Nova York: Abrams, 1993, p. 256.

53. "O teclado tem um tamanho mais reduzido que o comum, as teclas são uniformes e arredondadas, o que permite um deslizamento fácil dos dedos. Além disso, estão marcadas para permitir o reconhecimento pelo tato. Com esse teclado, consegue-se a intercalação de quartos de tom em filas intermediárias de teclas, detalhe impossível no atual. E também se aprende piano em um tempo

três vezes menor." Explicação de Xul Solar, em Patricia Artundo, "El libro del cielo", op. cit., p. 226.

54. Cf. Neil de Grasse Tyson, "Wordless Music and Abstract Art", in: *Exploring the Invisible*. Princeton: Princeton University Press, 2002, p. 15.

55. Annie Besant e C. W. Leadbeater, *Thought-Forms*. Londres: The Theosophical Publishing House, 1901.

56. Gregory Sheerwood, "Gente de mi ciudad [...]", op. cit., p. 14; reproduzido em Alejandro Xul Solar, *Entrevistas, artículos y textos inéditos*, op. cit., p. 77.

57. "Xul Solar, pintor de símbolos efectivos". *El Hogar*, Buenos Aires, 18 set. 1953; reproduzido em Alejandro Xul Solar, *Entrevistas, artículos y textos inéditos*, op. cit., p. 85.

58. Amado Alonso, "El problema argentino de la lengua", op. cit., p. 138.

59. "Acontecimentos: Xul-Borges, a cor do encontro", in: *Xul Solar/J. L. Borges. Língua e imagem*. Rio de Janeiro: Centro Cultural Banco do Brasil; São Paulo: Memorial da América Latina, 1998, p. 44 (catálogo de exposição com curadoria de Alina Tortosa).

60. "Precisamente por carecer de inteligibilidade, o *neocriollo* entusiasmou Macedonio Fernández, que festejou publicamente Xul Solar como o criador de um 'idioma de incomunicação'", comenta Naomi Lindstrom, uma das primeiras críticas que se detiveram na análise do *neocriollo*. Cf. "El utopismo lingüístico en 'Poema' de Xul Solar". *Texto Crítico*, 24-25, México, Universidad Veracruzana, p. 244, jan.-dez. 1982.

61. Patricia Artundo, "El Libro del Cielo", op. cit., p. 210.

62. Prefácio do catálogo da exposição Homenaje a Xul Solar. Buenos Aires: Museo Nacional de Bellas Artes, 1963.

63. Reproduzo a observação de Patricia Artundo sobre essa publicação: "A primeira vez que Xul divulgou uma de suas visões com o título de 'Poema' foi no primeiro e único número de *Imán* (abr. 1931), publicado em Paris por Elvira de Alvear [...]. O caráter excepcional dessa revista, que reuniu colaborações, entre outros, de Alejo Carpentier, Jaime Torres Bodet, Miguel Ángel Asturias e Franz Kafka, mostrava o 'Poema' de Xul em uma publicação de marcado tom reflexivo, sem fronteiras para seus interesses — 'Nós seremos pan-mundiais', afirmava sua diretora no texto da apresentação". Em "A. Xul Solar: Una imagen pública posible", em Alejandro Xul Solar, *Entrevistas, artículos y textos inéditos*, op. cit., p. 32.

"Poema" foi analisado pela primeira vez por Naomi Lindstrom, a partir da reprodução do texto em Osvaldo Svanascini, *Xul Solar*, op. cit., p. 7.

64. A clássica definição de Roman Jakobson da função poética afirma que esta surge no cruzamento dos dois eixos da articulação da linguagem: o vertical, da significação, e o horizontal, da sucessão ou combinação de palavras.

"Linguística e poética", in: *Linguística e comunicação* (trad.: Izidoro Blikstein e José Paulo Paes). São Paulo: Cultrix, 1987, pp. 118-32. Para uma leitura diversa da minha, sobre a qualidade poética dos San Signos, ler interpretação de Daniel Nelson, em *Los* San Signos. *Xul Solar y el* I Ching (Edición de Patricia Artundo. Transcripción, establecimiento del texto y traducción del neocriollo al español de Daniel Nelson). Buenos Aires: El Hilo de Ariadna/Fundación Eduardo F. Costantini/Fundación Pan Klub, 2012.

65. Sobre o texto "Poema", observa Patricia Artundo: "[...] publicado pela primeira vez em 1931, conhecemos a versão primeira — registro imediato de sua visão apenas finalizada —, outra versão manuscrita, um datiloscrito cópia, a versão publicada finalmente na revista *Imán* e a publicada em *Signo* (1933), mais duas versões com variantes na versão impressa". "A. Xul Solar: Una imagen pública posible", em Alejandro Xul Solar, *Entrevistas, artículos y textos inéditos*, op. cit., nota 3, p. 8.

Utilizo duas versões em *neocriollo*, transcritas e traduzidas por Daniel Nelson. A primeira delas pertence à revista *Imán*, Paris, abr. 1931, pp. 50-1. Cf. a tradução integral em Alejandro Xul Solar, *Entrevistas, artículos y textos inéditos*, op. cit., pp. 161-4.

66. Graças ao artigo de Frank J. Swetz, sabemos que a ordem sequencial dos 64 hexagramas é a leitura da direita para a esquerda e de baixo para cima. "Leibnitz, the *Yijing*, and the Religious Conversion of the Chinese", op. cit., pp. 279-80.

67. Único termo em português do fragmento selecionado (forma arcaica: "çeo"; forma atual: "céu").

68. Discurso na inauguração da exposição Homenaje a Xul Solar, Museo Provincial de Bellas Artes de La Plata, 17 jul. 1968; reproduzido no catálogo *Xul Solar en el Museo Nacional de Bellas Artes*. Buenos Aires: Museo Nacional de Bellas Artes, 1998, p. 12.

69. "A. Xul Solar: una imagen pública posible", em Alejandro Xul Solar, *Entrevistas, artículos y textos inéditos*, op. cit., p. 35.

70. Afirma Jorge O. García Romero: "[...] Segundo me disse a sra. Micaela Cadenas de Xul Solar, pelo horário, hora em que o artista costumava meditar, o presente texto é uma de suas *visões* ou revelações por meditação transcendental, escritas em 'neo-criollo', não uma mera ocorrência literária como à primeira vista pode parecer" (grifo do autor), em *Alejandro Xul Solar*, op. cit., nota 2, p. 129.

71. Cf. Haroldo de Campos, *Éden*. São Paulo: Perspectiva, 2004.

72. Ao referir-se ao livro de William Butler Yeats, *Per Amica Silentia Luna*, Richard Ellman afirma que "o leitor nunca tem certeza se está diante de uma

doutrina ou de um poema em prosa". Cf. *Yeats. The Man and the Masks* (1948). Nova York: Norton, 1999, p. 223. Poderíamos também aproveitar aqui o comentário de Wayne Shumaker, em seu excelente livro *Renaissance curiosa*, quando analisa o texto de John Dee para chegar à irônica conclusão de que "os anjos eram particularmente maus pedagogos". Op. cit., p. 36.

73. "Variações sobre a escrita", em *Inéditos: Teoria*, op. cit., p. 205.

10. XUL/BRASIL. IMAGINÁRIOS EM DIÁLOGO [pp. 178-91]

1. Na biografia de Álvaro Abós, *Xul Solar: Pintor del misterio* (Buenos Aires: Sudamericana, 2004), embora sejam mencionados uma passagem de Xul por Santos, seu desejo de vir a São Paulo e uma exultante visita ao Rio de Janeiro (p. 33), não foi encontrado nada entre os documentos por mim pesquisados que comprove essa afirmação do ficcionista e biógrafo. Ver as cronologias ilustradas de Mario H. Gradowczyk, *Alejandro Xul Solar*. Buenos Aires: Alba/Fundación Bunge y Born, 1994; de Patricia Artundo, "El libro del cielo", em *Xul Solar*. Madri: Museo Reina Sofia, 2002; de Teresa Tedin, "Cronologia biográfica e artística", em *Xul Solar: Visões e revelações*. São Paulo: Pinacoteca do Estado de São Paulo, 2005.

2. Sobre o significado do uso das bandeiras na iconografia de Xul Solar, ver o texto de Beatriz Sarlo, "Invención fantástica y nacionalidad cultural", em *Xul Solar*, op. cit., pp. 45-55.

3. "Recuerdos de mi amigo Xul Solar", Buenos Aires, Fundación San Telmo, 3 set. 1980. Texto do Museo Xul Solar, reproduzido na íntegra em <www.temakel.com/confborgesxul.htm>.

4. Reproduzidos em Alejandro Xul Solar, *Entrevistas, artículos y textos inéditos* (org.: Patricia M. Artundo). Buenos Aires: Corregidor, 2005, pp. 116-20. Originalmente publicados na *Revista Multicolor de los Sábados*, suplemento literário do jornal *Crítica*, 19 ago. 1933, dirigida por Borges e Ulyses Petit de Murat. Não foi possível localizar as fontes originais dessas lendas.

5. Ver Juan Manuel Bonet, "Desde la biblioteca de Xul", in: Jorge López Anaya. *Xul Solar. Una utopía espiritualista*. Buenos Aires: Museo Xul Solar, 2002, pp. 185-93.

6. Batizadas por Xul como *Amberia* (América + Ibéria), são pastas com uma quantidade enorme de recortes de jornais locais, cuidadosamente selecionados e colados. Os assuntos abrangem desde o político até o científico. Organizadas cronologicamente, vão de 1942 a 1945.

7. "Brasil: Entre historia, folklore y modernismo brasileño", em *La*

Biblioteca de Xul Solar. Buenos Aires: Fundación Pan Klub — Museo Xul Solar, 2001, pp. 11-2 (catálogo de exposição com curadoria de Patricia Artundo).

8. O ano correto é 1887.

9. Exemplos de alguns termos grifados por Xul, e por mim selecionados ao acaso, do primeiro capítulo de *Macunaíma*: enquisilou, bué, folhiço, massaroca, cotia, enjoativa, besourenta, esfiapando, escoteiro, marupiara, taiocas, cotcho, rescendendo, macota, enfarado, cotucava, estorcegado, porre, sapecava, jucurutú, regougo, jaboti, boitat'as, tembetá, jandaias, assaizeiro, caieira, acalantos, tuxaua, boiuna, jarinas, sacassaia, marimbondos, tirlintando, coroca, afobado, xexéus, cuitê, aperemas, saguís, tejus mussuãs, tapiucabas chabos, pinicapaus, aracuãs, panema, uirapurú, tatalar, marupiara, tracajá, regatao, baludo, negaceando, lacraia etc.

10. Gustavo Barroso, *O integralismo em marcha* e *O que o integralista deve saber* (Rio de Janeiro: Civilização Brasileira, 1936); Gustavo Barroso, *Roosevelt es judío* (Buenos Aires: Cuadernos Antijudíos, Ediciones 3A, 1938); Plínio Salgado, *Despertemos a nação!* (Rio de Janeiro: José Olympio, 1935).

11. Há uma carta de Xul Solar, em que propõe um tema para participar do Primer Congreso de la Lengua Guaraní-Tupí, em Montevidéu. Na missiva, dirigida ao Comitê Organizador, Xul observa: "Dentro do tema do congresso, espero contribuir em dois ou três pontos, e se alguns projetos, que me parecem importantes, sobre palavras indígenas em português e espanhol, e vice-versa, não forem aceitáveis por estar fora do referido tema, poderiam ser propostos para uma reunião futura". Carta manuscrita, assinada A. Xul Solar, datada de 7 nov. 1949, na qual registra também o endereço e telefone ("Laprida 1214, Tel. 78.5378"). Xul não chegou a participar do mencionado evento, nem a enviar uma colaboração, mas constam em sua biblioteca três densos volumes que reproduzem os trabalhos apresentados: *Boletín de Filología*, Instituto de Estudios Superiores de Montevideo, três volumes, n. 37 a 45, de 1948, 1949 e 1950, respectivamente.

12. Ver reprodução de uma das cartas a Lita em *Xul Solar: Visões e revelações*, op. cit., p. 167.

13. Ver ensaio de Daniel Nelson, "Os *San Signos* de Xul Solar. *O livro das mutações*", em *Xul Solar: Visões e revelações*, op. cit., pp. 49-59. Pela primeira vez, temos acesso a três dessas visões redigidas em *neocriollo*, com as respectivas traduções para o espanhol, feitas por Daniel Nelson. Ver Xul Solar, *Entrevistas, artículos y textos inéditos*, op. cit., pp. 161-84.

14. "Do pai [Nery] herdaria a vocação realista [...] e da mãe, o dom visionário", testemunha seu entranhável amigo e biógrafo Murilo Mendes, em *Recordações de Ismael Nery*. São Paulo: Edusp, 1996, p. 93.

15. Mário de Andrade, "Ismael Nery". *Diário Nacional*, São Paulo, 10 abr. 1928; reproduzido em *Ismael Nery. 50 anos depois* (org.: Aracy Amaral). São Paulo: Museu de Arte Contemporânea da Universidade de São Paulo, 1984, p. 59.

16. "Acho-me agora sentado na prisão, olhando sereno através das grades, aguardando o julgamento do crime nefando que cometi de usar a mim mesmo na minha mãe, mulher, filha, neta, bisneta, tataraneta, nora e cunhada", revela Nery, em id., ibid. Ver Daniel Paul Schreber, *Memórias de um doente dos nervos* (trad. e introd.: Marilene Carone). São Paulo: Paz e Terra, 1995.

17. Mário de Andrade, "Ismael Nery", op. cit., p. 59.

18. Reproduzido em *Recordações de Ismael Nery*, op. cit., p. 38.

19. Id., ibid.

20. Antônio Bento divide a obra de Nery em "três fases principais. A primeira foi expressionista, a segunda cubista e a terceira surrealista". "O pintor maldito", em *Ismael Nery. 50 anos depois*, op. cit., p. 177.

21. Ver o item "O afã de correção", em meu ensaio "'Sílabas as Estrelas componham': Xul Solar e o *neocriollo*", incluído neste livro.

22. *Recordações de Ismael Nery*, op. cit., p. 60.

23. "Entre amigos", em id., ibid., p. 15.

24. Ver a nota 45, em meu ensaio "'Sílabas as Estrelas componham': Xul Solar e o *neocriollo*", incluído neste livro.

25. *Recordações de Ismael Nery*, op. cit., pp. 57, 59.

26. *Xul Solar: Visões e revelações*, op. cit., p. 169.

27. *Recordações de Ismael Nery*, op. cit., p. 103.

28. Adalgisa Nery, *A imaginária*. Rio de Janeiro: José Olympio, 1959, p. 111.

29. Ver *A aventura modernista de Berta Singerman. Uma voz argentina no Brasil* (trad.: Gênese Andrade). São Paulo: Museu Lasar Segall, 2003 (catálogo de exposição com curadoria de Patricia M. Artundo).

30. As arquiteturas de Xul mereceram uma exposição e um catálogo específicos: *Xul Solar: The Architectures* (org.: Christopher Green). Londres: Courtauld Institute Galleries/University of London, 1994.

31. Ver os anos 1918-9 na "Cronologia biográfica e artística", de Teresa Tedin, em *Xul Solar: Visões e revelações*, op. cit., p. 159.

32. Cartão-postal dirigido a Emilio Schulz Riga, datado de Paris, 20 maio 1913.

33. Para uma detalhada descrição dessa etapa e projeto histórico, ver Douglas Cooper, *Picasso y el teatro*. Barcelona: Gustavo Gili, 1968, pp. 13-34. Ver também a análise de Anne Guillemet do pano de boca de cena, in: *Parade 1901--2001* (org.: Nelson Aguilar e Laurent Le Bon). São Paulo: BrasilConnects, 2001, pp. 284-5.

34. Sobre a apresentação de Nijinsky no Rio de Janeiro, ver o memorável relato de Paul Claudel, "Nijinsky" (trad.: Regina Salgado Campos), referente à seção "Presenças estrangeiras", sob responsabilidade de Carlos Augusto Calil, in: *Da Antropofagia a Brasília*. São Paulo: Faap/Cosac Naify, 2002, pp. 496-7 (catálogo de exposição com curadoria geral de Jorge Schwartz).

35. In: Walter Zanini, *Vicente do Rego Monteiro. Artista e poeta*. São Paulo: Empresa das Artes/Marigo, 1997, p. 65.

36. In: Di Cavalcanti, *Viagem da minha vida (memórias). I. O testamento da alvorada*. Rio de Janeiro: Civilização Brasileira, 1955, p. 142.

37. Id., ibid., pp. 133-4.

38. *Lasar Segall cenógrafo*. Rio de Janeiro: Centro Cultural Banco do Brasil, 1996, p. 24 (catálogo de exposição com curadoria da equipe de museologia do Museu Lasar Segall). Artigos de Clóvis Garcia, Maria Cecília França Lourenço e Claudia Valladão de Mattos.

39. *No tempo dos modernistas. D. Olivia Penteado, a Senhora das Artes*. São Paulo: Faap, 2002, pp. 126-31. A exposição, com curadoria de Denise Mattar, reproduziu o Pavilhão Modernista de d. Olivia, assim como a iconografia de Segall.

40. Ver imagens de Tarsila, texto de Aracy Amaral, "Oswald, Tarsila e Villa-Lobos: um balé irrealizado", e minha "Nota introdutória", in: Oswald de Andrade e Guilherme de Almeida, *Mon Coeur balance / Leur Âme / Histoire de la fille du roi*. São Paulo: Globo, 2003, pp. 270, 257-62, 7-11, respectivamente.

41. Elvira Vernaschi, *Gomide*. São Paulo: Coleção mwm/Editora da Universidade de São Paulo, 1989, p. 58.

42. *Xul Solar. Visões e revelações*, op. cit., pp. 112-3.

11. FUNDAÇÃO DE BUENOS AIRES: O OLHAR DE HORACIO COPPOLA
[pp. 192-208]

1. *Imagema: Antología fotográfica 1927-1994*. Buenos Aires: Fondo Nacional de las Artes/Ediciones de La Llanura, 1994, p. 12.

2. Juan Manuel Bonet, "El siglo de Horacio Coppola", in: *Horacio Coppola: Buenos Aires años treinta*. Buenos Aires: Galería Jorge Mara-La Ruche, 2005, p. 5. Aqui somos obrigados a discordar de Martin Parr, quando afirma, em sua monumental obra sobre livros de fotografia, que Coppola, ao regressar a Buenos Aires, "tornou-se o fotógrafo mais destacado de Buenos Aires e um apaixonado divulgador da Nova Visão do modernismo, que havia encontrado na Europa". In: Martin Parr e Gerry Badger. *The Photobook: A*

History. Londres: Phaidon, 2006, v. II, p. 97; reproduzido em *Horacio Coppola: Fotografía*. Madri: Telefónica, 2008, p. 71.

3. Sara Facio, *La fotografía en la Argentina desde 1840 hasta nuestros días*. Buenos Aires: La Azotea, 1995, p. 65.

4. Sara Facio afirma que a primeira notícia do daguerreótipo em Buenos Aires é de 1840, ou seja, dois meses depois de seu descobrimento. Em id., ibid., p. 5.

Para fotografias de Buenos Aires das duas primeiras décadas do século XX, vejam-se *Imágenes de Buenos Aires 1915-1940*. Buenos Aires: Fundación Antorchas, 1998; Margarita Gutman (Org.), *Buenos Aires 1910: Memoria del porvenir*. Buenos Aires: Gobierno de la Ciudad de Buenos Aires, 1999. Em ambas as publicações, a seleção das imagens foi realizada por Luis Príamo.

5. Em uma resenha escrita por ocasião de uma retrospectiva de Armando Coppola no Museo Nacional de Bellas Artes de Buenos Aires, registra-se a seguinte observação: "As vistas de Buenos Aires [de Armando Coppola], que não são muitas, também podem ser descritas e datadas de forma aproximada. Mais problemáticas nesse sentido são as de tema abstrato ou sem contexto (naturezas-mortas, flores, paisagens, um nu). A questão não é menor, pois os primeiros trabalhos de Horacio, nos quais compõe com a luz e fragmenta o espaço e os objetos de um modo não convencional, *mostram uma moderna vontade de abstração*" (grifos meus). Luis Príamo, "Armando Coppola, hermano y maestro de Horacio Coppola", Suplemento Cultura, *La Nación*, Buenos Aires, 1º set. 2006.

6. "Apéndice IV", em *Horacio Coppola: Fotografía*, op. cit., p. 320. Fotografias dos grupos, publicadas respectivamente em *Martín Fierro*, 3.30-31, Buenos Aires, 8 jul. 1926; *Martín Fierro*, 3.36, Buenos Aires, 12 dez. 1926. Edição fac-similar. Buenos Aires: Fondo Nacional de las Artes, 1995, pp. 223, 280.

7. Veja-se o texto de Adrián Gorelik, "Horacio Coppola, 1929. Borges, Le Corbusier y las casitas de Buenos Aires", em *Horacio Coppola: Fotografía*, op. cit., pp. 49-59. Lamentavelmente, as sucessivas reedições de *Evaristo Carriego* excluem esse importante material iconográfico.

8. Veja-se a "Cronología", elaborada por Patricia Artundo, em *Horacio Coppola: Fotografía*, op. cit., pp. 298-313.

9. *De fotografía*. Buenos Aires: Ediciones de La Llanura, 1980, p. 17. Nesse folheto, a única fotografia reproduzida é justamente *Mundo próprio*.

10. Fizeram parte do prestigioso grupo de *Sur*, de Buenos Aires, entre outros: Victoria e Silvina Ocampo, Jorge Luis Borges, Adolfo Bioy Casares, Guillermo de Torre e Oliverio Girondo.

11. "Apéndice IV", em *Horacio Coppola: Fotografía*, op. cit., p. 321.

12. "Testimonio", San Isidro, jul. 1934, in: Victoria Ocampo, *Testimonios*

(org.: Eduardo Paz Leston). Buenos Aires: Sudamericana, 1999, pp. 53-7. Veja-se também o excelente artigo de Rubén Biselli, "El lugar de la fotografía en la revista *Sur* durante la década del 30", *La Trama de la Comunicación*, 7, Rosário, Universidad Nacional de Rosario, 2000-2. Agradeço a Patricia Artundo a indicação desse ensaio, disponível em <biblioteca.puntoedu.edu.ar/dspace/bitstream/ 2133/727/1/tecnologias+comunicacionales+y+procesos+culturales+moderniza dores.pdf>.

13. Para consultar os artigos completos dos primeiros números de *Sur*, veja-se <www.cervantesvirtual.com/servlet/IndiceTomosNumeros?portal=0&R ef=8434>.

Os primeiros seis números de luxo de *Sur* são uma verdadeira raridade bibliográfica. Foram impressos apenas cem exemplares, nos quais aparecem as fotografias, inseridas no artigo de abertura de Alfonso Reyes, "Rumbo a Goethe". Agradeço a Gonzalo Aguilar e a Martín Gaspar a obtenção dessas imagens.

14. "Apéndice v", em *Horacio Coppola: Fotografía*, op. cit., p. 325.

15. Walter Benjamin, *Passagens* (org.: Willi Bolle; trad.: Irene Aron e Cleonice P. B. Mourão). São Paulo: Imprensa Oficial; Belo Horizonte: Editora UFMG, 2007, pp. 715-6. Benjamin cita de Félix Nadar, *Quand j'étais Photographe*. Paris: Flammarion, 1900, pp. 127-9.

16. "No primeiro semestre de 1932, Grete inscreveu-se nos cursos de fotografia da Bauhaus, ministrados por seu mestre. Nesse ano, conheceu seu futuro marido, Horacio Coppola, que também frequentou as oficinas de Peterhans. Ali permaneceram até que a instituição, perseguida pelos nazistas, dissolveu-se em meados de 1933." Em Luis Príamo, *Grete Stern: Obra fotográfica en la Argentina*. Buenos Aires: Fondo Nacional de las Artes, 1995, p. 19. Veja-se o *Retrato de Grete Stern*, feito por Walter Peterhans em 1929, em *Horacio Coppola: Fotografía*, op. cit., p. 301.

17. Cf. "Apéndice IV", em *Horacio Coppola: Fotografía*, op. cit., p. 322.

18. Vejam-se os formidáveis catálogos de exposição: Timothy O. Benson (Org.), *Central European Avant-Gardes: Exchange and Transformation*. Los Angeles: Los Angeles Counly Museum of Art/The MIT Press, 2002; *Foto: Modernity in Central Europe, 1918-1945*. Londres: Thames & Hudson, 2007 (curadoria de Matthew S. Witkovsky).

19. Guio-me pela edição fac-similar de László Moholy-Nagy, *Painting Photography Film* (1925). Cambridge, Massachusetts: The MIT Press, 1973, p. 26. Veja-se também o catálogo *La Nueva Visión: Fotografía de Entreguerras*. Nova York: The Metropolitan Museum of Art; Valência: Ivam-Centre Julio González, 1995.

20. Martin Parr e Gerry Badger, *The Photobook: A History*. Londres: Phaidon, 2004, v. I, p. 8.

21. Guio-me pela edição fac-similar de *Photo-eye: 76 Photos of the Period* (1929) (orgs.: Franz Roh e Jan Tschichold). Nova York: Arno Press, 1973. Veja-se também o excelente catálogo *Franz Roh: Teórico y fotógrafo*. Valência: Ivam-Centre Julio González, 1997 (catálogo de exposição com curadoria de Horacio Fernández).

22. Oliverio Girondo, *Veinte poemas para ser leídos en el tranvía*. *Obras de Oliverio Girondo*. Buenos Aires: Losada, 1968, p. 63.

23. E-mail enviado em 2 de julho de 2007.

24. Rosalind Kraus, "Stieglitz: equivalentes", in: *Lo fotográfico*. Barcelona: Gustavo Gili, 2002, p. 141. Ao contrário de Stieglitz, Coppola nunca fez do céu um tema abstrato por excelência. "No outono de 1922, e aos 58 anos de idade, Stieglitz começou essa série, e durante os oito anos seguintes, produziu obsessivamente mais de 350 ampliações a partir de cerca de quatrocentos negativos, de aproximadamente 3 × 5." Veja-se Eva Weber, *Alfred Stieglitz*. Londres: Bison Books, 1994, p. 99.

25. Sibyl Moholy-Nagy, *Moholy-Nagy. Experiment in Totality* (1950). Cambridge, Massachusetts: The MIT Press, 1969, p. 93. A transcendência dessa fotografia de 1933 é comentada por Siegfried Giedion como "a perfeita fusão da precisão matemática com a liberdade orgânica".

26. Gonzalo Aguilar, "La pasión de la geometría", em *Horacio Coppola: Fotografía*, op. cit., pp. 61-9.

27. Charles Baudelaire, "O pintor da vida moderna", em *A modernidade de Baudelaire* (org.: Teixeira Coelho; trad.: Suely Casal). Rio de Janeiro: Paz e Terra, 1988.

28. Ver o comentário que Coppola faz do filme sobre o obelisco, no "Apéndice VI", em *Horacio Coppola: Fotografía*, op. cit., p. 326.

29. "El siglo de Horacio Coppola", em *Horacio Coppola: Buenos Aires años treinta*, op. cit., p. 8.

30. Transcrevo a referência do catálogo: "Trata-se de uma das primeiras tentativas de conceber um arranha-céu a partir de materiais como o aço e o vidro. Embora não tenha jamais se realizado, esse edifício é um dos ícones da arquitetura do século XX". Em Jeannine Fiedler e Peter Feierbend (org.), *Bauhaus*. Colônia: Könemann, 2000, p. 222.

31. O termo *Flatiron* refere-se a uma prancha de ferro ou de aço, antiga, de configuração triangular, das que eram aquecidas ao fogo para passar a roupa. *Flat* indica a posição da prancha, horizontal. Pronuncia-se como duas palavras, *flat + iron*. Agradeço a explicação a Omar Encarnación.

32. Não posso deixar de mencionar aqui a excelente mostra e catálogo *El Buenos Aires de Horacio Coppola*. Valência: Ivam-Centre Julio González, 1996 (exposição com curadoria de Josep Vicent Monzó).

12. HORACIO COPPOLA: METRÓPOLE EM PRETO E BRANCO
[pp. 209-17]

1. Apud Adrián Gorelik, "Imágenes para una fundación mitológica. Apuntes sobre las fotografías de Horacio Coppola" (1995), in: *Miradas sobre Buenos Aires*. Buenos Aires: Siglo XXI, 2004, p. 100.
2. "Prefácio interessantíssimo", in: *Pauliceia desvairada. Poesias completas* (org.: Diléa Zanotto Manfio). São Paulo: Edusp; Belo Horizonte: Itatiaia, 1987, p. 74.
3. *El Buenos Aires de Horacio Coppola*. València: Instituto Valenciano de Arte Moderno, 1996 (catálogo de exposição com curadoria de Josep Vicent Monzó, com Juan Manuel Bonet na direção do Ivam).
4. Os ecos repercutiriam dois anos mais tarde, com o filme *São Paulo, sinfonia da metrópole* (1928), de Adalberto Kemeny e Rudolf Rex Lustig, húngaros residentes no Brasil.
5. In: "Horacio Coppola: testimonios". Entrevista a Adrián Gorelik, *Punto de Vista*, 53, Buenos Aires, p. 23, nov. 1955.
6. "Flavio Arancibia Coddou conversa com Adrián Gorelik em Buenos Aires, Argentina". *Boletim Óculum*, 1.2, Campinas, FAU PUC-Campinas, p. 1, nov. 1996.
7. Horacio Coppola sempre reconheceu seu irmão, Armando, vinte anos mais velho, como seu primeiro mestre. Dentista de profissão e pintor, foi também fotógrafo amador.
8. "Horacio Coppola: testimonios", op. cit., p. 25.
9. Ver *Profissão fotógrafo: Horacio Coppola e Hildegard Rosenthal*. São Paulo: Museu Lasar Segall, 2010 (catálogo de exposição com curadoria de Jorge Schwartz e Marcelo Monzani).
10. Ver *Buenos Aires 1910: Memoria del porvenir*. Buenos Aires: Gobierno de la Ciudad de Buenos Aires/Fadu-Universidad de Buenos Aires, 1999 (org.: Margarita Gutman; catálogo de exposição); *Buenos Aires al sur: Fotografías 1864-1954*. Buenos Aires: Corporación Buenos Aires Sur/Secretaría de Cultura, 2001. A primorosa edição de imagens desses dois livros é de responsabilidade de Luis Príamo.
11. Jorge Luis Borges, *Evaristo Carriego*. Buenos Aires: Manuel Gleizer, 1930. "As fotos, eu as tinha tirado antes que se pensasse o livro, porque antes de 1930 já tínhamos feito com Borges nossos passeios pelo [rio] Maldonado", lembra Coppola, em entrevista a Adrián Gorelik, "Horacio Coppola: testimonios", op. cit., p. 21.
12. As fotos dos confins da cidade, onde começa o pampa, diferenciam-se

dos outros céus de Coppola, recortados pela geometria da paisagem urbana. Gostaria de reproduzir aqui o comentário de Beatriz Sarlo, em correio eletrônico a mim enviado: "Coppola geometriza os céus de um modo tão extraordinariamente deliberado que é como se não os aceitasse como referente e quisesse transformá--los, formalizando sua indeterminação abstrata". Gostaria de complementar essa reflexão da crítica argentina com a lembrança da sequência de nuvens, a série *Equivalentes*, fotografada por Alfred Stieglitz durante os anos 1920 e 1930, absolutamente abstratas (ver <www.phillipscollection.org/american_art/artwork/Stieglitz-Equivalent_Series1.htm>). Ver também Rosalind Krauss, "Stieglitz: Equivalentes", in: *Lo fotográfico*. Barcelona: Gustavo Gili, 2002, pp. 136-43.

13. Em *El Buenos Aires de Horacio Coppola*, op. cit., p. 23.

14. Cf. Juan Manuel Bonet, "Presentación", em id., ibid., p. 7. Ver também, do mesmo autor, o importante "El siglo de Horacio Coppola", in: *Horacio Coppola: Buenos Aires años treinta*. Buenos Aires: Galería Jorge Mara-La Ruche, 2005, pp. 5-12.

15. No fundamental texto autobiográfico, escrito para Horacio Coppola. *Imagema: Antología fotográfica 1927-1994*. Buenos Aires: Fondo Nacional de las Artes/Ediciones de La Llanura, 1994, p. 11.

16. Christian Zervos, *L'Art de la Mésopotamie de la fin du quatrième millénaire au XVe siècle avant notre ère*. Paris: Cahiers d'Art, 1935. Henry Moore, em resenha a essa obra, afirma que "ela impõe um novo padrão para os livros de arte, na seleção e na qualidade das obras reproduzidas, assim como no tamanho e número (aproximadamente trezentas) das soberbas fotografias de escultura". Henry Moore, "Mesopotamiam art". *The Listener*, Londres, p. 944, 5 jun. 1935. Agradeço a Hélio Guimarães a obtenção desse documento.

17. Fernando Márquez Miranda, *Huacos — Cultura chimú: Vasos retratos* e *Huacos — Cultura chancay*. Fotos de Horacio Coppola e Grete Stern. Buenos Aires: Ediciones de La Llanura, 1943.

18. Alberto Prebisch, "La ciudad en que vivimos", in: Horacio Coppola, *Buenos Aires 1936 — Visión fotográfica*. Buenos Aires: MCBA, 1936, p. 11.

19. Sobre o preconceito, também brasileiro, de que Buenos Aires lembra Paris, ver, de Beatriz Sarlo, o excelente "Buenos Aires: El exilio de Europa", em *Escritos sobre literatura argentina*. Buenos Aires: Siglo XXI, 2007, pp. 30-45. Ver também, da mesma autora, o notável *Modernidade periférica: Buenos Aires 1920 e 1930* (trad.: Júlio Pimentel Pinto). São Paulo: Cosac Naify, 2010.

20. Fotos hoje presentes, em boa parte, na Coleção Horacio Coppola, do Instituto Moreira Salles e expostas e publicadas no belíssimo livro *Luz, cedro e pedra*. São Paulo: Instituto Moreira Salles, 2012. Horacio Coppola morreu em junho de 2012.

21. Só encontramos uma única referência à exposição de Horacio Coppola

no Brasil. Trata-se da mostra coletiva de fotógrafos argentinos e brasileiros Fotos Paralelas, inaugurada em 25 de novembro de 1993, no consulado argentino no Rio de Janeiro.

13. COPPOLA, ENTRE BANDEIRA E O ALEIJADINHO [pp. 218-23]

1. *Imagema: Antología fotográfica 1927-1994*. Buenos Aires: Fondo Nacional de las Artes/Ediciones de La Llanura, 1994, p. 15.

2. Horacio Coppola, "Texto autobiográfico", em *Imagema*, op. cit.

3. Em mensagem eletrônica de 6 de maio de 2009, Davi Arrigucci Jr. informa que "em 1920, o poeta que morava na rua do Triunfo, em Paula Matos, muda-se para a rua do Curvelo (hoje Dias de Barros), 43, onde já morava Ribeiro Couto, na pensão de dona Sara, que tantos prazeres da boa mesa daria aos dois amigos. Mas, em 1924, muda-se para o número 51, 'velho casarão quase em ruína', na mesma rua do Curvelo onde permaneceria até 1933. Nesse ano, abandona a rua do Curvelo e a casa em que depois moraria Rachel de Queiroz e muda-se para a Morais e Vale, uma rua em cotovelo no coração da Lapa, ao pé do morro de Santa Teresa (também chamado pelo poeta de morro do Curvelo). Em 1942, muda-se para o Edifício Maximus, na praia do Flamengo. Em 1944, muda-se para o Edifício São Miguel, na avenida Beira-Mar, apartamento 409. Em 1953, muda-se para o apartamento 806 do mesmo Edifício São Miguel".

4. Sobre as viagens de Coppola pela Europa e pelo Brasil, ver *Horacio Coppola: los viajes*. Buenos Aires: Jorge Mara-La Ruche, 2009.

5. Vale lembrar que as extraordinárias fotos do Aleijadinho, aproximadamente quatrocentas, foram feitas com outro equipamento, em chapas de vidro de formato 6 × 9 cm e 9 × 11 cm, possivelmente uma câmera Linhof Technika alemã. Agradeço a Sergio Burgi por essa informação. Boa parte das fotos do Aleijadinho encontra-se na Coleção Horacio Coppola, do Instituto Moreira Salles. Cf. *De perto: 20 fotografias de Horacio Coppola em Minas Gerais, 1945*. São Paulo: Instituto Moreira Salles/Ipsis Gráfica e Editora, 2009. Edição de duzentos exemplares, numerados; *Luz, cedro e pedra*. São Paulo: Instituto Moreira Salles, 2012.

6. *Saber Vivir*, 12, Buenos Aires, jul. 1941.

7. Cf. *Lyra*, 15, Buenos Aires, set. 1944. Em 1951, Gómez de la Serna publica um segundo artigo sobre o Aleijadinho, "Arte religioso en Brasil", na mesma revista *Lyra*, 89-91, Buenos Aires, jan.-mar. 1951, pp. 115-58.

8. Raúl González Tuñón, em entrevista a Horacio Salas, publicada em *Conversaciones con Raúl González Tuñón* (Buenos Aires: La Bastilla, 1975, p. 140).

Apud Elvia Bezerra. *A trinca do Curvelo: Manuel Bandeira, Ribeiro Couto e Nise da Silveira.* Rio de Janeiro: Topbooks, 1995, p. 74.

14. UM *FLÂNEUR* EM MONTEVIDÉU: *LA CIUDAD SIN NOMBRE,* DE JOAQUÍN TORRES GARCÍA [pp. 224-38]

1. Reunidos em *Universalismo constructivo* (1944). Madri: Alianza Editorial, 1984.

2. Refiro-me a textos como *Dessins* (1930), reproduzido em fac-símile em *Primer manifiesto del constructivismo* (acompanhado de estudo de Guido Castillo). Madri: Cultura Hispánica, 1976; *Raison et nature.* Paris: Imán, 1932; *La tradición del hombre abstracto (Doctrina constructivista).* Montevidéu: Publicaciones de la Asociación de Arte Constructivo, 1938; *Nueva Escuela de Arte del Uruguay.* Montevidéu: Publicaciones de la Asociación de Arte Constructivo, 1946.

3. Em *Obras escolhidas III. Charles Baudelaire: Um lírico no auge do capitalismo* (trad.: José Carlos Martins Barbosa e Hemerson Alves Baptista). São Paulo: Brasiliense, 1989.

4. Poderíamos aproveitar aqui o comentário de Victor Hugo, feito da janela de um trem em movimento: "As flores da beira do caminho já não são flores, e sim manchas, ou mais exatamente faixas vermelhas e brancas. Já não há nenhum ponto definido, tudo se transforma em faixas. Os campos de cereais são grandes matas de cabelo amarelo... os povoados, os campanários e as árvores encenam uma louca e confusa dança no horizonte". Apud Ian Christie, *The Last Machine.* Londres: British Film Institute, 1994, p. 16.

5. Com data de 20 de setembro de 1974, publica-se uma edição que, de formato maior que o original, apresenta-se como fac-similar. O colofão informa: "Esta edição fac-similar de *La ciudad sin nombre* foi editada no formato dos originais pela Comisión de Homenajes a Torres García (Ministerio de Educación y Cultura) por ocasião do centenário de nascimento do artista". Na realidade, além de diferir quanto ao tamanho (o original mede 11 × 14,5 cm, e esta, 19,5 × 28,5 cm), também não reproduz a contracapa do livro, com ilustração de Torres García, acompanhada da referência "Publicaciones de la Asociación de Arte Constructivo; Montevideo (Uruguay)". Embora em nenhuma das edições as páginas estejam numeradas, optamos por numerá-las para situar as citações.

6. Joaquín Torres García, *Testamento artístico.* Montevidéu: Biblioteca de Marcha, 1974, p. 3.

7. Beatriz Sarlo, "Olvidar a Benjamin". *Punto de Vista*, 53, Buenos Aires, pp. 16-9, nov. 1995.

8. *Passagens* (org.: Willi Bolle; trad.: Irene Aron e Cleonice P. B. Mourão). São Paulo: Imprensa Oficial; Belo Horizonte: Editora UFMG, 2007, p. 492. Ver, de Susan Buck-Morss, *The Dialectics of Seeing. Walter Benjamin and the Arcades Project.* Cambridge: MIT Press, 1991.

9. Susan Buck-Morss, "Le Flâneur, l'homme-sandwich et la prostituée: Politique de la flânerie", in: Heinz Wisman (Org.). *Walter Benjamin et Paris.* Paris: Les Éditions du Cerf, 1986, p. 372.

10. Em *Universalismo constructivo*, op. cit., p. 194.

11. Id., ibid., p. 197.

12. Cf. id., ibid., p. 831.

Créditos das imagens

1 e 58. Acervo do Instituto de Estudos Brasileiros – IEB/USP. Coleção de Artes Visuais Mário de Andrade.

2. Acervo Artístico-Cultural dos Palácios do Governo do Estado de São Paulo. Reprodução: Romulo Fialdini.

3. Coleção particular. Reprodução: Romulo Fialdini. DR/ Família de Oswald de Andrade.

4. MAB-Faap. DR/ Família de Oswald de Andrade.

5. Coleção particular. Reprodução: Romulo Fialdini.

6. Acervo da Biblioteca do Instituto de Estudos Brasileiros – IEB/USP.

7. Coleção Museu de Arte Contemporânea da Universidade de São Paulo. Reprodução: Romulo Fialdini.

8. Malba — Colección Costantini. Reprodução: Romulo Fialdini.

9 e 51. Acervo Fundação José e Paulina Nemirovsky.

10. Coleção Elza Ajzenberg.

11 e 12. Adaptations de P.L. Duchartre; Illustrations de Vicente de Rego Monteiro. Paris: Editions Tolmer, 1923. Edição fac-similar. São Paulo: Edusp/Imprensa Oficial, 2005.

13. Musée National d'Art Moderne — Centre Georges Pompidou.

14. Paris: Imprimerie Juan Dura, 1925. Edição fac-similar. São Paulo: Edusp/Imprensa Oficial, 2005.

15. Museu de Arte Moderna Aloísio Magalhães.

16. Coleção Sérgio Fadel.

17. Coleção Geneviève e Jean Boghici. Reprodução: Romulo Fialdini.

18. Coleção Marta e Paulo Kuczynski.

19. Lasar Segall, 1891 Vilna – 1957 São Paulo. Acervo Instituto Moreira Salles.

20, 21, 22, 45, 59, 60 e 61. Acervo do Museu Lasar Segall – IBRAM/ MinC. Lasar Segall, 1891 Vilna – 1957 São Paulo.

23. Coleção Aracy Amaral. Reprodução: Sérgio Guerini.

24. Coleção particular. Reprodução: Sérgio Guerini.

25. Coleção Genoveva Benedit.

26. Argenteuil: Colouma M. Barthélemy, 1922.

27. Madri: Calpe, 1925.

28 e 30. Buenos Aires: Editorial Proa/Imprensa de Francisco A. Colombo, 1932.

29. Museo de la Ciudad, Buenos Aires. Doação de Enrique Molina.

31. Coleção particular.

33. Museo Xul Solar.

34. Museo Xul Solar.

38. Museo Xul Solar.

49. MAM-RJ.

31, 39, 44 e 48. Derechos reservados Fundación Pan Klub – Museo Xul Solar. Reprodução: Oscar Balducci.

32 e 50. Malba — Colección Costantini. Derechos reservados Fundación Pan Klub – Museo Xul Solar. Reprodução: Oscar Balducci.

33, 34, 38, 47, 49 e 64. Coleção particular. Derechos reservados Fundación Pan Klub – Museo Xul Solar.

35. Coleção particular. Reprodução: Romulo Fialdini.

36. Coleção Chaim José Hamer. Reprodução: Romulo Fialdini.

37. Coleção particular. Reprodução: Romulo Fialdini.

40 e 42. Coleção Museu de Arte Contemporânea da Universidade de São Paulo.

41. Coleção particular. Cortesia Dan Galeria. Reprodução: Sérgio Guerini.
43. Coleção particular. Reprodução: Romulo Fialdini.
46. Coleção particular. Cortesia Dan Galeria. Reprodução: Sérgio Guerini.
52, 53 e 54. Coleção particular. DR/ Joaquín Torres García.
55. Pinacoteca Municipal de São Paulo. Reprodução: Romulo Fialdini.
56. Instituto Cultural Itaú. Reprodução: Romulo Fialdini.
57. Coleção particular.
62. Museo Figari
63, 96, 97, 98 e 100. DR/ Joaquín Torres García. Montevidéu: Asociación de Arte Constructivo, 1941
65, 67, 70, 74, 76, 78, 79, 83 e 91. Cortesía de la Galeria Jorge Mara-La Ruche e da Familia Coppola.
66, 75, 84, 94 e 95. Horacio Coppola/ Acervo Instituto Moreira Salles.
68. © The Metropolitan Museum of Art. Image source: Art Resource, NY.
69. Walter Benjamin Archiv, Akademie der Künst, Archiv, Berlim. Estate Germaine Krull, Museum Folkwang, Essen.
71. George Eastman House. © Bayer, Herbert/ Licenciado por AUTVIS, Brasil, 2012.
72. © Umbehr, Otto / Licenciado por AUTVIS, Brasil, 2012. 73. © Gallery Kicken Berlin/ Phyllis Umbehr/ VG Bild-Kunst, Bonn, 2013.
77. © Umbehr, Otto / Licenciado por AUTVIS, Brasil, 2012. Umbo (Umbehr, Otto 1902-1980): *Self-Portrait at the Beach*, c. 10 × 12 (1)(A) 1930. New York, Museum of Modern Art (MoMA). Gelatin silver print, 11 7/16 × 8 9/16' (29 × 21,8 cm). Purchase. Acc. n.: 272.1993.© 2012. Digital image, The Museum of Modern Art, New York/ Scala, Florence.
80. The J. Paul Getty Museum, Los Angeles. Paul Strand, *Twin Lakes, Connecticut*, 1916, Gelatin silver and platinum print, Image: 31.3 × 23.7 cm (12 5/16 × 9 5/16 in.) Mount: 32,9 × 25,1 cm (12 15/16 × 9 7/8 in.). Aperture Foundation Inc., Paul Strand Archive.
81. © Georgia O'Keeffe Museum, STIEGLITZ, Alfred/ Licenciado por AUTVIS, Brasil, 2012. The Phillips Collection. © 2012. Image copyright The Metropolitan Museum of Art/ Art Resource/ Scala, Florence.
82. © Moholy-Nagy, Laszlo/ Licenciado por AUTVIS, Brasil, 2012.

85. © Mies van der Rohe, Ludwig/ Licenciado por AUTVIS, Brasil, 2012. Bauhaus-Archiv Berlin, Foto: Markus Hawlik.
86. © The Estate of Edward Steichen. STEICHEN, Edward (1879-1973): *The Flatiron*, 1904, printed 1909. New York, Metropolitan Museum of Art. Gum bichromate over platinum print, 47,8 × 38,4 cm (18 13/16 × 15 1/8 in.). Alfred Stieglitz Collection, 1933. Acc. n.: 33.43.39 © 2012. Image copyright The Metropolitan Museum of Art/ Art Resource/ Scala, Florence.
87. Roger Viollet/ Glow Images.
88. © Georgia O'Keeffe Museum, STIEGLITZ, Alfred/ Licenciado por AUTVIS, Brasil, 2012. The Phillips Collection.
89. © Gropius, Walter/ Licenciado por AUTVIS, Brasil, 2012.
90. The Museum of the City of New York / Art Resource, NY.
92 e 93. Colección Luis Príamo.
99. Acervo Museo Torres García.

Índice onomástico

Abaporu (Tarsila do Amaral), 15, 21, 30-2, 42, 56, 58
Abbeville, Claude d', 39
Abbott, Berenice, 200, 207-8
Abós, Álvaro, 278*n*
Abreu, J. Capistrano de, 37
Abstração e natureza (Worringer), 35, 167
Acosta, Wladimiro, 211
Acrópole (Moholy-Nagy), 205
Adán Buenosayres (Marechal), 213
Adulação (Figari), 80
Aguilar, Gonzalo, 205, 261*n*, 283-4*n*
Aguilar, Nelson, 280*n*
Ajzenberg, Elza, 245*n*
Albers, Anni, 36
Albers, Josef, 36, 62
Albim, Ricardo Cravo, 44
Aleijadinho, 11, 15, 36, 216, 218-23, 287*n*
"Aleijadinho", El (Freitas), 221
Alencar, José de, 36

Algo marcial (Xul Solar), 159
"Algunos piensos cortos de Cristian Morgenstern" (Xul Solar), 160-1, 273*n*
Almeida, Guilherme de, 259*n*, 281*n*
Alonso, Amado, 149, 171, 276*n*
Altamirano, Carlos, 269*n*
Altazor (Huidobro), 127, 142, 268*n*
Alvear, Elvira de, 276*n*
Alvim, Francisco, 258*n*
Amado, Jorge, 261*n*
Amaral, Aracy, 19, 31-2, 56, 58, 239-42*n*, 246-7*n*, 249*n*, 256-7*n*, 280-1*n*
Amaral, Tarsila do, 15-35, 42-3, 49-50, 54-8, 65, 72, 88, 98-9, 190, 215, 239-42*n*, 248-9*n*, 257-8*n*, 260-1*n*, 274*n*, 281*n*
Amberia (Xul Solar), 180, 278*n*
Américo, Pedro, 30
Amigas, Las (Guignard), 260*n*
Amoedo, Rodolfo, 36

Anderson Imbert, Enrique, 264n
Andrade, Carlos Drummond de, 27
Andrade, Gênese, 95, 108, 130, 147, 177, 208, 238, 240n, 250n, 253-4n, 256n, 258-9n, 280n
Andrade, Mário de, 11, 15-8, 21, 36, 41, 43-4, 52, 56, 66, 71, 74-5, 84, 98-100, 104, 181, 184, 209-10, 239-40n, 245n, 248n, 254-6n, 258-61n, 280n
Andrade, Oswald de, 10, 15-32, 35, 41-2, 48-9, 52, 54, 56, 58-9, 72, 75-6, 93-5, 150-1, 180, 190, 222, 239-43n, 245-6n, 248-9n, 251n, 257-8n, 260-2n, 265n, 274n, 281n
Andrade, Rodrigo M. Franco de, 222
Ângulo de escada (Horacio Coppola), 203
Anjos (Xul Solar), 179
Antelo, Raúl, 130, 251n, 259n, 262n
Anthologie nègre (Cendrars), 73, 257n
Antropofagia (Tarsila do Amaral), 21, 30-2, 42, 58
Antropófago (Vicente do Rego Monteiro), 42
Anzoátegui, Ignacio B., 212
Apollinaire, Guillaume, 20, 135, 194
"Apuntes de neocriollo" (Xul Solar), 156, 161, 273n
Arancibia Coddou, Flavio, 285n
Aranha, Graça, 240n
Araújo, Emanoel, 71, 88, 251-2n
Archer-Straw, Petrine, 70, 251n
Argentino, El (jornal), 100-1
Arlt, Roberto, 210
Armando, Adriana, 251n, 265n
Arp, Hans, 52
Arquitecto, El (Figari), 80
Arrigucci Jr., Davi, 90, 186, 219, 242n, 257n, 275n, 287n

Art de la Mésopotamie, L' (Zervos), 215, 286n
Artaud, Antonin, 47
"Arte en los Estados Unidos, El" (Mumford), 199
"Artistas modernos. Lazar Segall, Los" (Pettoruti), 100
Artundo, Patricia, 97-8, 113, 128, 167, 173, 175, 177, 180, 191, 254-6n, 258-61n, 263n, 269-70n, 272-4n, 276-80n, 282-3n
Ascensão definitiva de Cristo (Carvalho), 60
Ashton, Dore, 243n
Así nace el obelisco (filme), 214
Asturias, Miguel Ángel, 276n
"Atelier" (Oswald de Andrade), 19, 22, 24, 30, 32, 240n
Atget, Eugène, 200, 207, 212-4
Atik, Maria Luiza Guarnieri, 42, 242n
Auerbach, Ellen, 201, 219
Auerbach, Walter, 219
Autorretrato (Tarsila do Amaral), 19, 23
Autorretrato Cristo (Ismael Nery), 186
Autorretrato místico (Ismael Nery), 186
Avenida Juan B. Justo (Horacio Coppola), 204, 213
Avenida Presidente Roque Sáenz Peña (Horacio Coppola), 207
"Aventura del mueble, La" (Victoria Ocampo), 198
Ayala, Walmir, 44
"Azotea" (Navarro Luna), 268n

Baby de Almeida (Lasar Segall), 259n
Bacanal (Dalí), 63
Badger, Gerry, 281n, 283n
Badí, Líbero, 266n

Bahr, Hermann, 79
"Balada do Mangue" (Moraes), 85, 92, 256*n*
Ballagas, Emilio, 71, 252*n*
Bananal (Lasar Segall), 66, 255*n*
Bandeira, Manuel, 84, 87, 90-3, 219-23, 256-8*n*, 261*n*
BANGÚ/ MANGUE (Oiticica), 95
Banting, John, 61
Bardi, Pietro Maria, 41, 44, 248*n*
"Barroco en el trópico, El" (Santos), 221
Barroso, Gustavo, 183, 279*n*
Barthes, Roland, 148, 176
Bastide, Roger, 67, 250*n*
Bataille, Georges, 143-5, 268-9*n*
Batista, Marta Rossetti, 240*n*, 248*n*, 251*n*, 255*n*
Baudelaire, Charles, 109, 114, 117, 146, 162, 164-5, 176, 206, 265*n*, 268*n*, 273*n*, 284*n*, 288*n*
Bayer, Herbert, 201
Becco, Horacio Jorge, 252*n*, 265*n*
Beckett, Joe, 189
Belluzzo, Ana Maria de Moraes, 244*n*
Belmonte, 17
Benjamin, Walter, 132, 200, 227, 231, 233, 283*n*, 289*n*
Benson, Timothy O., 283*n*
Bento, Antônio, 50, 242*n*, 247*n*, 280*n*
Berlim — Sinfonia da metrópole (filme), 208, 210
Bernard, Tristan, 189
Berni, Antonio, 107, 125
Besant, Annie, 167, 170, 276*n*
Besouchet, Lidia, 221
Bezerra, Elvia, 222, 288*n*
Bieler, Adolf, 179
Biosca, A., 120
Biosca, T. J., 169

Bioy Casares, Adolfo, 282*n*
Biselli, Rubén, 283*n*
Blaue Reiter, Der (almanaque), 79, 167
Blavatsky, Helena P., 167
Blossfeldt, Karl, 202
Boaventura, Maria Eugenia, 239-42*n*, 245*n*
Boccioni, Umberto, 112
Bodet, Jaime Torres *ver* Torres Bodet, Jaime
Boghici, Jean, 42, 242-3*n*, 245-6*n*
Bolle, Willi, 283*n*, 289*n*
Bonet, Juan Manuel, 12, 33, 116, 148, 193, 207, 212, 214, 246*n*, 264*n*, 278*n*, 281*n*, 285-6*n*
Bonomi, José, 122, 133, 136, 143
Bopp, Raul, 15, 31, 42, 56, 75, 242*n*, 249*n*, 253*n*
Borges, Jorge Luis, 10-1, 72, 75, 120-1, 128-9, 149-51, 155, 159, 168, 172, 175, 179-80, 195, 209-10, 213, 218, 229, 252*n*, 270*n*, 275*n*, 282*n*, 285*n*
Borges, Norah, 180
Bouvet, Joachim, 275*n*
Brancusi, Constantin, 16, 30, 35, 55, 251*n*
Brandini, Laura Taddei, 241*n*
Brant, Sebastian, 258*n*
Braque, Georges, 35, 52-3
Brasilien (Bieler), 179
Brassaï, George, 207
Braun, Barbara, 243*n*, 275*n*
Brecheret, Victor, 98, 101, 180
Brecht, Bertolt, 202
Brest, Jorge Romero *ver* Romero Brest, Jorge
Breton, André, 48-9, 55, 57, 60, 63
Brito, Mário da Silva, 93
Bruscky, Paulo, 245*n*, 248*n*

297

Bry, Theodore de, 41
Bubu de Montparnasse (Philippe), 86
Buck-Morss, Susan, 234, 289*n*
Buenos Aires 1936 — Visión fotográfica (Horacio Coppola), 212, 286*n*
Bulcão, Athos, 62
Buñuel, Luis, 54
Busca da língua perfeita na cultura europeia, A (Eco), 166, 274-5*n*
Butler, Horacio, 122

"Cacto, O" (Bandeira), 90
Cadenas, Lita (Micaela), 153, 175, 183, 277*n*
Cage, John, 127
Caillois, Roger, 60, 249*n*
Caipirinha, A (Tarsila do Amaral), 27-8, 239*n*
Caixa modernista (Schwartz), 46, 243*n*
Calcomanías (Girondo), 119-20, 123, 128, 133, 264-5*n*, 270*n*
Calder, Alexander, 62
Calil, Carlos Augusto, 246-7*n*, 281*n*
Calle California, bairro de La Boca (Horacio Coppola), 199
Calle de Nueva York (Torres García), 226-7
Camargos, Marcia, 258*n*
Caminho, O (Figari), 80
Campo nuestro (Girondo), 124, 127-8, 252*n*, 266*n*
Campos, Augusto de, 29
Campos, Haroldo de, 40, 43, 176, 240-2*n*, 273*n*, 277*n*
Campos, Regina Salgado, 37, 281*n*
Candido, Antonio, 9, 85, 251*n*, 257*n*
Cannibale (revista), 48
"Cântico dos cânticos para flauta e violão" (Oswald de Andrade), 93

Cão andaluz, Um (filme), 54
Carnaval em Madureira (Tarsila do Amaral), 27
Carpentier, Alejo, 252*n*, 276*n*
Carpentier, George, 189
Carrá, Carlo, 112
Carriego, Evaristo, 196
Cartão-postal (Tarsila do Amaral), 25
Cartas persas (Montesquieu), 40, 244*n*
Carvalho, Flávio de, 50, 58-62, 249-50*n*, 261*n*
Casa-grande & senzala (Freyre), 75
Casal na rede (Lasar Segall), 66-7
Casares, Adolfo Bioy *ver* Bioy Casares, Adolfo
Cascudo, Luís da Câmara, 191
Castillo, Guido, 254*n*, 288*n*
Castillo, Jorge, 266*n*
Catarina de Médici, rainha da França, 38, 244*n*
Catatau (Leminski), 176
100 x Paris (Krull), 202
Cenário para bailado da Lua-Iaci (Vicente do Rego Monteiro), 189
Cendrars, Blaise, 16, 20, 29, 47, 55, 73, 190, 216, 246*n*, 257*n*
Cercle et carré (Seuphor & Torres García), 121, 226, 241*n*
Céu de Buenos Aires, Um (Horacio Coppola), 204
Cézanne, Paul, 112
Chaco (Xul Solar), 191
Chagall, Marc, 51-2, 248*n*
Chasse, La (Vicente do Rego Monteiro), 42-3
Chiarelli, Tadeu, 250*n*
Choix de poèmes (Supervielle), 116
Christie, Ian, 288*n*
Cidade (Tarsila do Amaral), 58

Citröen, Paul, 202
Ciudad sin nombre, La (Torres García), 11, 224, 227, 229-30, 236, 238, 288*n*
Claudel, Paul, 39, 188, 281*n*
Cobra Norato (Bopp), 42, 75
Cocteau, Jean, 16, 55, 188
Coli, Jorge, 87, 257*n*
Collete, 189
Colombo, Cristóvão, 272*n*
Colombo, Francisco A., 116, 264*n*
Comentários reais (Garcilaso de la Vega), 39
"Comidas" (Jorge de Lima), 76
Composición (Guignard), 260*n*
Composição (Tarsila do Amaral), 58
Condenados, Os (Oswald de Andrade), 32, 242*n*
Confúcio, 186, 274*n*
Contos amazônicos (Inglês de Souza), 36
Contrapunteo cubano del tabaco y del azúcar (Ortiz), 75
Cooper, Douglas, 280*n*
Coppola, Armando, 193, 282*n*
Coppola, Horacio, 11, 192-223, 281-7*n*
Cornijas (Horacio Coppola), 199
Correia, Diogo Álvares (Caramuru), 244*n*
Correio Paulistano, 98
Correo Literario, 105, 256*n*, 261*n*
Corro, Gaspar Pío del, 267-8*n*
Cosas de negros (Rossi), 74-5, 252*n*
Crespo, Rafael, 109, 111
Criança doente (Lasar Segall), 104-5, 261*n*
Crise da filosofia messiânica, A (Oswald de Andrade), 94
"Croquis en la arena" (Girondo), 118
Crowley, Aleister, 157, 167, 172
Cruz, Juana Inés de la, 158

Cruzeiro, O (revista), 180
Cuca, A (Tarsila do Amaral), 25
"Cuentos de Amazonas, de los Mosetenes y Guarayús. Primeras historias que se oyeron en este Continente" (Xul Solar), 180
"Cuidado con la arquitectura" (Girondo), 109
Cuitiño, Vicente Martínez *ver* Martínez Cuitiño, Vicente
Curatela Manes, Pablo, 246*n*

D'Alessandro, Stephanie, 85, 251*n*, 256*n*
D'Horta, Vera, 95*n*, 108*n*, 251*n*, 254*n*, 257-9*n*
Daix, Pierre, 70, 251*n*, 257*n*
Dalí, Salvador, 54, 63
"Danza negra" (Palés Matos), 73
"Danzarina africana" (Palés Matos), 73, 251-2*n*
De Chirico, Giorgio, 52, 55, 58, 63
De Egipto (Xul Solar), 159
De Mar a Mar (revista), 261*n*
Dee, John, 176, 271*n*, 278*n*
Del Picchia, Menotti, 16, 240*n*
Deleuze, Gilles, 271*n*
Demoiselles d'Avignon, Les (Picasso), 69, 78, 86, 257*n*
Denis, Ferdinand, 38, 244*n*
Derain, André, 70
"Des Cannibales" (Montaigne), 39
Desarrollo del Yi Ching (Xul Solar), 167, 186-7
Descubrimiento de sí mismo, El (Torres García), 226
Dessins (Torres García), 79, 254*n*, 288*n*
Deveze, Mario, 169
Di Cavalcanti, Emiliano, 41, 49, 52,

299

55, 85, 89, 98, 188-9, 241*n*, 256-7*n*, 260*n*, 281*n*
Día, El (jornal), 102
Diaghilev, Sergei, 188-9
Diário da Noite, 98, 247*n*, 249*n*, 260*n*
Diário de S. Paulo, 60, 241*n*, 246*n*, 249*n*
Diário Nacional, 98, 101, 255*n*, 280*n*
Dias, Cícero, 50-2, 57, 248*n*
Dias, Gonçalves, 36
"Do desenho" (Mário de Andrade), 84, 256*n*
Do espiritual na arte (Kandinsky), 167, 275*n*
Don Segundo Sombra (Güiraldes), 72, 194
Dos anjos (Xul Solar), 150, 272*n*
Drago (Xul Solar), 179
Duchamp, Marcel, 64, 195, 211, 250*n*
Duchartre, P. L., 44, 45, 245*n*
Duodecimal Arithmetics (Terry), 271*n*
Dürer, Albert, 272*n*
Dynamik der Großtadt (roteiro), 202

Eco, Umberto, 166, 168, 274-5*n*
Elizalde, Elena Sansisena de *ver* Sansisena de Elizalde, Elena
Ellman, Richard, 277*n*
Éluard, Paul, 52
Emigrantes, Os (Berni), 107
En la masmédula (Girondo), 112-3, 122, 127, 133-6, 138, 142, 146-7, 263*n*, 266*n*, 268*n*
Encontro (Lasar Segall), 82
"Ente dos entes" (Ismael Nery), 184
Equivalentes (Stieglitz), 199, 204, 286*n*
Eretz Israel (revista), 105
Ernst, Max, 52, 63
Esculturas de Antonio Francisco Lisboa, O Aleijadinho (Horacio Coppola), 219
Espantapájaros (Girondo), 10, 122-3, 131-6, 139, 142-3, 146, 176, 267-8*n*
Esprit Nouveau, L' (revista), 194, 210
"Essa negra Fulô" (Jorge de Lima), 76
Essencialismo (Ismael Nery), 185
Essomericq, índio, 39
Estrela de absinto, A (Oswald de Andrade), 180
Etant donnés: Maria, la chute d'eau et le gaz d'éclairage (Duchamp), 64
Eternos caminhantes (Lasar Segall), 68
Eulalio, Alexandre, 246*n*
Evaristo Carriego (Borges), 11, 195-6, 209, 213, 218, 282*n*, 285*n*
"Evocação do Recife" (Bandeira), 90-1
Evreux, Yves d', 37
"Explica" (Xul Solar), 161, 271*n*, 273*n*
Expressionismus (Bahr), 79

Facio, Sara, 193, 282*n*
Facioli, Valentim, 250*n*
Falla, Manuel de, 55
Família, A (Tarsila do Amaral), 24
Fantoni, Guillermo, 251*n*, 265*n*
"Favela (film)" (Bopp), 75
Favela (Lasar Segall), 77
Femme 100 têtes, La (Ernst), 63
Fernández, Horacio, 284*n*
Fernández, Luis, 275*n*
Fernández, Macedonio, 160, 172, 276*n*
Ferreira, Lucy Citti, 66, 105
Ferrez, Marc, 212
Fervor de Buenos Aires (Borges), 150, 195, 213, 214, 270*n*
Festa brasileira, Uma (Denis), 244*n*
Feuilles de route (Cendrars), 29
Fiedler, Jeanne, 284*n*

Figari, Pedro, 35, 78, 80-1, 107, 127-9, 194, 204, 215, 246n, 254-5n, 266-7n
Figura con paisaje de ciudad (Torres García), 226
Finnegans Wake (Joyce), 176
Fleurs du mal, Les (Baudelaire), 162, 273n
Fló, Juan, 255n
Flournoy, Théodore, 167, 274n
Foglia, Carlos A., 170
Folha da Manhã, 98
Formas de pensamento (Besant), 169
Forner, Raquel, 125
Foto-auge / oeil et photo / photo-eye (Roh), 202-3
Foujita, Tsuguharu, 45, 53, 246n
Frank, Waldo, 198, 221
Frazer, James, 70
Frehse, Fraya, 250n
Freitas, Newton, 105, 221
Freud, Sigmund, 48, 57, 70, 184
Freyre, Gilberto, 45, 74, 243n, 246n, 253n, 261n
Friedrich, Hugo, 267n
Frobenius, Leo, 70
Frontini, Norberto, 96, 103-5, 256n, 261n
Fu Hsi, 274n
Fusco, Rosário, 180

Galáxias (Haroldo de Campos), 176
Garaño, Alfredo González *ver* González Garaño, Alfredo
Garcia, Clóvis, 281n
García, Joaquín Torres *ver* Torres García, Joaquín
García Lorca, Federico, 227
García Romero, Jorge O., 154, 157, 271-2n, 274n, 277n

Garcilaso de la Vega, Inca, 39
Géo-Charles, 53, 248n
Gerchunoff, Alberto, 209
Giacometti, Alberto, 35
Gide, André, 73
Giedion, Siegfried, 284n
Girondo, Oliverio, 10-1, 72, 76, 109-47, 160, 176, 204, 210, 251-2n, 262-8n, 270n, 282n, 284n
Gleizes, Albert, 16, 27, 55
"Glosa" (Xul Solar), 161
Goeldi, Osvaldo, 260n
Golem, Der (Meyrink), 79
Gomes, Carlos, 36
Gomes, Renato Cordeiro, 89, 257n
Gómez de la Serna, Ramón, 16, 55, 110, 114-5, 194, 221, 264n
Gomide, Antônio, 188, 190
Góngora, Luis de, 164
Gonneville, Binot Paulmier de, 39
González Garaño, Alfredo, 251n
González Tuñón, Raúl, 210, 223, 287n
Gordon, Donald E., 253n
Gorelik, Adrián, 196, 211-2, 282n, 285
Graciano, Clóvis, 258n
Gradowczyk, Mario H., 254n, 272n, 278n
Gran Rey Santo Jesús Kristo (Xul Solar), 159
Grau, Cristina, 265n
Green, Christopher, 280n
Gris, Juan, 53
Grohmann, Will, 87, 257n
Guerra (Lasar Segall), 66
Guia de Ouro Preto (Bandeira), 222
Guignard, Alberto da Veiga, 62, 65, 97-8, 101, 107, 258n, 260-1n
Guilherme de Almeida (Lasar Segall), 259n

Guillemet, Anne, 280*n*
Guillén, Nicolás, 71, 74, 252*n*
Guinsburg, Jacó, 64*n*
Güiraldes, Ricardo, 72, 128, 194, 251*n*, 266*n*
Guitarra de los negros, La (Pereda Valdés), 74
Gutman, Margarita, 282*n*, 285*n*
Guttero, Alfredo, 195, 201, 211

Hamburger, Michael, 267*n*
Hegeman, Werner, 216
Henrique II, rei da França, 38, 244*n*
Hernández, Domingo-Luis, 64*n*
Hernández, José, 128
Hernández Rodríguez, María Candelaria, 251*n*
Histoire de la fille du roi. Ballet brésilien (Oswald de Andrade et al.), 190
Historia de la Calle Corrientes (Marechal), 205, 213
Historia de la literatura hispanoamericana (Anderson Imbert), 264*n*
Hitler, Adolf, 106
Höch, Hanna, 202
"Homem da multidão, O" (Poe), 227
Homme et son désir, L' (libreto), 188
Horacio Coppola: Buenos Aires años treinta (catálogo), 193
Horizon carré (Reverdy & Huidobro), 121
Houston, Elsie, 48, 246*n*
Huacos — Cultura chancay (Márquez Miranda), 215, 286*n*
Huacos — Cultura chimú (Márquez Miranda), 215, 286*n*
Hughes, Langston, 73, 252*n*
Hugo, Victor, 288*n*
Huidobro, Vicente, 121, 136, 142, 150, 246*n*, 268*n*

I Ching – O livro das mutações, 167-8, 170, 172, 174, 186, 272*n*, 274-5*n*, 277*n*
Idioma nacional rioplatense, El (Rossi), 252*n*
Imán (revista), 172-3, 273*n*, 276-7*n*, 288*n*
Imbert, Enrique Anderson, 264*n*
Imparcial, O (jornal), 98
Inferioridade de Deus, A (Carvalho), 60
"Ingênuo, O" (Voltaire), 40
Interior do Mangue (Lasar Segall), 86
Interlunio (Girondo), 123-4, 127, 264-5*n*

Jacob, Max, 55, 251*n*
Jakobson, Roman, 276*n*
Janela do caos (Mendes), 63
Jarry, Alfred, 146
Jesus Cristo, 186
Jornal, O, 98, 100, 239*n*, 259*n*
Joyce, James, 176
Judaica (revista), 106
Juvenel, Renaud de, 189

Kafka, Franz, 276*n*
Kahlo, Frida, 56, 242*n*
Kalenberg, Ángel, 81
Kandinsky, Wassily, 78-9, 167, 253-4*n*, 274*n*
Kemeny, Adalberto, 285
Kertész, André, 207
Keyserling, Alexander von, 42
Klaxon (revista), 24, 246*n*
Klee, Paul, 35, 79
Koch-Grünberg, Theodor, 43
Kodama, María, 274*n*
Krauss, Rosalind, 204, 286*n*
Krull, Germaine, 200, 202, 207

Lanciani, Giulia, 257n
Lang, Fritz, 210
Lange, Norah, 132, 210, 252n, 262n, 264n, 267n
Larbaud, Valery, 16
Larjentidiome (revista), 169
Lasar Segall cenógrafo (catálogo), 190
Laurencin, Marie, 16, 55
Lautréamont, Conde de, 146
Le Bon, Laurent, 280n
Le Corbusier, 110, 194, 198, 210-1, 262n, 282n
Leadbeater, C. W., 276n
Légendes croyances et talismans des indiens de l'Amazone (Vicente do Rego Monteiro), 34, 37-9, 43-4
Léger, Fernand, 16, 27-8, 53, 55, 202, 241n
Leibniz, Gottfried Wilhelm von, 168, 274-5n
Leirner, Sheila, 64n
Leite, José Roberto Teixeira, 64
Leite, Rui Moreira, 249-50n
Leminski, Paulo, 176
Léry, Jean de, 39
Lévi-Strauss, Claude, 39
Lévy-Bruhl, Lucien, 70
Lhote, André, 16, 27, 53, 55
Libertinagem (Bandeira), 84, 90-1, 257n
"Libro del Cielo, El" (Artundo), 167, 270n, 273-4n, 276n, 278n
Lima, Jorge de, 50, 62-3, 75-6, 84, 250n, 253n
Lima, Sérgio, 250n
Lima, Souza, 55
Lima, Yone Soares de, 240n, 248n, 251n, 255n
Lindstrom, Naomi, 276n

Lobero, Claudio, 265n
Lopes, Ascânio, 180
Lopes, José Leme, 107
Lopez, Telê Porto Ancona, 240n, 245n, 248n, 251n, 255n
López Anaya, Jorge, 278n
López-Baralt, Mercedes, 251n
Lorca, Federico García *ver* García Lorca, Federico
Louis, Annick, 171
Lourenço, Maria Cecília França, 281n
Lua, A (Tarsila do Amaral), 58
Luna, Manuel Navarro *ver* Navarro Luna, Manuel
Lustig, Rudolf Rex, 285n
Luxúria (Figari), 80
"Lyric and Modernity" (Man), 268n

Machado, Antônio de Alcântara, 181, 241n
Macunaíma (Mário de Andrade), 11, 21, 43-4, 66, 181, 243n, 245n, 279n
"Madorna de Iaiá" (Jorge de Lima), 76
"Maestro Antonio Francisco El Aleijadinho, El" (Gómez de la Serna), 221
Magalhães, Basílio de, 244n
Magalhães, Couto de, 37, 243n
Magalhães, Gonçalves de, 36
Magie noire (Morand), 73
"Mal del siglo, El" (Girondo), 123
Malerei Fotografie Film (Moholy-Nagy), 202
Malevitch, Kazimir, 236
Malfatti, Anita, 16, 18, 41, 49, 55, 98-9, 103, 240n
Malkowsky, bailarino, 43
Mallarmé, Stéphane, 127, 135, 155, 267n

Man, Paul de, 268n
Manes, Pablo Curatela *ver* Curatela Manes, Pablo
Manfio, Diléa Zanotto, 285n
Mangue (Di Cavalcanti), 256n
Mangue (Lasar Segall), 84, 87, 89, 256n, 258n
"Mangue, O" (Bandeira), 84, 91-2
Manhã, A (jornal), 98
"Manifesto antropófago" (Oswald de Andrade), 27, 30, 32, 42, 56
"Manifesto da poesia Pau Brasil" (Oswald de Andrade), 21, 25, 26, 30, 56, 75
Mansur, Guilherme, 266n
Marc, Franz, 79, 167, 254n
Marcha (revista), 229
Marcha das utopias, A (Oswald de Andrade), 94
Maré, Rolf de, 190
Marechal, Leopoldo, 205, 210, 213
Mariátegui, José Carlos, 72, 274n
Marinetti, Filippo Tommaso, 194, 198, 249n
Mário de Andrade (Lasar Segall), 260n
Márquez Miranda, Fernando, 215, 286n
Martín Fierro (revista), 72, 108-12, 114-5, 119, 127-8, 133, 156, 160, 166, 193-4, 198, 210, 262-6n, 270n, 272-3n, 282n
Martínez Cuitiño, Vicente, 114, 117, 263-4n
Martins, Carlos, 64, 288n
Martins, Maria, 63
Martins Filho, Plinio, 46n
Marx, Karl, 48, 60
Marx, Roberto Burle, 258n, 261n
Mascaro, Cristiano, 212

Massi, Augusto, 253n
Masson, André, 53
Mateo e seu tílburi (Horacio Coppola), 203, 214
Matisse, Henri, 53, 70
Matos, Luis Palés *ver* Palés Matos, Luis
Mattar, Denise, 249n, 256n, 281n
Mattos, Claudia Valladão de, 256n, 281n
Mauá, barão de, 256n
Mazziotti, David, 213
McKay, Claude, 252n
Meditaciones del Quijote (Ortega y Gasset), 9
Meirelles, Victor, 30, 36
Melanchta (Stein), 73
Melo Neto, João Cabral de, 261n
Mendes, Murilo, 50, 52, 62-3, 184, 186-7, 247n, 279n
Méndez Plancarte, Alfonso, 149n
Menino com lagartixas (Lasar Segall), 66, 83, 255n
Métal (Krull), 202
Métraux, Alfred, 243n
Metropolis (filme), 210
Meyrink, Gustav, 79
Mignolo, Walter D., 268n
Milhaud, Darius, 39, 188
Milliet, Sérgio, 19, 55, 246n, 248n
Minotaure (revista), 60
Miranda, Murilo, 106, 256n
Miró, Joan, 52
Místicos (Xul Solar), 159
Moderna degolação de são João Batista (Vicente do Rego Monteiro), 54
Moholy-Nagy, László, 202, 205, 283-4n
Molina, Enrique, 113, 122, 127, 133, 135, 139, 266-8n

Monegal, Emir Rodríguez *ver* Rodríguez Monegal, Emir
Montaigne, Michel de, 39, 41, 244*n*
Monteiro, Fédora do Rego, 53
Monteiro, Joaquim do Rego, 53
Monteiro, Vicente do Rego, 10, 34-46, 50, 53-4, 57, 188-9, 191, 215, 242-3*n*, 245-6*n*, 248*n*, 281*n*
Montesquieu, Charles de, 40, 244*n*
Montoya, Antonio Ruiz de, 31
Monzani, Marcelo, 285*n*
Monzó, Josep Vicent, 284-5*n*
Moore, Henry, 31, 286*n*
Moraes, Vinicius de, 85, 92-5, 256*n*
Morais, Frederico, 82, 253*n*, 255*n*
Morand, Paul, 73
Morley, Grace MacCann, 260*n*
Moro, César, 150
"Morro Azul" (Oswald de Andrade), 27
Morro da Favela (Tarsila do Amaral), 24, 25
"Mort des amants, La" (Baudelaire), 162-4
Motivos del son (Guillén), 74
Mulata com criança (Lasar Segall), 83
Mulato I (Lasar Segall), 83
Mumford, Lewis, 199
Mundo despiertio, El (Xul Solar), 161-2
Mundo próprio (Horacio Coppola), 196-7, 282*n*
Mundy, Jennifer, 250*n*
Muñoz, Miguel Ángel, 125

Ña diáfana (Xul Solar), 185
Nación, La (jornal), 105, 282*n*
Nadar, Félix, 200, 283*n*
Narrenschiff, Das (Brant), 258*n*
Natureza-morta (Lasar Segall), 259*n*

Navarra, Ruben, 103
Navarro Luna, Manuel, 268*n*
Navio de emigrantes (Lasar Segall), 66-8, 77, 87, 102, 105, 253*n*
Negra, A (Tarsila do Amaral), 19, 30-2, 43, 88, 239*n*, 242*n*
Nègre, La (Soupault), 73
Négresse, La (Brancusi), 30
Negro de corpo e alma / Black in Body and Soul (catálogo), 71
Nel nome del Pai (Xul Solar), 179
Nelson, Daniel E., 162, 172, 174, 272*n*, 277*n*, 279*n*
Neo bau (Xul Solar), 191
Neruda, Pablo, 263*n*
Nery, Adalgisa, 187, 280*n*
Nery, Ismael, 49-50, 52, 183-4, 247*n*, 260*n*, 279-80*n*
Niemeyer, Oscar, 26
Niépce, Nicéphore, 193
Nijinsky, Vaslav, 188, 281*n*
Nóbile, Beatriz de, 133, 267*n*
"Noite desabou sobre o cais, A" (Jorge de Lima), 77
Noite, A (jornal), 51
"Notas de viaje a Ouro Preto" (Supervielle), 221
"Noturno" (Oswald de Andrade), 23-4
Novos poemas (Jorge de Lima), 76
"Nuestra actitud ante Europa" (Girondo), 123, 265-6*n*
Nunes, Benedito, 247*n*

Obra completa (Girondo), 113, 127, 130, 251*n*, 262*n*
Ocampo, Silvina, 282*n*
Ocampo, Victoria, 11, 198, 205, 221, 282*n*
"Ocaso" (Oswald de Andrade), 222

Oiticica, Hélio, 94
Olds, Harry Grant, 213
Oliver, María Rosa, 103
Ollantay (balé), 251*n*
Ollendorf, 38, 243*n*
Onetti, Juan Carlos, 229
Orico, Osvaldo, 37
Origem (Ismael Nery), 185
Orozco, José Clemente, 246*n*
Ortega y Gasset, José, 9
Ortiz, Fernando, 75
Osir, Paulo Rossi, 101, 260-1*n*
Oswald nu (Tarsila do Amaral), 17
Ovo, O (Tarsila do Amaral), 24, 58
Ozenfant, Amédée, 194, 210

Pacheco, Marcelo, 255*n*
Páez, Roxana, 266*n*
Paisaje de Nueva York (Torres García), 228
Paisaje de Río de Janeiro (Guignard), 260*n*
Palés Matos, Luis, 71, 73, 251*n*
Palmeira, Maria Rita Rigaud Soares, 247*n*
Palomar, Francisco A., 98, 100, 259*n*
Palomeque, Raquel, 210, 219
"Pampa rojiza" (Xul Solar), 162, 273*n*
Pancetti, José, 65, 258*n*
Parade (Picasso), 188
Paraguaçu, índia, 38, 243*n*
"Parangolés" (Oiticica), 94
Paris Tombouctou (Morand), 73
Parr, Martin, 202, 281*n*, 283*n*
Passagens (Benjamin), 233, 283*n*, 289*n*
Passos, John dos, 55
Paternosto, César, 243*n*
Pátria, A (jornal), 98

Pau Brasil (Oswald de Andrade), 19-20, 23, 28-9, 75-6, 222, 240-1*n*
Pauliceia desvairada (Mário de Andrade), 41, 285*n*
Paulino, Ana Maria, 250*n*
Paz, Octavio, 127, 143, 154, 234
Paz Leston, Eduardo, 283*n*
Peirce, Charles Sanders, 227
Peixoto, Francisco Inácio, 107
Peixoto, João Inácio, 107
Pellegrini, Aldo, 125, 132, 267*n*
Peluffo, Gabriel, 254*n*
Penrose, Roland, 61
Penteado, d. Olívia Guedes, 11, 66, 190
Pequenos poemas em prosa (Baudelaire), 176, 268*n*
Per Amica Silentia Luna (Yeats), 277*n*
Pereda Valdés, Ildefonso, 74, 252*n*
Peregrino Júnior, 100
Péret, Benjamin, 47-9, 246-7*n*
Péret, Geyser, 47
Pérez-Oramas, Luis, 12
Perrone-Moisés, Leyla, 40, 45, 243-4*n*
Persuasión de los días (Girondo), 122, 125-6, 252*n*
Peterhans, Walter, 201, 219, 283*n*
Petit de Murat, Ulyses, 278*n*
Pettoruti, Emilio, 79, 96-103, 107, 127, 156, 160, 179, 194, 254*n*, 259-61*n*, 266*n*
Philippe, Charles Louis, 86
Picabia, André, 48, 63, 202
Picasso, Pablo, 16, 35, 52-3, 55, 69-70, 78, 86, 112, 188, 251*n*, 280*n*
"Pintor da vida moderna, O" (Baudelaire), 206, 284*n*
"Pintura contemporánea en el Brasil, La" (Navarra), 103

Pintura em pânico, A (Jorge de Lima), 63, 250*n*
"Pintura moderna" (Girondo), 109-11
Pirámide (Xul Solar), 191
Pizarro, Ana, 252*n*
Plaja, Arturo Serrano *ver* Serrano Plaja, Arturo
Poe, Edgar Allan, 143, 227
"Poema" (Xul Solar), 173, 184
"Poema post-essencialista" (Ismael Nery), 184
Poemas cronológicos (Resende, Fusco & Lopes), 180
Poemas de bolso (Vicente do Rego Monteiro), 54
Poemas negros (Jorge de Lima), 77, 84, 253*n*
Poesia em pânico, A (Mendes), 62
Poesias Reunidas O. Andrade (Oswald de Andrade), 93
Poeta como artista, El (catálogo), 116, 264*n*
"Poética" (Bandeira), 90
Pogrom (Lasar Segall), 66-7, 87, 105
Poiret, Paul, 21-2, 28
Policastro, Enrique, 125
Pondal, Leguizamón, 110
Ponge, Robert, 250*n*
Portinari, Cândido, 18, 72, 97, 101, 103, 107, 241*n*, 258*n*, 260*n*
Prado, Paulo, 23, 55
Prebisch, Alberto, 109-10, 194, 198, 210, 212, 215, 262*n*, 286*n*
"Precisiones de Le Corbusier" (Prebisch), 198
Prensa, La (jornal), 260*n*
Príamo, Luis, 282-3*n*, 285*n*
Primeiro caderno do aluno de poesia Oswald de Andrade (Oswald de Andrade), 29
Primer manifiesto del constructivismo (Torres García), 254*n*, 288*n*
Proença, M. Cavalcanti, 243*n*, 245*n*

Quarck, Margarete, 82-3
Queiroz, Rachel de, 287*n*
Quelques Visages de Paris (Vicente do Rego Monteiro), 34, 39
Quesada, René Zapata *ver* Zapata Quesada, René

Ramos, Arthur, 74
RASM — Revista Anual do Salão de Maio, 61-2, 249-50*n*
Ray, Man, 52, 60, 200, 202-3, 249*n*
Raza negra (Pereda Valdés), 74
Read, Herbert, 249*n*
"Rebelión de vocablos" (Girondo), 126
Rebelo, Marques, 97, 107, 259*n*
Reiniger, Lotte, 202
Relação da viagem do capitão de Gonneville às novas terras das Índias, 1503-1505 (Gonneville), 39
Religião brasileira (Tarsila do Amaral), 25
Resende, Henrique de, 180
Resnik, Salomón, 106
Retrato ancestral (Carvalho), 60
Retrato azul (Milliet), 19
"Rêve parisien" (Baudelaire), 114, 262*n*
Reverdy, Pierre, 121
Revista Acadêmica, 87, 106, 253*n*, 256*n*
Revista de Antropofagia, 32, 42, 48, 52, 56, 180-1, 183, 191, 241*n*, 246*n*, 249*n*
Revista de Avance, 268*n*

Révolution Surréaliste, La (revista), 200
Reyes, Alfonso, 283*n*
Ribeiro, João, 23
Riga, Emilio Schulz *ver* Schulz Riga, Emilio
Rimbaud, Arthur, 135, 146, 176, 268*n*
"Rio de Janeiro" (Girondo), 119
Rivera, Diego, 35, 72, 242*n*, 246*n*, 274*n*
Rivière, Georges, 243*n*
Rocca, Pablo, 254*n*
Rodrigues, Nina, 74
Rodríguez, Simón, 75
Rodríguez Monegal, Emir, 9, 224
Rogattis, Pascual de, 251*n*
Roh, Franz, 202-3, 284*n*
Rolo de Torá (Lasar Segall), 86
Romains, Jules, 55
Romero, Jorge O. García *ver* García Romero, Jorge O.
Romero Brest, Jorge, 97, 255*n*, 259*n*
Rónai, Paulo, 275*n*
Rosenberg, Léonce, 248*n*
Rosenblat, Maurício, 107
Rosenthal, Hildegard, 212, 285*n*
Rossi, Vicente, 74-5, 252*n*
Rousseau, Henri, 25
Rua (Lasar Segall), 83, 86
Rua de erradias (Lasar Segall), 68, 86
Rua Ruini (Xul Solar), 179
Rubin, William, 243*n*, 253*n*
"Rumbo a Goethe" (Reyes), 283*n*
Ruttmann, Walther, 208, 210

Saber Vivir (revista), 221, 287*n*
Sade, Marquês de, 133, 144-6
Saint-Hilaire, M. Auguste de, 39
Salgado, Plínio, 183, 279*n*
Salmon, André, 86
Salztein, Sônia, 242*n*
San Signos (Xul Solar), 157, 161, 172-7, 184-5, 272*n*, 277*n*, 279*n*
Sansisena de Elizalde, Elena, 101, 260*n*
Santeiro do Mangue, O (Oswald de Andrade), 93-4, 257-8*n*
Santos, M. Vila-Nova, 221
São Paulo, sinfonia da metrópole (filme), 285*n*
Sapo, O (Tarsila do Amaral), 24
Sarduy, Severo, 147, 269*n*
Sarlo, Beatriz, 11, 150, 195, 204, 231, 269*n*, 278*n*, 286*n*, 289*n*
Sarmiento, D. F., 169, 269*n*
Satie, Erik, 55, 188
Saussure, Ferdinand de, 227
Schizo et les langues, Le (Wolfson), 271*n*
Schreber, Daniel Paul, 184, 280*n*
Schulz Riga, Emilio, 149, 280*n*
Scrimaglio, Marta, 133, 267*n*
"Secretário dos amantes" (Oswald de Andrade), 22
Segall, Lasar, 12, 49, 55, 65-108, 188, 190, 250-62*n*, 280-1*n*, 285*n*
Segall, Mauricio, 262*n*
Selva (Tarsila do Amaral), 58
"Selva, La" (Frank), 221
Selvagem, O (Couto de Magalhães), 37
Seoane, Luis, 219, 221
Serna, Ramón Gómez de la *ver* Gómez de la Serna, Ramón
"Serra da Barriga" (Jorge de Lima), 76
Serrano Plaja, Arturo, 261*n*
Seuphor, Michel, 121, 241*n*
Severini, Gino, 53
Sezession Gruppe 1919 (catálogo), 100
Sheerwood, Gregory, 168, 170, 275-6*n*

Shklovsky, Viktor, 175
Sholem, Gershom, 267*n*
Shumaker, Wayne, 271*n*, 278*n*
"Siesta" (Girondo), 120
"Siete temas de Buenos Aires" (Horacio Coppola), 201, 221
Silveira, Regina, 215, 266*n*
Singerman, Berta, 96, 187, 258*n*, 280*n*
Smith, Erik, 61
Smith, Mlle. Hélène, 166-7
Sobra, Luis do Moura, 247*n*
Sol poente (Tarsila do Amaral), 22, 24, 58
Solar, Xul, 10-1, 51, 75, 78-81, 100, 127, 129, 148-94, 228, 247*n*, 251*n*, 254*n*, 259*n*, 265-6*n*, 269-81*n*
Solari, Agustina, 149, 152
Solari, Clorinda, 152
Soleil blessé, Le (Xul Solar), 156
Sóngoro cosongo (Guillén), 74
Soupault, Philippe, 73
Souza, Gilda de Mello e, 69, 88, 255*n*, 257*n*
Souza, Inglês de, 36
Spilimbergo, Lino Enea, 123-5, 264*n*
Staden, Hans, 41
Stein, Gertrude, 73
Steiner, Rudolf, 160, 167, 275*n*
Stern, Grete, 201, 211, 214-5, 219, 221, 283*n*, 286*n*
Stieglitz, Alfred, 198-9, 204-5, 207-8, 284*n*, 286*n*
Strand, Paul, 205, 208
Stravinski, Ígor, 55
Sturm, Der (Moholy-Nagy), 205
Supervielle, Jules, 16, 55, 116, 194, 221
Sur (revista), 103, 194, 198-9, 201, 218-9, 221, 229, 235, 261*n*, 269*n*, 271*n*, 282-3*n*, 285*n*

Svanascini, Osvaldo, 154, 271*n*, 276*n*
Swetz, Frank K., 275*n*, 277*n*
Swin, Martica, 246*n*

Tablada, José Juan, 136
Tableaux parisiens (Baudelaire), 114
Tan, príncipe chinês, 274*n*
Tanguy, Yves, 52
Tedin de Tognetti, Teresa, 273*n*
Tempo e eternidade (Jorge de Lima & Murilo Mendes), 62
Temporada no inferno, Uma (Rimbaud), 176
Tenório, Waldecy, 46
Teoria da prosa (Shklovsky), 175-6
Terra Roxa... e Outras Terras (revista), 24
Terry, George S., 271*n*
Thevet, André, 39
Titan Jr., Samuel, 250*n*
Tlaloc (Xul Solar), 191
Toldos (Horacio Coppola), 204
Toledo, J., 60
Tomkins, Calvin, 250*n*
Topatumba (Girondo), 266*n*
Torre, Guillermo de, 151, 263*n*, 282*n*
Torres Bodet, Jaime, 276*n*
Torres García, Joaquín, 10-1, 35, 46, 53-4, 78-9, 81, 107, 121, 129, 150, 152, 169, 215, 224-37, 241*n*, 246*n*, 275*n*, 288*n*
Tortosa, Alina, 276*n*
Tovalu, príncipe, 55
Traum (curta-metragem), 219
"Tren expreso, El" (Girondo), 120
Trilce (Vallejo), 32
Trinta Valérios, Os (Vieira), 62
Tschichold, Jan, 203, 284*n*
Tuchman, Maurice, 167, 274*n*

Tuñón, Raúl González *ver* González Tuñón, Raúl
Tuntún de pasa y grifería: Poemas afroantillanos (Palés Matos), 73
Twin Lakes (Strand), 205
Tyson, Neil de Grasse, 276*n*
Tzara, Tristan, 60, 249*n*, 251*n*

Ulysses (Joyce), 32
Umbo (Otto Umbehr), 201, 204
Unformen der Kunsti (Blossfeldt), 202
Universalismo constructivo (Torres García), 229, 235, 288-9*n*
Urucungo: Poemas negros (Bopp), 75

Valcarenghi, Guido, 101, 260*n*
Valdés, Ildefonso Pereda *ver* Pereda Valdés, Ildefonso
Valle, Freitas, 11, 96, 258*n*
Vanguarda e cosmopolitismo na década de vinte (Schwartz), 9, 265-6*n*
Vanguardas latino-americanas (Schwartz), 252*n*, 254*n*, 266*n*, 269-70*n*
Varela, Lorenzo, 261*n*
Vargas, Getúlio, 90
Vautier, Ernesto, 109-10, 262*n*
Vega, Inca Garcilaso de la *ver* Garcilaso de la Vega, Inca
Veinte poemas para ser leídos en el tranvía (Girondo), 32, 112-24, 128, 133-4, 263*n*, 265*n*, 284*n*
Velhice (Lasar Segall), 86
Vendedor de frutas (Tarsila do Amaral), 24
Verde (revista), 180
Verhaeren, Émile, 94
Vernaschi, Elvira, 190, 281*n*
Versos al campo (Girondo), 124

Viagem da minha vida (Di Cavalcanti), 89, 189, 257*n*, 281*n*
Vieira, Valério, 62
Villa-Lobos, Heitor, 48, 55, 181, 190, 281*n*
Villegaignon, Nicolas Durand de, 39
Villes tentaculaires (Verhaeren), 94
Vision, A (Yeats), 176
"Visión sobrel trilíneo" (Xul Solar), 161
Vitrine. La Plata (Horacio Coppola), 203
Vocabulário de crendices amazônicas (Orico), 37
Vollard, Ambroise, 55
Volpi, Alfredo, 65
Voltaire, 40, 244*n*
Voltolino, 17
Vom Roraima zum Orinoco (Koch-Grünberg), 43
"Vou-me embora pra Pasárgada" (Bandeira), 90
Voyage au Congo (Gide), 73

Waste Land, The (Eliot), 32
Weary Blues, The (Hughes), 73
Weber, Eva, 284*n*
Wechsler, Diana B., 121, 265*n*
Wen, rei, 186, 274*n*
Witkovsky, Matthew S., 283*n*
Wolfson, Louis, 271*n*
Worringer, Wilhelm, 35, 167, 243*n*
Worshipped Face (Xul Solar), 156
Wounded Sun, The (Xul Solar), 156
Wright, Frank Lloyd, 36, 199

Xul Solar *ver* Solar, Xul

Yeats, W. B., 176, 268*n*, 277-8*n*
Yva (Else Simon), 201

Zamenhof, Lejzer Ludwik, 168
Zanini, Walter, 37, 42, 54, 243*n*, 245-6*n*, 248*n*, 281*n*

Zapata Quesada, René, 110
Zervos, Christian, 215, 286*n*
Zílio, Carlos, 241*n*

ESTA OBRA FOI COMPOSTA PELA SPRESS EM MINION E IMPRESSA EM OFSETE
PELA GEOGRÁFICA SOBRE PAPEL PÓLEN SOFT DA SUZANO PAPEL E CELULOSE
PARA A EDITORA SCHWARCZ EM FEVEREIRO DE 2013